走读浙江

Zhejiang Panorama:
Landscape, History and Culture

王旭烽 编著

ZHEJIANG UNIVERSITY PRESS
浙江大学出版社

目录

CONTENTS

目录

走读浙江 Zhejiang Panorama

第一章 绪 论

如果说故乡是永恒的

众所周知，浙江是中国的一个省份——浙江之所以叫浙江，缘起于浙江境内的钱塘江。这条古时曾被称为浙江的川流，也是浙江省的母亲河，江域之间的大地山川，因江得名，从此唤作浙江。

浙江地处江南。所谓"江南"，虽然泛指长江以南，但更为确切的地理位置，应该说是长江下游以南地区，包括苏南、皖南以及浙江。"江南"一词，又往往与"塞北"相对应，这两个地理称谓，在强调中国疆土之辽阔的同时，给人更深刻的是包括经济、文化在内的历史性内涵。因此，"江南"又几乎是一个文化符号。

从地图上看，浙江位于中国这只"雄鸡"的腹部，人们往往这样描述浙江的方位：位于中国东南，雄踞华夏古陆北缘，濒临万顷东海。浙江的大陆海岸线，用文学语言形容，真可以说是用黄金镀成：北起靠近上海的平湖市金沙湾，南止苍南县的虎头鼻，美丽妩媚的曲线蜿蜒2200千米，勾勒出东部绰约的身姿。

中国地图

浙江是什么？
在哪里？
像什么？
有什么？

浙江的地形有点像一颗人的心脏。这颗心长得挺周正，东西和南北的直线距离都在450千米左右。北边位于中国最富庶的长江三角洲平原，南边则属于中国东南的丘陵地带。常言道远亲不如近邻，我们浙江的邻居是非常美好的：北边住着江苏、上海两家；西边挨着安徽、江西，南边则和福建毗连。浙江和这些省份与城市一起所形成的疆域，在中华民族的历史进程中，发挥着举足轻重的作用。

　　把浙江放到地球上看，它介于东经118度零1分至123度10分、北纬27度2分至31度11分之间。从面积上说，浙江在中国版图中基本上可以说是小弟弟中的小弟弟。10.55万平方千米的土地，约占中国总面积的约百分之一，在中国版图的各省、自治区中，浙江属于面积最小的一档了。但就人口密度而言，5539万常住人口（截至2015年末），以每平方千米的人数计，这在中国又可以说是人口最稠密的地区之一了。

　　浙江省会在人间天堂杭州，截至2015年底，浙江全省共有两个副省级市（杭州、宁波），9个地级市，市辖区36个，20个县级市，县34个（其中一个为自治县），共同形成浙江省的行政格局。在这块四季分明的亚热带季风气候区，人民创造着自己的历史。诚如浙人柯灵先生在《浙江文学志》序中所言：浙江文明曙光，深入鸿蒙，直追远古。史称"古有三圣，越占其二"，舜培嘉古，使人免于茹毛饮血；禹治洪水，使人免于为鱼鳖……良渚与河姆渡遗址先后被发掘，更把历史推前了七千年。筚路蓝缕，爝火不熄……浙江在21世纪的今天，已经步入了中国经济文化发展的前列。

　　如果说故乡是永恒的，那么重述就是永恒的标志之一。朋友，让我们现在开始共同进入对浙江的叙述。

古有三圣，
越占其二。

浙江省地图——浙江省测绘与地理信息局组织编制[浙S(2010)280号]

万古洪荒的金钉子

金钉子：全球性界线层型剖面和定位。

长兴群山岩层中的金钉子

对我们家园的叙述，甚至可以追溯到2.5亿年前。那是一个天崩地裂的宇宙洪荒年代，西伯利亚火山喷发，形成全球大灾变，导致生物大灭绝。我们今天看到的锦绣山河，当时却正处在天摧地震、火山喷浆、洪水滔滔的境地。旷野在嘶嚎，天空在燃烧，仿佛盘古重开天地。在一切力量的极限厮杀之后，我们的家园和地球一起，进入了长达500万年的死寂期。

之所以要在这里描述地球史上的这个阶段，正是因为中国浙江长兴，以灰岩和化石的方式，最具权威性地向世界提供了地球彼时的情景。

隐生宙：地球形成后距今46亿年前至6亿年前，一个没有生命的岩石世界；

显生宙：距今6亿年前，生命开始进化。在这个大阶段里又分出古生代、中生代、新生代等阶段。

2001年8月10日，中国国内各大报纸上出现了一个陌生的词汇——金钉子。当然，它并不是用金子打造成的钉子，它只是一个地质学专有名词的俗语化称谓，但它的意义远远大于金子铸造的钉子。

什么叫金钉子呢？它的学名长而费解，但又不得不记：全球性界线层型剖面和定位。

这枚金钉子"钉"在了浙江北部那个叫长兴的群山岩层中。正是它，让地球恢复了史前的记忆，拉出了那份珍藏了2.5亿年的记录。诚如美国《科学》杂志曾公布的震撼世界的古生物科研成就那样：自5.8亿年前出现动物以来，地球上曾发生6次大规模生物大灭绝事件，其中"长兴灰岩"完整记录了2.5亿年前古生代与中生代过渡期间生物变化的历史，也就是古生代生物的大量灭绝，中生代生物的兴起。这也是地球史上规模最大、影响最深的生物变化，而破解此谜的圣地之一，就在中国长兴。

长兴，人称"吴根越角"，乃吴越交错之地，而在今天许多人的印象中，长兴是一个出产水泥和煤的地方。然而，和浙江的许多地方一样，它也是历史悠久、人文积淀很深的所在。唐代茶圣陆羽在此完成《茶经》，《西游记》的作者吴承恩在此当过县令，南北朝时期的陈国国主陈霸先就是长兴人，我们不会忘记那个"隔江犹唱后庭花"的陈后主吧，他就是陈霸先的后人。

俱往矣，现在我们再提起长兴时，可以骄傲地提到金钉子了。为了搞清金钉子的来龙去脉和实际意义，我们不得不从头说起。

地球的历史是按照有无生命划分为隐生宙和显生宙的。所谓的隐生宙，是指地球形成后距今46亿年前至6亿年前，这时的地球，是个没有生命的岩石世界。一直到隐生宙结束之时，才出现了极少的细菌群落、古代水母和多节蠕虫，这些来自海洋的化石告诉了今天的人们，我们的生命来源于水。

而真正的生命进化谱系，大概可以说是从显生宙开始的。距今6亿年前，开始了这个阶段。在这个大阶段里，科学家们又分出了古生代、中生代、新生代等阶段，这些年代的地层中又分别划出了若干个系，系与系之间的全球标准，简称为"金钉子"。

这每个阶段的痕迹，都会以化石的形式留存在地层中。长兴煤山一带的山体，岩石呈黑白带状，属于地质史上二叠纪和三叠纪时期与海相连续沉积的地层并具有最完整的化石带。它是地球亿万年演化史的缩影，被科学家们定名为

"长兴灰岩"。

地质史上二叠纪和三叠纪之交的这个时期，正是地球上形成第一个泛大陆的时期，并发生了地球史上最剧烈的生物灭绝事件，这标志着古生代的结束和中生代的来临。因此，"长兴灰岩"地位的显赫，不言而喻。

现在我们可以想象2.5亿年前我们的浙江大地了。古生代时地表荒凉，只在海洋中有些原始无脊椎动物。到这个阶段行将结束之时，在我们故园的海水中，一批新的物种登上了地球这个大舞台。它们是被称之为原始鱼类的最初的脊椎动物，它们中一部分能够与时俱进的族类甚至已经进化成两栖动物；而在陆地上，也开始出现了原始森林。这一生命图景并非一蹴而成，虽然数万年的进化在自然眼中，不过一瞬。

最多只有300万年历史的人类，怎么可能窥见这旷古的大悲剧？这一大自然的沧海桑田，只有迄今世界上最大的化石群落——长兴的灰岩看到了，并且记录了。

那么，谁是破译了这神秘记号的人？

这是一场百年接力赛跑。1917年，一个叫丁文江的地质学家，从到长兴采煤的商人那里听说了当地有遍山的石灰石，顿时心血来潮，直奔长兴，果然在那里发现了4亿年前的石英岩，并将此砂岩命名为"五通石英岩"。

数年后，在北大任教的美籍教授葛利普发现了长兴化石群。1931年，葛利普教授向海内外开始传播"长兴灰岩"这个概念。接着，一个名叫黄汲清的中国地质学家又悄然而至长兴，开始解读我们浙江北部群山的秘密。后来，黄汲清因为他对中国西南二叠纪地层的卓越认识而被世界地质学界称之为"黄二叠"。

继第一代地质学家之后，1955年，第二代科学家由一位名叫盛金章的地质学家带队，率领人马进入了长兴群山中。正是那一年，一个被称之为"长兴阶"的地质概念诞生。

20世纪60年代初，长兴煤山小镇来了一群科学家，由一位名叫赵金科的长

长兴灰岩：长兴煤山葆青一带的山体，岩石呈黑白带状，属于地质史上二叠纪和三叠纪时期与海相连续沉积的地层和最完整的化石带，是地球亿万年演化史的缩影。重大意义在于它既是二叠纪至三叠纪的界线，又是古生代和中生代的分界标志，为地质年代中最大的三个断代"金钉子"之一。

我们从岩底走到半山腰那儿，就相当于在时间隧道里穿越了近2.5亿年的古生代时期，再往上去就是中生代，伟大的恐龙时代来到了。

——南京古生物所王成源教授在长兴剖面的上山途中所言

浙江山脉

者带领，他就是中科院南京古生物所所长。就在长兴煤山地质剖面上，赵教授发现了特别发育的晚二叠纪华夏菊石动物群，仅长兴一组就有25属102种。菊石是在2亿多年前就已灭绝的一种软体动物头足纲的化石，赵教授试图用这张牌取得国际标准。

但"金钉子"工程被悬置了20多年，直到岁月的年轮转到了1983年。这一年，中国地质大学组成了中国地质水平最高的研究队。1986年，研究组用牙形化石取代菊石作为界线标志化石，正式向国际委员会提出在长兴灰岩建立全球二叠纪至三叠纪界线层型及点的报告，我们开始问鼎"金钉子"了！

1993年，国际会议确定四个界线层型候选剖面，长兴列入第一候选；1996年，5名国际委员联名推荐长兴剖面为出现点。长兴煤山地质剖面虽其貌不扬，对于古生物与地质学家来说，却是必须朝拜的圣地！

2001年8月，来自世界13个国家的近百位古生物学家和地质学家会集浙北长兴，为"金钉子"落户长兴举行了隆重的揭牌仪式。一位国外学者站在剖面前，富有诗意地说：站在岩石上，听到的不仅仅是地球婴儿的啼哭声，更是天籁之音……

仁者乐山　智者乐水

　　人们提起浙江，往往就想到水。是的，这里曾经是一片沼泽的所在，而今却成了城镇人口聚集地。到处都是大江小河，大地微微耸起，形成优美的曲线，仿佛我们的家园酣睡呼吸时胸膛的起伏，如此就构成了所谓的山峰。

　　但总体来说，以为浙江是泽国水域的这种印象又是错误的。其实，浙江山水田的比例向来就有一句常言形容：七山一水二分田。因为浙江的山地和丘陵占了总面积的70.4%，平原和盆地占了23.2%，河流湖泊只占了6.4%，所以，浙江实际上是个主要以山构成的地方。

　　浙江面积虽小，但地形却非常复杂，就像一件规模不大的艺术品，工艺却非常精美甚至繁复。整个地形以西南方向为最高，然后就慢慢向东北方向倾斜下去，最后变成了平原。立体地看浙江的地形图，浙西南方向的丽水、温州，有着不少海拔千米以上的山峰，它们一路地降低下来，到了中部地区，就变成了丘陵地带，当中还有大大小小几个盆地。再往前走，终于到了东北方向的冲积平原了。

　　奇怪的是，无论丽水、温州或平湖，都是充溢着水的名称。浙江虽然七山一水，但那水总是渗透在山间，山水是相依的。"千岩竞秀，万壑争流"，山无水不活，水无山不奇，浙江的秀丽，就在于水，点点滴滴，涓涓流淌，就这样，把我们的家园滋养透了。

浙江六大区域

　　浙北平原、浙西丘陵、浙东丘陵、金衢盆地、浙南山地、海滨岛屿。

浙江：七山一水二分田——山地和丘陵占总面积的70.4%；平原和盆地占23.2%；河流湖泊占6.4%。

● 浙北平原

这块面积为12 500平方千米的地方，由杭嘉湖平原和宁绍平原组成，是由长江和钱塘江的泥沙及东海潮的淤泥堆积起来的。大概因为靠近两条大江，所以信息交通便利，田园肥沃，水网密布，禾稻万顷，鱼虾满筐，是人们认为浙江是一个鱼米之乡的基本原因。自古以来，杭州和越州（绍兴）就是坐落其间的政治经济文化中心。

● 浙西丘陵

浙北平原的西部是丘陵，面积要比平原大出一倍左右，有22 300平方千米，包括白际山、天目山、千里岗山和龙门山。这些有传奇名字的山冈，也是毛竹和茶叶的良园。

● 浙东丘陵

浙北平原的南部也是丘陵，面积比西部丘陵略小，有20 700平方千米，真正的名山藏于其间。它们是天台山、四明山和会稽山。这里的山地间还夹着一些大小盆地，山坡上梯田层层，别有景致。

● 金衢盆地

有红色土壤的金华和衢州两个地区，位于钱塘江中游，组成了浙江最大的盆地，面积有3700平方千米。

● 浙南山地

在金衢盆地和浙东丘陵的南面，我们开始感受到了我们家园的雄奇险峻。海拔1000米以上的山峰由大名鼎鼎的仙霞岭、洞宫山、雁荡山和括苍山组成；

浙江的三支山脉：
南支：洞宫山—雁荡山—括苍山；
中支：仙霞岭—天台山—四明山—会稽山；
北支：天目山—莫干山。

山脊连绵起伏，在天际组成了一道伟岸的风景线；山间溪流湍急，奔腾不息。这里是青瓷和宝剑的圣地。

● 海滨岛屿

陆地上的山脉由西向东延伸入东海，在沿海地区形成一些狭小的平原，如温瑞平原、温黄平原等。浙东海岸以淤泥质海岸为主，海涂资源非常丰富。浙江沿海岛屿星罗棋布，面积在500平方米以上的岛屿就有3061个，数量之多为全国之冠。其中舟山群岛是中国最著名的渔场。浙江海岸线总长6486千米，可谓海域辽阔。

人们一般用"八大水系"来概括浙江的江河，它们分别是钱塘江、瓯江、曹娥江、灵江、飞云江、苕溪、甬江和鳌江。

● 钱塘江

钱塘江是浙江人民的母亲河，她有许多古老的名字，其中有一个就叫浙江。这个名字在秦汉之前就已经有了。浙，在古意中，就是曲折的意思。所以浙江，也就是曲折的河流。她后来被改称为钱塘江了。

源于安徽休宁的钱塘江，南源则在浙江开化的莲花尖，全长605千米，流域占浙江省总面积的三分之一。钱塘江在不同的段落有着不同的名字：屯溪至梅城段称新安江，梅城至浦阳江口称富春江，浦阳江口至澉浦为钱塘江，然后就到了杭州湾的入海口。"八月十八潮，壮观天下无"，涓涓泉水汇流成海，终于在这里掀起了白浪滔天的大潮。

● 瓯江

人称八百里瓯江的这条浙江省第二大江，实际长度为375千米，源出洞宫山，注入温州湾，流域面积为18 000平方千米。瓯，有一种解释是与鸥相通的，就是因为瓯江入海口有大群的海鸥聚集，因此才被称之为瓯。虽然这只是一种说法，但这条大江穿行于山地丘陵之间，两岸孕育了丰富深邃的瓯越文明，与钱塘江相比，别有一番意韵。中国经济改革开放的著名模式——温州模式，就出现在瓯江旁。

●曹娥江

这条全长192千米的浙江第三大江，源于金华市磐安县尖公岭，向东流去，注入杭州湾。如果从字面上理解，所谓的曹娥江，就是一条中国"伦理"江，一条"孝"江。中国古代浙江上虞的14岁少女曹娥，为了救落水的父亲，跳入江中，最终背着父亲的尸体从水中浮起，并为父而死。这条江，因此被命名为曹娥江。

●灵江

发源于浙西南山中牛坞坑尖的界乌岭，东流至台州市椒江区，在台州湾入海，长190千米。这是一条属于浙东丘陵地区的主要河流，两岸累累的橘子园，举世闻名。

●飞云江

这是一条从浙南山地中流淌出来的河流，发源于古老的泰顺，东流至同样古老的瑞安，全长170千米。飞云江仿佛是刚气很足的一条河，有一种山里人的脾气，更是一条生机勃勃的河流。

●苕溪

苕溪又分东、西两段，在人们的感觉中，好像是一条细柔温和缠绵的河流，甚至让人想起唐诗中那种"独怜幽草涧边生，上有黄鹂深树鸣"的意境。但苕溪实际上是条大河，东苕溪起源于东天目南麓，北流至太湖，长165千米；西苕溪发源于西天目，北经湖州至太湖，长145千米。苕溪与京杭大运河及众多的河渠相通，编织成密如蛛网的水道，在我们家园的大地上画出了锦绣江南水乡。

●甬江

甬是宁波的代称，甬江位于浙江东部，全长106千米，发源于奉化与新昌，至镇海口入海，是宁绍平原的主要河流。

●鳌江

发源于南雁荡，东流至平阳鳌江镇的鳌江，属于浙南山地的主要河流。虽然在八大河流中排行最小，全长只有74千米，但以海生动物鳌取名，听上去却是八条江流中最生猛的。

其实，八大江流也只是一种说法，学术界对这样归纳，也还有不同争论。与此同时，我们还得在这里郑重提到京杭大运河。和前面天工造化的河流不一样，长1782千米的大运河是世界上最长的人工运河，南起杭州，北抵北京，在浙江的历史进程中，起着举足轻重的作用。

人们形容浙江的江水，用了最美好的语言：一江碧水，穿谷萦回，两岸青山，千峰竞秀。山中水上，渔樵问答，莺歌燕舞，林间枝头。田沃连绵，簇簇农舍，滩州断续，点点渔舟。

至于星罗棋布的湖泊，那就更举不胜举：有天堂明珠杭州西湖，有诞生了中国共产党的嘉兴南湖，有被称为浙江四大名湖之一的宁波东钱湖，有与江苏共享的太湖，等等。另外，还有最早由东汉会稽太守马臻浚治的鉴湖——秋瑾的"鉴湖女侠"之号便出于此。这些湖都是为浙江增光添彩的湖泊，是我们生命维系的所在。百川归流，大江入海，这里还孕育了中国最大的渔场——舟山渔场。水给了这片土地的人们以灵气和想象力，以及开拓和远征的勇气。

仁者乐山，智者乐水，七山一水二分田的家园，为我们捧出了丰富的物产，孕育了各地大小乡村城镇。我们的家园就是在这样的一片土地上建立起来的。没有这里的土地河流和山冈，就没有这里的人民。关于浙江的叙述，也就是在这样的一片土地上展开的。

浙江八大水系：
钱塘江、瓯江、曹娥江、灵江、
飞云江、苕溪、甬江和鳌江。

江有反涛，水势折归，故云浙江。
——［晋］虞喜《志林》

浙江四大名湖：
杭州西湖、嘉兴南湖、宁波东钱湖、绍兴东湖。

第二章　原始时期的古浙江
（约5万年前—约4000年前）

从一枚伟大的牙齿开始

今天，4600万浙江人在这块丰饶的大地上安居乐业、繁衍生息。但若追根溯源，我们的先民是什么时候涉足于这方山水的呢？在一个相当长的时期里，人们并不知晓，直到20世纪的70年代，这个谜底才算是初露端倪。

1974年的中国，"文化大革命"仍在继续着，这对于那些注定要在历史风暴中寻找被湮没的历史的人们，实在是有点生不逢时。然而，正是在那年冬天，几位考古工作者风尘仆仆地出了杭城，他们的目标是建德县（今建德市）乌龟洞。

坐落在建德市李家镇新桥村的乌龟洞，深约7米许，宽不足5米，这是一个发育于上石炭纪时代的石灰岩溶洞。正是在这里，考古工作者们发现了一颗人牙化石！确切地说，这是一枚30岁左右男性的右上犬齿。与北京猿人的上犬齿相比，这颗犬齿的形状和结构有了明显的进步。但与现代人比较，这颗牙齿的齿冠略大，齿根也不像现代人那样成桩形，而是显得更粗壮，这和旧石器时代的柳江人十分相似。同时这颗牙齿出土的地层以及相邻的动物化石，都与那一时期相当。于是结论出来了，这是一枚处在人类进化阶梯上的晚期智人时代的古人类牙齿，距今约5万年。

穿越漫漫的时光隧道，我们终于能明确地宣称：在地处中国东南的浙江大地上，早在5万年前，我们人类就已经在这里安家落户了。因为这枚牙齿是在浙江建德出土的，人们把这次发现的古人类称为"建德人"。

> 一枚30岁左右男人的牙齿，被发现在建德市李家镇新桥村的乌龟洞里。这是一枚伟大的牙齿。

这是一枚多么伟大的牙齿啊！足可以让我们的诗人写出长诗。它证实了在那遥远的不可思议的年代里，"浙江人"的祖先已经在这块土地上"落户"。这是浙江首次发现旧石器时期人类的化石，它带来了人类生命的消息，初露了浙江远古文化的端倪，它说明，远在旧石器时代的晚期，浙江就有了人类活动的踪影。

"建德人"那枚伟大的牙齿，因为它无比显赫的地位，作为国宝级文物，被请进了中国历史博物馆。而我们的目光，则开始关注有着这同样牙齿的"建德人"的后代们——印渚延村的智人。

对考古工作者来说，2000年对"建德人""伙伴"的重大考古发现可以用"辉煌"二字来形容。就在毗邻建德的桐庐县印渚镇延村的两个钟乳岩洞中，出土了5片智人头盖骨石、一枚智人左上第一臼齿。浙江专家们得出结论：这是旧石器时代晚期距今约1万至2万年的智人化石。同时出土的还有三四十件动物化石，数量如此之多，尤其是头盖骨的发现，足以与曾经令人激动不已的乌龟洞的发掘相提并论，相映生辉。

头盖骨化石，上面有细密纹路

浙江印渚出土的智人头盖骨

在延村的洞穴里，还发现了明显被人工砸过的动物骨骼化石及许多木炭层的痕迹，这是用过火的证据。一切都意味着，这个洞穴就是五万年前古人类的"家"。

旧石器时代曾经熊熊燃烧的山洞篝火，就在那枚"建德人"牙齿生长的年代里渐渐熄灭了。新石器时期的新火，开始露出了它火炽的热情。终于，一个渡口出现在7000年前的家园面前，另一个文明阶段开始了。

> 穿越漫漫的时光隧道，我们终于能明确地宣称：在地处中国东南的浙江大地上，早在5万年前，我们人类就已经在这里安家落户了。因为这枚牙齿是在浙江建德出土的，人们把这次发现的古人类称为"建德人"。

文明从渡口飘来

公元1973年夏天，人们在浙江余姚县（今余姚市）的罗江公社河姆渡村东北修建排涝站。谁也没想到，民工一锄头下去，叩开了7000年前浙江先民的家门。

1977年的秋天，有关部门又先后进行了两次大规模的发掘，出土的大量文物表明，这是新石器时代早期的文化遗址，一个母系氏族社会繁荣时期的村落。新石器时代早期，长江流域人类生活的文明画卷展现在了人们眼前。它向世人宣告：长江流域和黄河流域一样，同样也是我们中华民族的伟大摇篮。从此，河姆渡扬名九州，蜚声海外。

在人类的旧石器时代，"茹毛饮血"是"建德人"的生存方式，但他们不会永远那样生活下去，他们是一定要走出乌龟洞的。

然而，当那些乌龟洞里的先人走出崇山峻岭，他们会迈向哪儿呢？乌龟洞里的人们是有眼力的，他们毫不犹豫地选中了河流的两岸。

河姆渡地处宁绍平原，姚江流水，四明山风，既可渔猎，又可农耕。正是在河姆渡文化遗存中，人们发现了7000年前的稻谷，以此证实这一时期先民们的农耕文化的性质。

河姆渡博物馆

河姆渡文化标志之一：稻米；
河姆渡文化标志之二：干栏式建筑；
河姆渡文化标志之三：耜；
河姆渡文化标志之四：陶器。

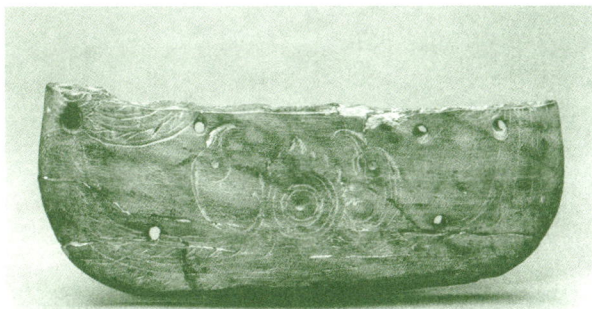

河姆渡出土的"双鸟朝阳"雕刻

河姆渡文化标志之一：稻米

这里不仅有大量稻谷、稻秆、稻叶、谷壳的堆积，甚至还发现了米粒的堆积，数量之多，在新石器的考古史上可以说是罕见的。直到今天，河姆渡的稻谷依然证明着，我们的家园不仅是中国上溯最早的人工栽培水稻地区之一，也是亚洲最古老的的水稻遗存地之一。

河姆渡文化标志之二：干栏式建筑

干栏式的建筑样式，是河姆渡文化的又一重大特征。

即便在今天，我们也能够看到同样居住理念下的建筑。云南傣家人的竹楼、广西侗族人居住的房子，都和干栏式差不多。

稻谷和干栏是意味深长的，它们标志着定居，象征着成家立业，象征着原始人类从流徙到定居的一种跨越。

河姆渡文化标志之三：耜

我们在河姆渡的文化遗存中发现了许多农具，其中有不少耜。耜耕，这正是火耕与牛耕之间的不可忽略的过渡阶段。"耜"是一个有点像铲的生产工具。在河姆渡第四文化层的发掘中，出土骨耜170多件。在河姆渡不仅发现了骨耜，同时还发现了木耜，这在新石器时代的早期是很难见到的。

河姆渡文化向世人宣告：长江流域和黄河流域一样，同样也是中华民族的摇篮。

河姆渡博物馆外景

河姆渡文化标志之四：陶器

虽然已经有了木头制作的生产工具，但在河姆渡人的生活用具中，却还是陶器的"天下"，这些陶器大多集中在釜、罐、盆、盘、钵。用具中，多是黑颜色的夹炭黑陶，由于是用手捏成的，器形不一，厚薄也不匀，显然还是陶器发展原始阶段和陶器生产起步阶段的特征。但人们对这种日常生活用具的需求还是非常惊人的，在这样一块只有600多平方米的区域中，出土陶片十几万片之多，实在让人意外。

即便从人类初民的原始生活中，我们也同样得出劳动创造世界、劳动创造人类的客观规律。农耕与渔猎并举的生活，使人们的物质生活与精神生活日益丰富起来，母系氏族公社的繁荣时期就这样来到了。

而接下去的那个时代更加令人吃惊，它带着生活在这块土地上的人们的强烈印记走上历史舞台，这印记是那样的美丽和富于幻想，并越来越独特地体现出先民们的精神世界。

曙光，就这样升起来了。

跨湖桥　新地里　良渚

这三个地名——跨湖桥、新地里、良渚被两块平原紧密地联系在一起。跨湖桥在今天的杭州萧山，属于宁绍平原；新地里在嘉兴桐乡；良渚在杭州余杭，属于杭嘉湖平原。21世纪刚刚打开大门，我们家园的远古先民们，仿佛已经在平原的大地深处强烈地感应到了新鲜的气息。时间终于来到了，一系列震撼中国乃至世界考古学界的文化遗址，相继重见天日。和河姆渡一样，从此，这些默默无闻的地方，一夜成名。

跨湖桥没有理由再沉默了，这个距今7000至8000年的新石器时代文化遗址，一举震惊天下。2001年5月，考古队在这里发掘出数十件石器、上百件古木器、上千件动物残骸和不计其数的陶片。根据考察，考古学家们认定这块地方是我们先民的垃圾场。考古队员开玩笑说：保存得那么好的兽骨，现在重新拿来炖汤，说不定还能炖出鲜味呢。

我们的居住在跨湖桥边的先民们，看样子对缝纫已经有了很高的工艺要求，他们已经有了骨针、纺轮等。出土的骨针精美得令人难以相信，其中有一枚长9厘米，直径只有2毫米，这一枚骨针完全可以用来缝我们今天的被子。令人疑惑的是，这样的针眼，又是如何打制出来的呢？

先民的生活用具中越来越多地加入了人的智慧，因此出现了苇编的畚箕、带圈足的木盘和镶在石器上的木柄。如果就骨耜而言，跨湖桥的骨耜并不比河姆渡的逊色，不过装柄采用的是插装法而不是河姆渡的捆装法而已。这些农耕用具也从某个角度上证实了，择水而居的古跨湖桥人和河姆渡人一样，已经进入了农耕时代。大大小小的动物遗骸告诉我们，对动物的利用构成了古跨湖桥人经济生活的重要内容。

> 由于跨湖桥遗址存在于一个文化性质比较单一的历史时期，且很快就被湮灭，结果对于今人而言是因祸得福，竟成全了一个十分难得的史前遗址，向我们后人展示了远古人类更真实的生活场景。
> ——跨湖桥发掘考古队长蒋乐平

跨湖桥彩陶

值得引起人们重视的是，此地出土的陶器给我们带来了另一种信息：除了陶釜的某些特征与河姆渡文化同类器有可比之外，更多的器物的形态是在省内其他遗址中所未见到的，但和长江中游地区出土的陶器却有可比之处。

今天，我们无法确定古跨湖桥人和古河姆渡人之间的确切关系，他们究竟是有着传承的部落呢，还是完全孤立的两支不同的人类群体？抑或，与中华大地上同时有着许多不同的文明起源一样，浙江大地上也有着许多不同的人类群体活动。

在宁绍平原上先民的生活画卷一页页展开的同时，杭嘉湖平原上远祖的更辉煌的文明展现在了五月明媚的阳光下。同样是2001年5月，考古队在桐乡湾里发掘了灿烂的良渚文明，遗址被命名为"新地里遗址"。

新地里遗址的发现也是很偶然的。2000年11月，湾里村农民在平整土地的时候，一些陶片破土而出，敏感的考古工作者们闻讯赶来，确定这里很可能又是一处文化遗存所在地。2001年3月，考古行动正式启动。5月，新地里遗址便横空出世，一组辉煌的数字震撼着人们的心灵。在那1800平方米的挖掘现场，良渚文化末期最大的古墓群出土，47座墓葬被清理出了36座，其中有29座被确定属于良渚文化时期，同时出土的还有200多件器皿。

浙江桐乡新地里湾里村：2001年5月，1800平方米的挖掘现场，良渚文化末期最大的古墓群出土，47座墓葬被清理出了36座，其中有29座被确定属于良渚文化时期，200多件器皿同时出土。

28号墓是目前出土的最华贵的墓葬了，在这里一气出土了51件器物，两件玉璧已经使人激动得情不自禁了，那无价之宝——神兽纹玉牌器更让人狂喜得透不过气来。这支考古队伍的领队蒋卫东介绍说：在良渚文化出土的文物中，还真没有见过这样单纯以神兽面貌出现的玉器，估计是一种饰件。因为它的唯一性，价值不会低于地位显赫的玉琮。

同样使考古学家们意外和兴奋的是，他们在这次发掘中破解了双孔石刀之谜。以往出土的良渚玉器中，石器钻孔定位之精确，让人生出许多遐想。人们曾尝试用各种方式来解释良渚人在制作玉器时的情景，直到这次出土了一柄双孔石刀，此谜才大白于天下：原来4000多年前的良渚人就懂得用尺子了。他们先在石器上划好对称线，确定好双孔的坐标，这才开始制作。而新地里出土的这柄双孔石刀在打孔完成之后，却忘了把对称线给打磨掉。远古的爱美的玉器匠，这可爱的错误犯得太正确了，使遥远的后人能在踏破铁鞋无觅处之后，突然得来全不费功夫。

接下去的挖掘依然激动人心。7月15日又一轮高潮涌起，86号墓坑出土了30余件珍贵的文物。从出土的玉锥器形看，我们的良渚文化显然已经受到了外来文化的影响，这难道不也正证实了我们中华民族在这一时期开始的大融合趋势吗？数天之后，中国考古学界50余名专家学者，排出超强阵容，云集新地里，研讨和考察良渚文化。专家们认为良渚文化有其强烈的自身特征，它受外来中原文化影响较小；良渚文化又有其很强的辐射作用，反而是中原文化更多地受到良渚文化的影响。因此，良渚文化称得上是一种"强势文化"。

这一切的展开，都围绕那块美丽的汀洲，缘自良渚这个地方。

新地里遗址全景

破解双孔石刀之谜。远古的爱美的玉器
匠的可爱错误。
4000多年前的良渚人就懂得用尺子了。

良渚出土的石斧

今天，生活在杭州的人们，只要略有一点文物知识，大概就都会知道，从老和山下浙江大学玉泉校区的校园起，向西北方向延伸，经古荡、勾庄、水田畈到今天余杭的良渚、安溪、长命、北湖四个乡镇，这一带，就是良渚文化遗存的所在地。

这块呈东西狭长状的原野，背倚天目山，面对钱塘江，小丘罗列，湖沼密布，土壤肥沃，苕溪自西向东在这里穿过。如果你有兴趣到这块原野上去漫步，你一定能发现在这片原野上矗立着许多大小不等的土墩，千百年来农民在土墩上面耕作，春播秋收，习以为常，有多少人会驻锄而思：那些土墩，究竟是什么呢？

这些早已经让人们熟视无睹的小土墩，于1936年终于引起了一个年轻人的注意。这是一个在西湖博物馆供职的普通职员，那年才24岁，名叫施昕更。他本来就是良渚人，因此有机会知道，正是在这块土地上，不时会有黑陶片出现。施昕更几次在良渚一带发掘考察，并得出结论：这是一个原始人类生活的遗址。千年之谜，就这样从一个默默无闻的小人物开始，神奇地被揭开了。

良渚文化：中国长江中下游太湖流域新石器时代晚期一支原始文化，以泥质黑皮陶器和精致玉器为标志，距今4000至5000年，相当于父系氏族公社时期。

良渚文化时期：

商品生产已经出现；农业和手工业已经分工；

私有制已经产生；氏族制度正在瓦解；

原始社会正在向奴隶社会转型。

动荡！裂变！国家形成的前夜！

据说当施昕更终于获知这一考古发现被承认时，他激动得独自跑到旷野上，面对家乡的天空和大地欢呼起来。

随着考察的步步深入，人们对这块远古人类生活遗址的认识也在不断地深化。1959年"良渚文化"正式命名，"良渚文化"的提出，把良渚与龙山文化区分开来，说明它是有其自身演变、发展序列的文化区。这意味着，早在5000年前，就有人在"杭州"定居，而且就是土著的杭州人创造了良渚文化。

良渚文化的器物，早期是以黑陶著称的，直到20世纪70年代，人们才对良渚文化突然又有了新的认识。在良渚反山和瑶山考古发掘中的发现，与其说让人们惊喜，不如说让人们震惊。正是在这次发掘中，人们发现了大批制作精美的玉器：有装饰用的冠形器、玉璜、玉管、锥形器、玉镯、玉带，动物饰件玉鸟、玉龟、玉鱼、玉璋；有象征着神权的玉琮；有象征着财富的玉璧；有象征着军权的玉钺……玉器上那些精妙之极的花纹，在后来的商、周青铜器上，屡屡见到。其实，在这片原野上早就有人发现过玉器，但人们一直以为是汉代的器物，至多上溯到周代。可是在反山出土的玉器达3000多件，占全部随葬器物的90％以上，人们在这一灿烂辉煌的文明面前，激动得目瞪口呆。

良渚反山出土的玉琮

请想一想那些先人的充满美感的手指吧，是他们创造出了这样的玉器。那些殚精竭虑的构思，那些日日夜夜的打磨……他们有爱情吗？有痛苦吗？他们有着今天人们常有的焦虑吗？他们有仇恨和悲伤吗？

玉，散射着幽幽之光，神秘而又诡谲，如此不可思议地埋藏在一个当地人叫作反山的土墩深处。

反山，长约90米，宽约30米，考察确证反山是经人工堆筑而成的，土方达2万立方米左右。这样的一座土筑高台无疑就像是一座土筑金字塔。

这座土筑金字塔矗立在杭嘉湖平原上。离反山不过5千米的瑶山，也有着许多大大小小的土墩，土墩离地面的高度一般在6米左右。土墩附近往往有河流、湖泊或者小山丘。这些土墩遗址约占良渚文化遗址的60%。可以说，这些土墩是良渚文化的最基本特征之一。

人们发现，大墓都埋在土筑的高台上，而中小墓葬却在平地上。就是这种土筑高台的墓地，在形式、结构和随葬的玉器品类、数量上，都有明显的差异。据对良渚遗址的初步分析，这些墓群基本都围绕着一个中心点。结论是：中心点也是一处人工堆筑的遗迹，其规模要比反山、瑶山壮观得多。

从墓葬的这一侧面推论，良渚文化时期就具有了早期国家的雏形。所以有专家预言：良渚遗址中的"中心遗址"，可能就是"古老的杭州城"。

曾经担任浙江省社会科学院历史研究所所长、现为浙江大学教授的陈剩勇先生，甚至著书立说，大胆假设论证，认为良渚文化遗址，就是夏王朝的所在地、中国奴隶制社会的开始。

所谓良渚文化，并不单单指在良渚这一带发现的新石器时期文化遗存。实际上，它是马家浜文化的发展和继续，它的分布范围是很广的，比如湖州钱山漾、杭州半山水田畈、嘉兴双桥，加上新发现的桐乡新地里，都属于良渚文化。像钱山漾的文化遗址就相当精彩，出土了丝麻织物，证明良渚时期浙江人已经开始养蚕缫丝。再说说花生和芝麻。很长一段时间，人们以为这两种植物都是从外国进来的，所以芝麻也被人称为胡麻。正是在钱山漾遗址，人们出土

4000年前，我们的先人就在吃花生和芝麻，开始养蚕缫丝，使用丝织品了。

良渚博物院

了它们的遗存，原来我们的先人早在4000年前，就在吃花生和芝麻了。

在那个时代，黄河流域的部族正在征战不已，而我们的良渚先民，则坐在工房里，耐心地打磨着手中的玉器。请想一想这幅壮丽而又丰富、辽阔而又细腻的中华民族诞生画卷吧。从某种角度说，难道不正是从我们的遥远的先人开始，就萌生、界定了今天的中华民族的文化格局吗？

华夏先祖在这里的足迹

传说中的舜，并非江南人，但作为炎黄子孙公认的"明君"，他在浙江留下了不少传说故事，口口相传，直至今日，形成了浙江上古历史中的源头之一。

关于舜的出生，孟子说："舜生于诸冯（今山东诸城）……卒于鸣条（今山东定陶西）。舜在传说中是典型的以德报怨的君子，很符合中国传统文化美德。由于舜的贤德，尧不仅将两个女儿娥皇与女英嫁给了舜，还让位于舜。传说舜有七个庶子，后来分居各地，其中有两个就定居在浙江的余姚、上虞。传说中舜姓姚，号有虞氏，余姚、上虞的地名，就是从舜的名字中演化出来的。

又有文献记载，舜本人也是来过浙江的，名为狩猎，实际避难。原因是他继承了尧的王位，引起尧的儿子丹朱的忌恨。关于此事，《水经注》引用《晋太康地记》说："舜避丹朱于此，故以名县；百官从之，故县北有百官桥。亦云舜与诸侯会事讫，因相虞乐，故曰上虞。"

既为避祸，行色匆匆，时间不长，但上古时代的人们对这样一个能同甘共苦的领袖念念不忘，而且，中国传统文化中向来就有以优秀人物的称谓来命名地方的习惯，舜就这样作为一个文化符号，镶嵌进浙江历史长河的源头。不但他驻足的地方被叫作了上虞、余姚，他走过的桥被叫作了百官桥，他登过的山被叫作了虞山，他用的井被叫作舜井——这口大井至今清澈甘冽——他路过的溪也名为大舜溪、小舜溪，而流淌在上虞身边的那条曹娥江，也还有个名字，就叫舜江。后人为了纪念舜，专门建庙，还不止一处，绍兴、余姚、上虞都有虞舜庙。绍兴的舜王庙，就建在双江溪的舜王山上，清同治年间还重修过呢。

上古时期这样一位大圣人来到此地，对我们家园的文化定位，意义之重大是可想而知的。舜到浙江，怎能不对浙江的民风产生影响呢？王十朋在《会稽

舜避丹朱于此，故以名县；百官从之，故县北有百官桥。舜就这样作为一个文化符号，镶嵌进浙江历史长河的源头。

大禹陵

风俗赋》中说："舜为人子，克谐以孝，故其俗至今烝烝是效；舜为人臣，克尽其道，故其俗至今孳孳是蹈；舜为人兄，怨怒不藏，故其俗至今爱而能容；舜为其君，以天下禅，故其俗至今廉而能逊。"这番话，若进行诠释，亦无非忠孝节悌，是中国传统文化的核心部分了。这表明八百年前王十朋所在的时代南宋，上古舜的风范，深深左右着国家的伦理道德，在浙江的民间影响，更是源远流长。

大禹，中国历史上第一王朝夏朝的立国始祖，古代伟大的治水英雄。大禹，是被人们认为死在浙江、葬在会稽的。他在浙江的分量之重，就可想而知了。在中国众多的历史典籍中，大量记载了大禹治理洪水、奠定九州的丰功伟绩，大禹治水的故事在中国家喻户晓，成为中华民族精神文化的源头。

史载尧即位时，中国发生大洪水，尧就让鲧去治理。鲧足足用了9年时间堵水，洪水不仅没有被制伏，反而越来越大。以后，舜接替尧当了部落联盟首领，发现洪灾依然，一怒之下，就把鲧杀了。子承父业，舜就让鲧的儿子禹接着干。

禹改变了他父亲的做法，开渠排水、疏通河道，把洪水引到大海里去。在治水中，禹戴着箬帽，拿着锹子，带头挖土、挑土，整天泡在泥水里，连腿上的汗毛都磨光了。这样，禹经过13年的努力，终于把洪水给引走了。

大禹治水，不仅是一种人改造自然、顺应自然、与自然磨合的过程，而且上升为一种民族精神，比如公而忘私、坚韧不拔、战天斗地、堵不如疏等，都从大禹治水中来。人民忘不了禹治水的光辉业绩和奉献精神，尊称其为大禹。后人对此记载颇多，《左传·昭公二年》就记录了刘定公的话说：美哉禹功，明德远矣，微禹吾其鱼乎！翻译成白话文：太伟大了，大禹的功勋。他的恩泽流传得多么深远广大。没有禹，我们人类都将葬身鱼腹了。

大禹晚年，曾经来东南巡视，并且在会稽山——今天浙江绍兴的所在地召集部落首领开会。关于大禹来越地的传说，在《越绝书》中也是有记载的："禹始也忧民救水，到大越，上茅山，大会计……"这里的"大会计"，既有封爵赏功的意思，还包含着国家初成形时的税收工作，这就是会稽地名的由来。

传说中杭嘉湖平原上的部族领袖、德清人的老祖宗防风氏开会迟到了，因此被大禹杀掉。又传说防风氏是个大个子，高到一根腿骨有七尺长，刽子手要砍他的头，够都够不着，只好专门为防风氏建一个刑场，筑了一个塘，也就是堤坝，刽子手站在塘上，好歹把防风氏的脖子给够到了。此地因杀人而出名，从此唤作刑塘。刑塘到底听上去令人恐惧，后人改了个同音字"型"，所以现在绍兴还有一个地方叫型塘。

后来的专家学者中有人认为，大禹并不会因为一个诸侯开会迟到就把他杀了，实际上是防风氏抗缴税引发的事件。国家初建，政权的权威十分重要，防风氏抗旨，若不杀一儆百，后果不可设想。

大禹杀了国家的敌人，暂时没有了对头，他自己的生命也到了尽头，他死在了会稽。会稽成了大禹的长眠之地。对此事司马迁是这样说的："帝禹东巡狩，至会稽而崩。"就是说大禹巡视的时候，不幸死在会稽。人死后，又埋在何处呢？司马迁也做了调查。大禹埋葬在一个叫禹穴的地方，禹穴在会稽山北，据说还是当年黄帝藏书之处。大禹来会稽治水的时候，在此曾得到黄帝藏的《水经》，大禹死后就埋在了这个地方。

后人为了纪念大禹，又在这里修筑了大禹陵。绍兴大禹陵一直是中华文明的象征之一。《吕氏春秋》和《墨子》中均有记载，"禹葬于会稽。今尚有窆石，高丈许，状如秤权"。人们后来发现在这里确实有窆石。窆石是古人下葬后用的镇石，鲁迅先生就写过一篇《会稽禹庙窆石考》的文章。

太伟大了，大禹的功勋。他的恩泽流传得多么深远广大。没有禹，我们人类都将葬身鱼腹了。
——《左传》译文

大禹像

禹始也忧民救水，到大越，上茅
山，大会计，爵有德，封有功，
更名茅山，曰会稽。
——《越绝书》

人们又在禹陵旁边建起了禹庙，这样，来禹陵祭祀大禹就成了历代君王的大事。据说祭禹活动始于禹之子启，启"立宗庙于南山（会稽山）之上"，"岁时春秋祭禹于越"。到夏朝六世帝少康封庶子无余于越"以守禹冢"，就让他的儿子无余到会稽为大禹守陵。这样，越地又成了无余的封地。不妨说，从那时候起，越地，也就是古浙江，已经有了一个能发号施令的行政中心了。越王勾践"祭陵山于会稽"。中国历史上第一个皇帝秦始皇，巡视天下，专门来会稽祭祀大禹。司马迁为了写《史记》，也千里迢迢来会稽搜集大禹的故事。会稽祭禹，直至明清时期，历数千年而不绝。

舜与禹，是上古的英雄，也是我们家园的缔造者。虽然他们带着强烈的传说性质，以至直到今天，也不能证实他们究竟有没有从传说中走入真实。但我们亦不妨把这一疑问留给历史学家，而我们自己，姑且相信这一切都是真实的吧。这样，我们就将沿着"越为禹后"的血缘脉络，从越中的会稽山走向龙山，从华夏国家历史上最初的权力高峰走向另一座权力高峰。

第三章　先秦时期的浙江
（约公元前11世纪—前221年）

我们从哪里来——说越

史学界以往普遍以为，越人是指使用一种石钺的人类群体的名称。石钺，说得通俗一些，也就是石斧头吧。这个使用石斧头的群体，在自身的发展过程中，不断地接受许多不同的部落集团与氏族，又形成许多彼此谁也不服谁统属的部落集团，被统称为"百越"。

百，其实就是指多的意思，是古代南方少数民族的统称，比如于越、闽越、南越、瓯越、山越、扬越等。生活在浙江的越人，一般被称为于越，那么，于越究竟是从什么地方来的呢？

对于于越的起源，也是众说纷纭。

夏族后裔说：越人来源于黄河流域的夏民族

按照司马迁的说法，"越王勾践，其先禹之苗裔，而夏后帝少康之庶子也，封于会稽，以守禹之祀"。既然越是禹的后代，那自然是源于夏民族了。夏民族来源于黄河上中游的西羌，与炎、黄族有血缘关系。还有一个观点，认为越是夏的后人，那是没错的，但那不是受封而来的，而是夏族被消灭了之后，有一部分人死里逃生来到了南方，活了下来。不管什么说法，总之，越为夏后，这一点没错。

夏族后裔说：越人来源于黄河流域的夏民族；
楚越同源说：楚人和越人有同亲的祖先，因此也有同样的习俗；
越为苗后说：越人是从苗人而来的；
于越合族说：于人加上越人，形成于越；
土著说：哪儿人都不是，就是土生土长的。

楚越同源说：楚人和越人有同亲的祖先，因此也有同样的习俗

这一派观点认为，越族人"文身断发"的风俗与中原华夏民族"束发加冠"的风俗不同，语言也不同，倒是越与楚有着同样的断发文身的习俗。而且，经典著作中关于楚、越同祖，也不是没有记载。《汉书·地理志》就引《世本》说：越为芊姓，与楚同祖。

越为苗后说：越人是从苗人而来的

三苗一支的后裔：这一观点是从江南地区大量出土的印纹陶与古代三苗的活动领域出土的器物相一致而得出来的。所以有人认为，我们的祖先，是夏王朝衰落后，南方地区三苗集团中特别兴旺的一支中发展而来的。

于越合族说：于人加上越人，形成于越

于人和越人的结合，形成了于越。这一派认为，越人作为少康之后，这一点倒是没有错的，不过等到商把夏灭了之后，有一部分夏人就逃到了南方，在安徽南巢（今巢湖市）这个地方，用石斧头开发了家园，就这样形成了越族。到了商代中叶，他们又与于人强强联手，从此就被叫作了于越。

土著说：哪儿人都不是，就是土生土长的

这一派认为越族不是从什么地方来的，更不是什么夏民族的后人，根本就是从当地的先民发展起来的。那乌龟洞里的"建德人"，也就可以算作是越人最早的祖先了。

沧海桑田，远古时期的几次海侵使得古越人在浙江这块土地上几次迁徙。大约7000年前，大海又漫上大陆，古越人再度搬迁，一部分人在宁绍平原的河姆渡和杭嘉湖平原的马家浜等地落脚，另有一部分越人，则干脆漂洋过海，到了今天的日本列岛和南洋等地另起炉灶重安家。《越绝书》将两支移民分别称

越人：泛指一种使用石钺的人类群体的名称。
生活在浙江的越人，一般被称为于越。

越人跣行，走路不穿鞋；
越人披发，出入不戴帽；
越人文身，皮肤绣花纹。

浙江出土西周原始瓷罐

为"内越"和"外越"。这样说来，古浙江还是以后遍布东南亚的"百越"的文化发祥地呢。

至于土著的浙江先祖为什么会被称为越族，近年来多数学者认为，古汉语中"越"通"钺"，而"钺"是越人发明的一种石制农业生产工具，这在河姆渡文化遗址、马家浜文化遗址、良渚文化遗址中都有发现。这种石制生产工具的发明对于水稻种植来说有着重大的意义。良渚文化时期，又出现了玉石制作的"钺"，"钺"此时已成为军权、神权、政权的象征，或者说，"钺"已经是越族人图腾的符号。到汉代，"越"字出现，成为"钺"这个字的同音假借字，"越"，也就成了越族名称的来源。

研究中，人们发现浙江史前文化与中原文化有着极大的差异，这说明于越民族文化是独立发生和发展起来的，这不仅在我们中华民族发展史上写下了浓重的一笔，而且作为"百越"的发源地，也是亚洲文明的重要源头之一。

从地域上来说，古越民族的居住地是以会稽为中心，大致包括今天浙江的杭嘉湖平原、宁绍平原，再加上金衢一带，地盘不大，僻于东南，又远离中原。所以古越人在语言上与黄河流域也有着很大差异。古越语一字多音，而中原人说的却是一字一音的"雅言"。在饮食上，古越人吃的是稻米，而黄河流域至今还是以面粉为主食。在服饰上，古越人和夏族人也大不相同，如"越人跣行"，说的是越人行路不穿鞋。"越人披发"，说的是越人不戴帽。还有"文身断发"等，这些习俗都和中原不同。因此，说越民族确实是在浙江生活的土著居民构成的，并不是没有充足的理由。

对"越"的理解也可以是宽泛的，它可以被解释为地域、国家、文化、人种、民族，甚至资源等等。因为浙江是越人历史的重要发祥地。越，往往被人们视为"浙江"的象征。

而古越人的故事，则往往是波澜壮阔而又惊心动魄的，吴王金钩越王剑，卧薪尝胆的年代，终于来到了。

吴王金钩越王剑

有关越国最早的文字记载见于《春秋》："阍弑吴子余祭。"这里记载的"阍"，是守门人的意思，特指看守吴国大船的越国奴隶；吴子余祭，是指吴国的君主。越国的奴隶们杀了吴国的国君，就是这句话的全部意思。关于这件事情，《左传》是这样解释的：鲁襄公二十九年，吴国攻打越国，大获全胜，大批越国俘虏成了奴隶。吴国君王余祭让俘虏去看守大船。有一次，余祭去巡视这些战船，俘虏们发生了暴动，余祭被越国战俘用刀刺死。

越人建国是很早的，夏禹的第五代少康，封他的庶子无余到会稽来，建立了国家，国号就叫作"于越"。这个小国家的主要任务，就是守祖先大禹之陵。

当时的越国很小，甚至直到春秋的末期，越国疆界北不过嘉兴，南不过诸暨，东不过宁波，西不过衢州，只相当于今天浙北和浙东的大部分地区。这样一个小国在战事频频的春秋时期，只是吴国的一个附属国，只能寄人篱下，虽仰人鼻息，但总算还能自保平安。

吴在越国的北面，紧邻越国，说起来与越还是同源同宗，一脉相承。从今天的版图来看，浙江的一部分，古代是属于吴国的。春秋时吴越同为地处东南的小国，一向不为地处中原的诸强瞩目，但到了春秋末期，吴越两国却先后成就霸主功业，在春秋五霸后又各占一席。吴、越虽同为弱邦，但与越国相比，吴国更靠近中原，吴王寿梦即位时就和北方的晋国修好，吴国与晋国结成联盟，拓展疆土，扩充势力，吴国很快地强大起来。倚仗地缘上的优势，吴国在争霸的道路上捷足先登。

卧薪尝胆：薪，柴草。春秋时代，越国被吴国打败，越王勾践立志要报仇，为了激励斗志，他夜里睡在柴草上，又在起居和睡觉的地方挂着苦胆，吃饭睡觉之前都要尝一尝胆的苦味。经过长期准备，越国终于把吴国打败了。后来就用"卧薪尝胆"比喻刻苦自励，发愤图强。

眼见吴国有了北方晋国为靠山，越国亦不示弱，便有意向南方大国楚国接近。要知道，楚国可是晋国和吴国的老对头，你越国和我对头勾搭，你也就成了我的新对头。这样一来，越国与晋吴联盟的冲突就不可避免了。

公元前510年，吴国出兵伐越，这场战争的起因就是在吴国与楚国的交战中，越国拒不出兵，这显然违背了当时宗主国在发生战争时附属国应出兵相助的条约。于是吴王愤然，遣兵讨伐越国。这件事在《左传》中记载得很清楚，"吴伐越，始用师于越也"。这就是吴国对越国的第一次战争。

对这一次惩罚性的军事行动，越国当然耿耿于怀，一直伺机报复。四年之后是公元前的506年，吴国又出兵攻打楚国，吴王阖闾亲掌帅印，在柏举大败楚军，吴军长驱直入，连郢都也落在了吴人的手里，楚昭王逃之夭夭，眼看灭楚就在旦夕，伍子胥"掘墓鞭尸"的故事就发生在这次战事中。

这一回，越国倒确实是大动干戈了，但不是出兵相助，而是乘虚直捣吴国龙门。吴军正在痛饮胜利酒呢，谁知后院起火，腹背受敌，不得不匆匆班师回朝。越国对吴国的偷袭大获成功，从此与吴国的属国关系一笔勾销。这次战争对两国关系的影响是深远的，吴越两国因此反目而结下深仇，从此吴越刀光剑影，数十载烽火不绝。

君子报仇，十年不晚。公元前496年，越王勾践继位还不满一年，吴王阖闾觉得这是个可乘之机。这两个互不买账的国君杀气冲天，两国大军在今天浙江嘉兴附近摆下了阵势。越军排山倒海似的冲了上来，吴军大乱，收不住阵脚，连吴王阖闾也从车上掉了下来，结果被杀上前来的越国大将灵姑浮砍了一刀，伤在了阖闾的右脚上。

吴国一败涂地，阖闾之伤虽不致命，但毕竟上了年纪，经不起折腾，还没回到国内，阖闾就一命呜呼。死不甘心的父亲把最大的精神遗产——复仇传给了儿子，临终前他把太子夫差叫到跟前说："你会忘记你父亲是怎样死的

吴与北方的晋修好；
越与南方的楚修好；
楚是吴、晋的老对头，想一想，
谁成了吴、晋的新对头。

吗？"夫差含泪答道："不敢！"阖闾这才闭上眼睛。从此，吴越结下了血海深仇。

夫差即位后，拜伍子胥为相国。为了不忘杀父之仇，每天夫差一觉醒来，就让人问道："夫差！你还记得父亲是怎样死的吗？"于是夫差答道："不敢，孩儿记得。"每天临睡前，亦是这样重复。

夫差不忘父仇、积极备战的事很快就传到越王勾践的耳朵里。勾践听了火冒三丈，大夫范蠡和文种都苦劝勾践不要用兵，勾践哪里听得进去，亲点三万大军前去讨伐，两军在太湖展开了一场水上大厮杀。

这场战事发生在公元前494年，离阖闾死去不过两年。复仇的吴军气势如虹，有进无退。而越军哪怕有国王勾践督阵，还是挡不住吴军的猛烈进攻，结果被夫差打得大败，勾践只带着5000名残兵逃回会稽，蜂拥而至的吴国士兵则早已把会稽城围得水泄不通了。

这时的越王勾践，城破国亡已成定局，不得不向吴国乞和。此时，城下有吴国的两路大军，一路由大夫伍子胥率领，一路由副将伯嚭率领。伯嚭是个贪财好色的小人。文种正是看中了伯嚭的这个弱点，就带着金银财宝去打通关

越人为什么崇尚黑色？因为勾践夫人入吴时看到天空飞过黑色的乌鸦，触景生情，掩面哀歌，从此只穿表示悼亡的黑衣。民间从其俗，从此尚黑。

越王剑

节。伍子胥坚决不同意，说："夫吴之与越也，仇雠敌战之国也，……有吴则无越，有越则无吴。"夫差听不进去，反而把伍子胥杀了。

夫差对越国表示：求和可以，但有个条件，不但越国要重新称臣，而且勾践夫妇还要来吴宫当奴仆。在夫差想来，勾践是他的仇人，又贵为国王，如今要匍匐在他的脚下做一个俯首帖耳的奴隶，那是件多么开心的事啊！

就这样勾践带着夫人来到了吴国。据说勾践的夫人入吴时看到天空中飞过的黑色乌鸦，触景生情，掩面唱起了哀歌。从此，她只穿表示悼亡的黑衣。据说，越人尚黑的文化心态，就是从这里来的。

勾践入吴后做了夫差的马夫，小心翼翼地侍候吴王夫差三年，最后连夫差自己也感到过意不去了。公元前491年，夫差亲自将勾践夫妇送上了马车，大夫范蠡赶着马车，一溜烟地把国君拉回了越国。

复仇的种子，又到了发芽的时候。

勾践回国后，朝着吴国方向盖了一间小屋。为了不让安逸的生活消磨复仇的意志，勾践睡在柴草上，梁上悬着苦胆，每天吃饭、睡觉的时候都要先舔一下，为的是时刻不忘亡国之苦。

为了不让夫差有任何怀疑，勾践送上门去的美女财宝数不胜数，西施的故事就发生在这个时代。

要报仇雪恨，须脚踏实地。治理国家要有人才，越国虽然此时满目疮痍，却有两个世间人杰，一个文种，一个范蠡。文种主管内政，范蠡主管军务。由于勾践"折节下贤士，厚遇宾客"，很快网罗了一批能为国效力的人才。

种地要人，打仗要人，于是"生产人口"成了越国当务之急。为此，勾践制定了一系列发展人口的措施，"女子十七岁不嫁，其父母有罪，男子二十不娶，父母有罪"。勾践还颁布了许多优惠政策：生了儿子，官府赏酒两壶，再加一条狗；生了女儿，也赏酒两壶，外加一只小猪；谁家生有三子，由公家出

千百年来的历史进程中，中华民族已经从吴越两国的历史交战事件中淡化了国与国之间的那种征伐，却演绎出了一种自强不息、励精图治、心怀大志、奋发图强、不甘受辱的精神，这就是卧薪尝胆的精神。而这种精神的发祥地，就在越中山水之间。

越王城遗址

钱雇乳娘养育。这一来，果然是"立竿见影"，越国的人口很快多了起来。

人多还不足以报仇雪恨，还要国力强盛才行。要富只有生产，而且要全民上阵的大生产。勾践也是从我做起："身自耕作，夫人自织。食不加肉，衣不重采。"

勾践不仅做到轻徭薄赋，而且谁家里养不起小孩，就由官府来养；家中的长子死了，免去三年徭役；次子死了，免除三月徭役。勾践甚至还亲自为这些死去的人送葬，就像是他的亲人一样。

国内治理得井井有条，对外更不能有丝毫的闪失。勾践结齐、亲楚、附晋，使出浑身解数，要让这些大国"舒舒服服"，这样一旦有战事，才不至于有节外生枝的事情发生。

勾践要报奇耻大辱，归根结底，就是要强兵，所以对军备的建设，勾践更是倾尽全力，他要培养一批能视死如归的战士。一次，勾践坐在马车上，发现路旁有一只鼓着肚子瞪着眼睛的青蛙，立刻停车对那只青蛙表示敬意，旁人多有不解，勾践说："这青蛙虽小，但怒气和勇气却大，这还不值得人尊敬吗？"

为了进一步考验他的军队，勾践还点火焚烧了宫殿，这时数千将士跳入火海来救越王。有了这样能为他赴汤蹈火的将士，勾践觉得可以与吴国决一雌雄了。

公元前482年，机会来了。夫差大军北上，先是在山东莱芜与齐国一场大战，接着又在河南境内和晋国将对将、兵对兵摆开了阵势。晋、吴两国相持不下，对勾践来说，这可是"得时无怠，时不再来"，于是迅速出动大军，士气如虹，一举攻入吴国，不仅俘虏了吴王的太子，还将夫差所钟爱的姑苏台也付之一炬。

夫差匆匆赶回姑苏，由于吴国"锐兵尽于齐，重甲困于晋"，夫差这时不得不向他昔日的败将低头求和。虽然勾践还没有一口吞下吴国，但总算出了一口恶气，掂量掂量越国的实力，也只能到此为止，于是鸣金收兵。

这一仗越国大获全胜，但勾践和夫差要算的这笔账才刚刚开始。公元前478年，吴国遭天灾，这对勾践来说，又是一次"天赐良机"，于是第二次亲率三军攻打吴国。由于吴国的战争资源大都消耗在了北方，而越国国力强盛，与当年已是不可同日而语，结果夫差连吃三个败仗，主力尽被歼灭，只好退城固守。

越军兵临城下，一围就是数年，非要见个水落石出。公元前473年，越军将士发起第三次、也是最后一次冲击，越军一举破城而入，走投无路的吴王夫差被困在姑苏山上。

这时夫差竟想效仿勾践当年的做法，于是卑辞厚礼，乞存吴国。然而，历史没有重演，夫差的乞求被越王断然拒绝。勾践看来也不是那么"绝情"，一条生路还是给的，让夫差带上三百户人家，到东海的一个岛上去安度晚年。

从一个国王降为一个"村长"，比之于当年越王降为一个马夫，应该还算是略胜一筹的，但夫差不能接受，他长叹一声，拔剑自刎。

勾践灭了吴国，又乘胜北上，同北方大国齐、晋等诸侯会盟于徐州。当时越兵横行于江、淮之东，诸侯敬畏，越遂称霸王。

从公元前494年，勾践当了夫差的马夫，到公元前473年，夫差不愿意当勾践的"小村长"，整整二十年，小小的越国，十年生聚，十年教训，当仁不让地坐上了春秋最后一个霸主的交椅。

从公元前494年，勾践当了夫差的马夫，到公元前473年，夫差不愿意当勾践的"小村长"，整整二十年，小小的越国，十年生聚，十年教训，当仁不让地坐上了春秋最后一个霸主的交椅。

伍子胥·文种·范蠡

　　三个楚人与吴越争霸有关，并深刻地影响了古越国的国运：伍子胥、文种、范蠡。一个武将，摧城拔寨；两个文臣，运筹帷幄。文韬武略各事其主，都是吴越登坛霸主的第一功臣。忠心可鉴明月，但结局各不相同。

　　伍子胥名员，从楚国蒙难出逃，亡命吴国，行至昭关，一夜愁白了头，出关后又被一条大江挡道，于是在浙江留下了这样一段故事。

　　这条大江就是美丽的富春江。伍子胥正焦急万分时，江面上出现了一艘小船，有个渔翁正在撒网。伍子胥赶紧大声招呼："老人家，我要渡江，行个好吧！"那老翁见有呼喊，就把船划了过去，说："请上船吧！"渔翁边歌边渡，很快到了对岸，见伍子胥面有饥色，就让他在树下等他，自己回家取饭菜。渔翁如此热心肠，伍子胥倒生起疑来，便躲进了芦苇丛中。这时那渔翁歌声渐近，见树下无人，就大喊："芦中人，芦中人，出来吧！"伍子胥见渔翁果然守信，就从躲藏的芦苇丛中走了出来。酒足饭饱后，伍子胥取出腰中的宝剑说："老人家，你如此厚待，我落难之人无以回报，这剑上镶有七星，价值百金，只能以此答谢了。"渔翁闻言大笑，然后说："你难道没听说满城布告中写道，告发子胥者，赏米万石，封官加爵，我何在乎这区区百金之剑呢？"说罢，跳上船，唱着歌，向江中划去。如今富春江七里泷还有一石碑，石碑上刻有"子胥渡"三个醒目大字，这就是当年伍子胥渡江的地方。江边还有一连串关于伍子胥的故事和遗迹。当年伍子胥住过的村，如今叫胥村，大畈溪又有个名字叫胥溪，这条溪与富春江的交汇处则叫胥口，另外还有胥源、胥岭、胥岭洞等地名。

　　剑光灿灿兮生清风，
　　仰天长歌兮震长空，
　　员兮员兮脱樊笼！
　　——伍子胥歌

浙江桐庐有一座山，也与伍子胥有关。相传伍子胥得知自己已脱离险境，到了钱塘江以西一带的吴地，不禁拔剑高歌：

剑光灿灿兮生清风，
仰天长歌兮震长空，
员兮员兮脱樊笼！

如此边歌边舞，歌声响彻云霄，后人便把这座山称为歌舞岭。

伍子胥到吴国后，真的就如猛虎归山，为吴国立下盖世之功。伍子胥屡谏夫差，但忠言逆耳，最后得到的竟是一把让他自尽的宝剑。伍子胥临死前嘱咐，要人们把他的眼睛挂在城墙上，他要看越人是怎样进入国门，吴国是怎样灭亡的。夫差听了大怒，把伍子胥的尸体装进一只牛皮口袋，抛进了钱塘江。于是，伍子胥怒气入海，驱水为潮，这就是伍子胥为潮神的来历。

杭州也有不少关于伍子胥的传说，为纪念伍子胥，杭州的吴山又叫胥山；后人在吴山立祠，称伍公祠，又有伍公庙、伍员庙、胥山庙之称。后来伍子胥在浙江民间被奉为潮神，从此香火千年不绝。

文种为越国大夫，深得君王器重，大权在握，位极人臣。他原为楚国谋士，入越乃承奉楚王旨意，当属楚国支持、帮助越国而下派的干部。入越时可谓一路人欢马叫，与伍子胥作为楚王的钦犯凄凄惶惶、一路如丧家之犬的情景有天壤之别。以后勾践和范蠡都去了吴国做人质，文种就成了越国的总管，事无巨细，夙夜忧叹，收拾这残山剩水，整整三年。等勾践回来的时候，越国已经初步恢复了元气。

当时，勾践还向文种讨教治国方略，文种回答得很干脆：爱民。十年生聚，十年教训，文种一直陪在越王身边，为越王出了许多重大的主意。20年之后，越国打败吴国，庆功宴会上，勾践发现少了一位功臣，那就是范蠡。事后

文种，字少禽，楚国郢人，越国大夫。吴王夫差二年，越国被吴击败，困守会稽。文种献计勾践，贿赂太宰嚭，得免亡国。勾践归国后，委以国政。群臣励精图治，卧薪尝胆，终于得报此仇。不久，勾践听信谗言，赐剑命其自杀，葬于府山。

文种收到范蠡写来的一封信，信中说：鸟儿打光了，弓箭就要收藏起来了；兔子打完了，就轮到要煮猎狗来吃了，我们还是走吧。

当时文种不信勾践是这样的人。但果然有一天，勾践差人送来一把宝剑，据说，这就是当年吴王让伍子胥自尽的那把剑，等到文种明白时，一切都已经晚了。

奇怪的是，伍子胥和文种这两个生前势不两立的冤家，死后却聚在了一起。民间传闻，文种被杀后，伍子胥驾潮而来，冲开文种的坟墓，俩人英魂同游海上，成了相依为命的朋友。"前潮水泮侯者，伍子胥也。后重水者，大夫种也。"这就是民间传说中对浙江大潮两度潮的说法。

倒是文种一手培养起来的大夫范蠡，逃脱了"狡兔死，走狗烹"的命运。司马迁为"究天人之际，通古今之变"而撰写《史记》，在越国先后十几位大夫中，唯独看上的就是范蠡，还在《史记·越王勾践世家》中为范蠡立传，甚至把他与勾践"平起平坐"，对范蠡有很高的评价。

范蠡祖籍在远离浙江千里之外的河南南阳，春秋时属楚国宛县。原本也是官宦之家，到他这一辈已家道中落，属于草民百姓一个了。但他聪敏睿智，学富五车，胸藏韬略，满腹经纶。只是虽有圣人之资，却不为世人所识，于是愤世嫉俗，装疯卖傻，佯狂颠痴，浪迹江湖。

是文种给范蠡带来了命运的转机。这时文种已经做了越国的大夫，招贤纳士也是分内的工作。他早就听说楚国还有这样一个人物，就让一个小吏先去看看。小吏回来说："范蠡，狂人耳。"文种大笑说："那就对了，一个贤俊饱学之人，对世事必有独到的见解，这非寻常人所能及，被常人所诋毁，也在常理中。"于是便亲自去拜访。范蠡几次回避，终于为文种求贤若渴的诚心所动，对他的嫂嫂说："近日必有客人要来，帮我去借一套衣服来，我要见客人了。"

几天后文种又来叩门，两人竟一见如故，纵论天下大事，畅谈富国强兵之

兔死狗烹：烹，烧煮食物。兔子死了，猎狗也就可以吃了。比喻给帝王效劳尽力的人，事成后往往会被抛弃以至杀害。语本《史记·越王勾践世家》："狡兔死，走狗烹。"

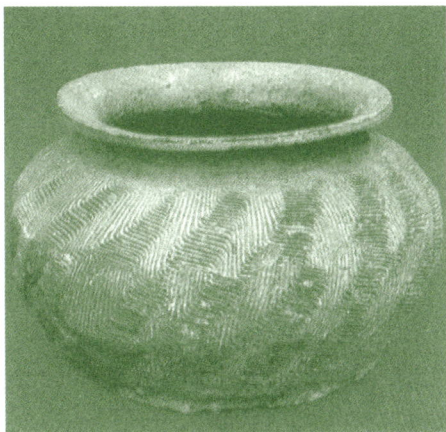

春秋战国时期几何印纹陶罐

道。文种认为范蠡确实是个奇才，一定要推荐给越王勾践。到越国后，勾践很器重他，封为大夫，让他负责军事上的事务。

范蠡到越国不久，越王不听范蠡一再苦劝，兵败吴国，夫妇双双成为人质，和他们一起去受罪的还有忠心耿耿的范蠡。整整三年，范蠡与勾践患难与共。回国后，勾践与文种、范蠡一起制订了一个复兴的计划。范蠡既然负责军事，对城防不能不重视，鉴于以往的教训，他在会稽山下选了一块平地，又把这块平地与附近的小山丘联结起来，筑起了一圈城墙，周长二里许，这就是人们所说的小城。有了一座小城后，范蠡开始大城的建筑，大城真的就是有大城的气派了，走一圈足有二十里。要说今天的绍兴城，就是那时才开始"像模像样"的，绍兴人也没有忘记这位智者，所以绍兴又有个名字叫蠡城。

在公元前482年至公元前473年这长达十年的对吴战争中，范蠡又以其出色的军事才能，一步步实现了消灭吴国的计划。作为军事统帅，其人自然功不可没，以后越国"北渡兵于淮，以临齐、晋，号令中国，以尊周室"，这时勾践又以范蠡为上将军，可谓是一人之下，万人之上了。但在庆功宴上，范蠡却不辞而别，这是为什么呢？对此范蠡是这样说的：大名之下，难以久居，且勾践为人，可与同患难，难与处安。鸟尽弓藏，兔死狗烹。范蠡决然隐退，浮海出越之齐。

最早建筑"绍兴"城的人：范蠡。

范蠡到了齐国，隐姓埋名，自称"鸱夷子皮"，与儿子一起躬耕经商为生，由于生财有道，又积聚起田产数十万。齐王看中他的才华，想让他出任宰相，范蠡却说："当百姓有千金之财，做官有宰相之名，对一个人来说，这真是至高无上的荣耀了。然而，过度的荣华富贵却也是惹祸根源啊！"说完，他又散尽万贯家财，悄悄地离开了齐国。

范蠡究竟去了哪里？有人推论是去了定陶，说范蠡认为那里居天下之中，四通八达，是个经商致富的好地方，于是改名朱，就在那里定居下来。"候时转物，逐什一之利"，没有几年，果然又是"资累巨万"，从而成为商人崇拜的偶像，敬称为"陶朱公"，而"陶朱公"也成了"大富翁"的代名词了。

也有人认为范蠡发了大财后，带上了一位大美人，就是那个闭月羞花、沉鱼落雁的西施。携美人，乘扁舟，出三江，入五湖，潇洒风流，逍遥天地间。这也许是人们对这位功成身退的大英雄范蠡的祝福吧。

越国的消亡

历史的大江滔滔东去，浪花淘尽英雄。想象公元前473年，小小的越国是多么的英气焕发，打败了吴国后，二话不说，把吴国从楚国夺来的淮上土地还给了楚国，又把吴国从宋国侵占的土地还给了宋国，还把泗水以东的一块百里见方的土地送给了鲁国。当时勾践是"披阳夷之甲，带步光之剑，杖物卢之矛"，横行江淮，睥睨天下。不要说中原诸侯笑脸相迎，就是周天子对勾践也是恭敬有加，封勾践为"伯"，赐越以"胙"。

既然坐上了霸主这把交椅，越国偏隅东南的国都会稽，感觉就有点小了，于是迁都，入主中原，这又是勾践要做的一件大事。公元前468年，越国国都迁到了琅琊。琅琊在山东省胶南附近，这对勾践来说绝对是件风光的事——中原大国向来看不上眼的"南蛮子"，如今就在你的眼皮子底下安家落户啦。

但勾践这样扬眉吐气的日子只过了三年，公元前465年，一生大起大落的越王勾践去世。在以后的50多年中有三代越王继位，当时越国"以攻战之故，土地之博，至有数千里也；人徒之众，至有数百万人"。虽不敢说"开来"，至少"继往"还是做到了。

但"水满则溢，月满则亏"，到勾践第五代孙翳时，越国露出败象了，国中内乱不断，国外又有诸雄相逼，新都琅琊是待不下去了。走！回南方老家。

回了江南，但没回老家，在翳想来，不是还有现成的国都吗？吴王多年经营的国都吴（今苏州），也比会稽要强，怎能弃之不用呢？而且吴离中原也近些，更利于抗衡诸强。于是在吴安营扎寨，直到翳的孙子无疆做越王时，又怀念起祖上勾践的霸业来了，于是雄心勃勃地北伐齐国，损兵折将后，又掉头西征，大战楚国。不过，卧薪尝胆的故事，中国几千年也就是勾践一个人，不

公元前473年，越消灭吴国；公元前468年，越迁都中原琅琊；
五代之后，迁都今苏州；
公元前323年，败于楚，国都迁回会稽；
公元前306年，越被楚灭；公元前223年，秦吞并越地。

是谁想做就能做到的。公元前323年，无疆不仅没有拾起祖上的荣光，而且连命也丢了在了战场上。这样，吴国的故地又被楚国全部夺走，越国连连俯首称臣，这才把国都又搬回了老家——会稽。不过，这时的越国已成了楚国的附属国，可以说是名存实亡了。又过了17年，公元前306年，国力式微的越国又来了一次内乱，楚国趁机就把越国彻底地灭了。

以后的漫漫岁月，横扫六合的秦始皇嬴政横空出世，终于把他的战火烧到从前的越国故土上。公元前223年，秦国在吃了楚国的一个败仗后，听从了老将王翦的意见，全国六十万大军倾巢出动，一举荡平楚国后，捎带着把从前越国的故土也一并收拾了。第二年是公元前222年，秦王嬴政还没戴上皇帝的冠冕呢，就把古越国所在地设为会稽郡。

一般人都觉得，越国的历史到此为止了。但"越人"的故事余绪未了，尚待梳理。就我们目前大约可以定论的是，"越"有许多分支，所以谓之"百越"。秦军占领了古越国所在地，也并没有到此为止，秦军继续南下，在击败福建的闽越，浙南的瓯越后，又将闽越首领无诸、瓯越首领驺摇"废为君长，以其地为闽中郡"。

过去人们一般以为瓯为越后，瓯越首领驺摇，就是勾践的嫡系子孙，算来还是勾践的七世孙。据说是因为楚国灭了越国之后，越人逃散，迁移到了古温州一带，所以被称为瓯越。

然而从近年来大量出土的新石器时期的遗物和遗址看，浙南温州远古时期就有人类足迹在活动。之所以被称为瓯，学者们有不同的看法，有人认为这地方生产瓯器，所以称瓯，还有人认为这里靠海，海鸥发出了"欧欧"的声音，所以称瓯。

关于瓯越人与海的关系，《山海经》说：瓯居海中。而东瓯国的建立年代，有专家考证推测，以为是公元前473年，勾践灭了吴国之后，对其子弟进行了一次大封赏，东瓯王国很有可能就是这时候建立的。《越绝书》说：东瓯，

瓯越：人们一般以为瓯为越后，瓯越首领驺摇，就是勾践的嫡系子孙，算来还是勾践的七世孙。据说是因为楚国灭了越国之后，越人逃散，迁移到了古温州一带，所以被称为瓯越。但从近年来的出土文物看，远古时期这里就有人类足迹。

越王所立也，即周元王四年（公元前472年），越相范蠡所筑。从这段话里我们可以知道，这时候的瓯越之地，统治者已经是于越之人了。那范蠡不但建过会稽城，还建了东瓯的王城，范蠡之功，功莫大焉。

据说昔日的东瓯王城，就在今天的瓯江南岸。而关于我们家园在先秦的历史，看来也要在瓯为越后的叙述上打住了。春秋战国的浙江，主要以古越国人的活动为中心。而在此之后，中华民族历史上第一次伟大的统一就要来临，我们居住在东海之滨的越人，也将把自己的文明历史，融入华夏文明的历史长河中去，共同构成中华民族文化的一个不可或缺的组成部分。

秦始皇与江南

中国第一位始皇帝，除了统一疆域、统一文字、统一法律、统一度量衡等等之外，还有一项重要的使命，就是为了示强威而服海内，巡行天下。这样，自公元前220年始，他开始了五次中国大巡行。

秦始皇三十七年，也就是公元前210年，秦始皇带着左丞相李斯及小儿子胡亥巡行天下，这是他最后一次巡游。秦始皇从咸阳出发，经湖北云梦泽入湖南，在九嶷山遥祭虞舜后，又顺长江东下，在今天的江苏巡视了丹阳郡，此地离会稽郡的大禹陵相距不远了，秦始皇决定去禹陵祭祖。于是风蓬一转，船头向南直奔钱唐，也就是今天我们的省会城市杭州。钱唐，前有烟波，后有叠嶂，作为县治也当属末流，远不及邻近海宁、余杭。因为这时的杭州城还出没在一片汪洋中，治所只能紧挨在西面的山岭下，大致在今天灵隐一带。

传说当年秦始皇要过江，想找一个合适的渡口，登上了一座小山，举目眺望，只见眼前烟波浩渺，恶浪滔滔，无处可渡啊！还是解缆启船，向西又足足行了120里，在江上游一狭窄处，总算渡得江去。以后人们把秦始皇登过的那座山叫作秦望山。

这件事被司马迁记了下来，《史记·秦始皇本纪》中是这样说的："过丹阳，至钱唐，临浙江，水波恶，乃西百二十里，从狭中渡。"

传说秦始皇不仅登上过秦望山，他的船还在杭州的宝石山停泊过，缆绳就系在山上的一块大石头上。

宋代有个和尚叫思净，将这块大岩石雕凿成一座半身的佛像，在后面又修

> 浙江成为中国天下的三十六分之一，自公元前221年开始。
> 那一年，秦始皇分天下为三十六郡，郡下设县，而浙江的大部分地区，都属于会稽郡。

了庙堂，就是葛岭的大石佛院。

今天，来宝石山的游客，常常可以看到这块"秦始皇缆船石"，据说那块石头上还有缆绳的印记，这又给人们平添不少话趣。

话说秦始皇一路山行水绕，横渡钱塘江时威风凛凛，观者人山人海，其中就有一个天下大英雄隐身其中，这就是从楚国逃往吴县的楚国贵族、名将项燕之孙项羽。此时他和他的叔叔项梁站在岸边看着看着，禁不住脱口而出：彼可取而代之也。

秦始皇可一点也不知道他的死敌就在这芸芸众生中。他终于来到了会稽山，祭祀了心目中的保护神大禹，并命令丞相李斯写下了《会稽铭文》，刻在石碑上，以歌颂自己的功业万古流传。这就是著名的会稽刻石。

会稽之行，秦始皇不但没有得到上苍的保佑，反而使他客死异乡。在归途中他得了重病，就死在沙丘平台这个地方。那年，他才50岁。

秦始皇死后一年，也就是公元前209年7月，陈胜、吴广在今天安徽宿县揭竿而起，掀开了反抗秦王朝暴政的农民大起义的序幕。"楚虽三户，亡秦必楚。"公元前209年的7月，项梁、项羽起义，他们杀死了浙江当时的最高长官、会稽郡守殷通，开始了正式的举兵反秦。

浙江在秦之前属于楚地，此时许多旧时的贵族也开始了反秦。从前的瓯越首领驺摇闻风而动，带着瓯越子弟加入了鄱阳义军吴芮领导的抗秦队伍。这支"越军"纵横千里，转战关中，然后进长安门户函谷关，真的闯进了阿房宫。楚怀王曾有言："先入关者为王。"吴芮被项羽封为衡山王。驺摇升为都尉，成了吴芮帐下的一支主力。

然而项羽号令诸侯之时，没有封驺摇等人为王，让从前的瓯越贵族不满。因此，他们倾向了汉刘邦，佐汉破楚。据说这支越人的军队逐鹿中原，驺摇辗转苦战，平定三秦后，又引兵垓下，十面埋伏，为汉王刘邦立下赫赫战功。此事虽未被史学界认可，多有演义成分，但在此不妨存疑，供后人参考。

垓下之战，汉刘邦取得决定性的胜利，从此，我们浙江和天下三十六郡一起，自公元前206年始，进入了西汉王朝。

> 皇帝休烈，平一宇内；德惠修长，卅有七年，
> 亲巡天下，周览远方，遂登会稽……
> ——李斯《会稽铭文》

瓯越与东越

汉的建置和秦有不一致的地方，它把天下分了十三州，而我们今天浙江所在的地方就属于扬州刺史管辖。

公元前202年，汉高祖封无诸当了闽越王，让他去统辖闽中故地，又封了驺摇为"海阳齐信侯"。但海阳远在今天广东的潮州地区，终不如自己家乡，于是，公元前192年，东瓯国重新建立。

汉初"无为而治"的局面并不能维持太久。景帝三年，也就是公元前154年，一件让汉景帝寝食难安的事还是发生了。西汉初年这桩史称吴楚"七国之乱"的事件，把浙江也卷进了这场中央与诸侯较量的漩涡之中。

高祖在位时，各地诸侯居功自傲，朝廷政令难行，更有甚者拥兵作乱。他很快察觉了事态的严重，断然行动，封了九个同姓王，还杀了一匹白马，对天起誓，永远忠于刘姓王朝，以此藩屏汉室。当时吴王刘濞势力最大，占有三郡五十多城，浙江的大部分地区都在他的手中。"七国之乱"就是他带头发难的。

刘濞叛乱，说来也是话长。早在三十多年前，他的儿子在京城与太子下棋，大概是过于轻狂不逊了吧，被激怒的太子抄起棋盘砸碎了脑袋，这个太子就是后来的皇上景帝。有杀子之仇，刘濞从此结下怨恨，并开始图谋叛乱。用他自己的话说：寡人节衣食之用，积金钱，修兵革，聚谷食，夜以继日，三十余年矣。

刘濞极有心计。汉初对盐铁的生产经营是开放的，盐是最重要的生活用品，铁是最重要的生产资料。有些大商人"富比王侯"，就是靠抓住这两样商品发财的。刘濞统治浙江时，大肆网罗流民，用来作"即山铸钱，煮海为盐"

七国之乱：发生在西汉时代的一场政治动乱，以吴王刘濞为首，终被汉景帝镇压。

的劳动力。刘濞有足够的经济实力对抗西汉中央政府，这也是他反叛的一个原因吧。

浙江一带当时离中央政权所在地远，天下亡命之徒，纷纷逃到刘濞处来避难，刘濞也就一一收下。同时，因为吴国经济实力雄厚，国内不收赋税，还给服徭役的百姓一些报酬，这样，就吸引了各地的百姓扶老携幼地来到吴国。吴国的人力财力一时更加旺盛起来。

不过，直接促使刘濞作乱的原因还是因为景帝身边出现了一个叫晁错的人。晁错身为御史大夫，看到了诸侯不受朝廷管束，特别是吴王刘濞，他的封国靠海，还开采铜矿，煮盐铸钱，俨然就像是一个皇帝。这样下去，必将威胁到中央集权，于是建议景帝削弱诸侯的封地。

刘濞得知消息后，立即串通七国诸侯，举兵杀向长安，打出的旗号却冠冕堂皇：请诛晁错，以清君侧。景帝虽然觉得晁错削藩是有道理，但看到大军杀将上来，还是乱了手脚，竟按刘濞的话把晁错杀了，息事宁人，以求退兵。

刘濞原本就是看上了皇帝那张宝座，哪肯罢兵，景帝无奈请出大将周亚夫。周亚夫乃西汉名将，熟谙兵法，大败吴楚联军，楚王刘戊自杀。这时汉军又在临淄大败四王兵，胶西王自杀，胶东王、淄川王、济南王被杀。接着汉军回师西进，水灌赵都邯郸，赵王刘遂自杀。

而这场叛乱的始作俑者刘濞，先逃至丹徒（今江苏镇江东），以后逃到东瓯王驺摇这里。在七国叛乱之初，也曾拉拢过驺摇，东瓯国一度也加入了叛乱，但刘濞哪里知道，此时东瓯王已反正，在西汉王朝的一番恩威兼施下，很快反戈一击，还为平息这场叛乱立下大功。刘濞可说是自投罗网，在瓯越被东瓯王所杀。至此，历时三年的七王之乱终于得以平息。

东瓯为西汉王朝立下大功，却为自己种下了祸根。

原来，刘濞的儿子刘驹逃到闽越后，誓报这杀父之仇，于是极力鼓动闽越进攻东瓯，又来了一场兄弟残杀。汉武帝建元三年，闽越兵围东瓯，东瓯被围得差不多就要投降了。汉武帝闻讯后听大臣们的意见，有的说东瓯这种化外之

公元前138年，东瓯国4万余人迁徙江淮，远离故土。如果从公元前192年算起，勾践子孙短暂的东瓯国后史，历时54年，终于寿终正寝。

民，不值得朝廷当回事，让他们自生自灭吧。也有的说东瓯为汉王室卖命，有难不能不救。这样，武帝还是听了帮助东瓯这一派的意见，即从会稽发兵，从海路驰援，闽越闻讯后，慌忙撤兵。

这一次虽是有惊无险，但东瓯、闽越偏隅东南，乃虎狼丛生，强人横行之地，且山高路远，如有风吹草动，朝廷实在是鞭长莫及。思忖再三，东瓯王还是向中央打了份报告，要求迁往内地。

公元前138年，东瓯国4万余人迁徙江淮，远离这块是非之地。如果从公元前192年算起，勾践子孙短暂的东瓯国后史，历时54年，终于寿终正寝。

东瓯举国内迁，固然是浩荡之举，但故土是无法迁移的，又一族越人——闽越，就控制了从前东瓯国的地盘。到了公元前135年时，才夺取了瓯越地盘三年的闽越王郢就发兵侵犯起南越来。结果搬起石头砸自己的脚，被他的弟弟余善给杀了，还说：今杀王以谢天子。余善就用这种办法来向汉室求和。本来准备讨伐闽越的西汉政府因此也就下了台阶。但西汉政府还是没有忘记给闽越设置一些内讧机会。他们以此次动乱老闽越王的孙子繇君没有参与为由，立其为越繇王。余善一看就不高兴了，自己封自己一个王，西汉政府没办法治他，只好顺水推舟，再设他一个东越王，与繇王形成了互相钳制的局面。

这个时候，我们浙江的故国东瓯一带，应该是属于东越王统治了。但这种天高皇帝远的好日子也不可能永远过下去，到了汉武帝的后期，一系列边境问题得以解决，汉王室又开始把目光盯到那些不太老实的内地诸侯身上了。果然，到了公元前112年，西汉政府开始征伐南越。东越王余善害怕殃及自己，连忙声称服从中央，还派了8000名子弟兵跟汉军南下。但是到了今天的广州一带，便开始借机驻军不前，还暗中通风报信给南越，结果直到汉军把番禺——也就是今天的广州都给打下来了，东越的军队还没有到达。这下汉军首领杨仆大怒，向皇帝告状，要攻打东越。东越王也急了，没等汉军到，自己干脆就发兵反叛，结果可想而知。东越国内部起乱，杀了余善，投降了汉军。

会稽疏凿自东都，太守功从禹后无。
能使越人怀旧德，至今庙食贺家湖。
——王十朋

这一次东越国的子民们又一次开始迁徙了，但和上一次不一样，上一次瓯越是主动要迁，这一次是枪杆子逼着迁走的，地点却都是江淮间，而东越之地，却反而虚空了。

以后我们家园的东南一带，就那么撤撤并并好长一段时间。到公元138年时，又在东瓯乡置了永宁县。它的辖地，也就在今天的温州和台州地区。这时候，离当年东瓯国民迁徙江淮已经有200多年了。

这是越文化和中原文化剧烈碰撞的200多年，也是华夏民族之间进行大交融的年代。在这个年代里，瓯越人开始在一定程度上接受了汉文化，为后来的历史进程打下了深深的文化烙印。

这一切的叙述，却仿佛都是从那个名叫驺摇的人开始的，生活在这块土地上的人们因此没有忘记这位老祖宗。他死后被葬在今天温州鹿城区的西山瓯浦垟。朱彝尊在《东瓯王庙碑》中，称东瓯王"是可谓豪杰之士矣"。

在浙南，瓯人不仅为东瓯王建庙，农历三月初八还抬着东瓯王塑像巡街游市，驱灾祈福。在鞭炮的声响中，我们仿佛又听到了历史的回声。

这是越文化和中原文化剧烈碰撞的200多年，也是华夏民族之间进行大交融的年代。在这个年代里，瓯越人在一定程度上接受了汉文化，为后来的历史进程打下了深深的文化烙印。

地广人稀的楚越之地

说起来真是难以置信，西汉时的浙江经济，远远比北方落后，司马迁在《史记》中说："楚越之地，地广人稀，饭稻羹鱼，或火耕而水耨，果隋蠃蛤，不待贾而足……"总而言之，这是一个待开发的边远贫困地区。

就在这个历史阶段，北方一次大规模的移民运动，在政府主持下进行。公元前119年，汉武帝时代，黄河下游大量贫民迁往各地，其中有一批人就迁到了会稽郡。另外，汉武帝也趁机把北方的一些豪门大族迁到了江南。这样，本来人口不多的浙江，人气就渐渐地旺了起来。

在我们的田野上，耕牛多起来了，铁质的农具也多起来了。水利工程越来越多地修建起来，手工业也得到了长足的进步。

汉代的手工业中，最赚钱的就是铁和盐。一开始政府还没弄明白其中奥妙，让私人经营，结果出现了一批以盐、铁发大财的工商业家。汉武帝一看，这样不行，就把铁和盐从豪强手里夺了过来，在产铁的地方设铁官，在产盐的地方设盐官。会稽就设有铁官，今天海盐这个地方，汉代时就设了盐官。

当时铜镜制造业已很发达，车马镜、神兽镜、画像镜、日光镜，还有规矩镜，上面还刻着铭文。这些铜镜，在工艺发展史上，都是大名鼎鼎的。

汉牛耕画像石

> 楚越之地，地广人稀，饭稻羹鱼，或火耕而水耨，
> 果隋蠃蛤，不待贾而足……
> ——司马迁《史记》

汉画像砖·收割图

　　正是在这个历史阶段，浙江出现了一种新的带釉的陶瓷制品。胎质坚致细密，色彩是灰白的。东汉时期的陶瓷窑址，在浙东、浙西南一带屡屡被发现，仅上虞这个地方，就有37处之多。比如小仙坛窑址，所烧制的瓷器，釉色青绿，胎质细致坚硬，就被称为青瓷。这是一个伟大的发现，它证实了中国在东汉的时候就有青瓷生产。而且，小仙坛窑址还是世界上最早的青瓷产地。

　　经济的发展势必带来生产关系的改变。汉武帝时一批豪强迁到南方后依旧当着他们的豪强，交通王侯，力过吏势，比地方官员厉害多了。西汉后期，北方绿林赤眉起义，又有一批豪富逃到了江南。到了东汉，阶级分化得更加厉害，豪强地主势力极大，农民甚至沦落到了奴隶的地步，完全丧失了人身自由。这种生产关系上的历史性的倒退，必然引发严重后果。浙江和国内其他地方一样，爆发了多次的农民起义，而这些农民起义，大多都发生在会稽郡。

小仙坛窑址：世界上最早的青瓷产地，位于今天的浙江上虞一带。其所烧制的瓷器，釉色青绿，胎质细致坚硬，被称为青瓷。

利济王

许多人知道绍兴有鉴湖，那是从秋瑾女士的号"鉴湖女侠"而来的。其实，鉴湖最早被称之为镜湖，是东汉时会稽太守、中国历史上著名的水利专家马臻所创建的。镜湖是汉代浙江最重要的水利工程，马臻还为此献出了自己的生命，被后世奉为利济王。

汉顺帝永和五年（公元140年），马臻在会稽郡山阴县界筑塘蓄水，蓄了36源之水，水高于田丈余，田又高于海丈余。如果水少天旱了，就泄湖灌水；如果水多了，就把田里的水泄到海里去。因此，那里的老百姓旱涝保收，不再有凶年。在千余年间，镜湖为会稽北部平原的开发提供了防洪和水资源保障。会稽得力于镜湖，从此走上了繁荣兴旺的道路。

然而，正是因为马臻建了镜湖，给人以口实，反而遭人暗算。司法部门竟处以"弃市"的残酷刑罚。等到执法者再要去查找那些告状置他于死地的人，才发现他们都是早已经死了的人。

历史自有公论，热爱他的浙江人民把他的尸骸从京都移到了会稽；到唐代，浙江人已经开始隆重地建庙立祠纪念他；而到了宋仁宗时代，更是封马臻为利济王。

马臻的墓地，就在今天绍兴市城南二里的镜湖东畔，墓旁还有庙，现在都已经修缮一新。

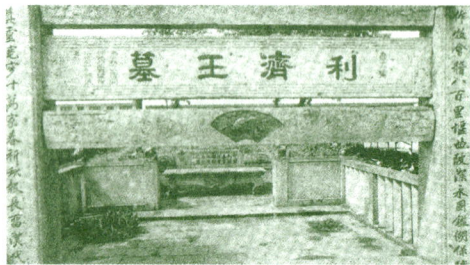

利济王墓

马臻：（汉）字叔荐。茂陵人，下葬于会稽（今属绍兴）。任会稽太守时，于永和五年主持修建镜湖水利工程，使会稽平原既解除洪水威胁，又得到充分灌溉。南朝宋孔灵符《会稽记》云：创湖之始，多淹冢宅，千余人怨诉于台，臻被刑于市。后白其冤，越人思其功，将其遗骸自洛阳运回会稽，于湖边立祠，并建马太守庙。墓在庙旁，碑曰：敕封利济王东汉会稽郡太守马公之墓。

先生之风

西汉末年，王莽改制，国家陷于更加混乱的状态，农民大起义终于爆发。公元25年，绿林军直捣长安，王莽被杀。一个名叫刘秀的白衣秀士，自称高祖后裔，"名正言顺"地披上龙袍，改年号建武。一个新的轮回开始了，史称东汉。

这场战争不可避免地带来剧烈的社会动荡，尤其是靠近京都的黄河流域。于是北方有许多官僚和士人纷纷逃向外地，他们的新家园中，就有我们的故乡浙江。

蛮荒之地，山高皇帝远，浙江竟没有被卷入这场农民起义的洪流中，所以会稽理所当然地成了有钱人避难消灾之地。直到更始年间，"时天下新定，道路未通，避乱江南者，皆未还中土，会稽颇称多士"。这样，这些由北方来的士人就在会稽定居下来，其中有一人，一生垂钓于浙江青山绿水间，于是江山留胜迹，千古传美名，此人便是大名鼎鼎的严光。

严光，字子陵。据说严光就是当时从河南新野来会稽余姚的。有一种说法，以为他本名叫庄遵，是为避汉明帝的讳才改名严光的。此人武不掌兵，文不安邦，既无锦章传世，又无弟子三千，但千百年来却一直享有盛名，尤其为仕人们顶礼膜拜。浙江余姚人把他奉为自己的先人，在龙山为他立了碑，供人祭拜。

永愿坐此石，常垂严陵钓。
寄谢山中人，可与尔同调。
——李白《独酌清溪江石上
寄权昭夷》

严子陵钓台

据说严光少年时就有很大名气，和东汉的光武帝刘秀一起读书，刘秀做皇帝后，他就改名换姓，隐居了起来。刘秀虽然做了天子，对他这个老同学倒还是念念不忘，就到处派人找他。一天有人报告说，在江边有人披着一件羊皮袄在钓鱼呢。刘秀心想，可能这人就是严光吧，便派车去接，连接了三次，总算接到了洛阳。

严光有个老朋友司徒侯霸，这时也当了大官，就派手下人给严光捎信，严光连身都不起，躺在床上看书，一边说：我这个老朋友一向很傻，如今当了大官，不知有没有聪明一些？来人忙答道，我们老爷官越做越大，现在一点也不笨了。严光又问：那他让你来干什么？来人说，想请你到府上去叙旧。严光听了哈哈大笑，说：你还说他不傻，可他明明不是在说傻话吗？你看，天子请了我三次我才上马，皇帝我都不想见，何况他一个小小的人臣呢？

请不动严光，不好回去交差，于是来人又求严光写一封回信。严光却说，我的笔怎能写这种信，我口授吧。不过他连口授也是吝啬的，寥寥数语，还是不能凑成一封信。来人请严光再添几句，严光正色道：你这是在买菜吗？叫我多添一点儿。侯霸接到这样一封信，自然是气得要命，还把这信递给皇帝看，刘秀看了不以为然，哈哈大笑说，狂奴故态也。

云山苍苍，江水泱泱。
先生之风，山高水长。
——范仲淹《严先生祠堂记》

高山流水图

据说后来刘秀去看严光，严光照样躺着不起身，刘秀请他出山助他一臂之力，也被严光回绝了。严光对当今朝政一言不发，只是畅谈昔日同窗之情。就这样，严光又回到富春江上，过他自由自在的生活。

严光虽然没有按刘秀的话去行事，但还是有分寸的。据说严光被刘秀请进宫后，谈得甚为投机，都忘记了时辰，晚上两人同睡在一张床上，严光的脚就搁在了刘秀的肚皮上。第二天，专看天象的官吏惊慌失措地来禀报：不好啦，昨夜有客星犯了御座。刘秀笑着说，那是我和老朋友严子陵共卧之故啊。

到了这个份上，多半是在戏说了，严光出生在汉元帝年间的公元前37年，算来要比刘秀大整整31岁呢。所以，如果他和刘秀确有同窗之谊，那一定是忘年交了。

在与皇帝、大臣的交往中保持着的布衣的清醒与尊严，使严光能够长寿善终。据说他在隐居生涯中，一直活到80岁。很难想象他若真的到朝廷当官，是否还能够享受这样一种安静的人生。中国传统的知识分子，一向是把儒道双修作为自己的政治理想的，他们即便是在达则兼济天下的时候，也不会放弃对穷则独善其身的羡慕，这就是历代众多大人物到富春江严子陵钓台顶礼膜拜的原因。

相传富春江有好几处严子陵钓台，最为出名的还是桐庐七里泷钓台，这里青山夹峙，碧水穿流，素有"小山峡"之称，是个躬耕垂钓的绝佳之处，有无数骚人墨客来过这里。

曾立志"先天下之忧而忧，后天下之乐而乐"的范仲淹同样把严光视为心中的"偶像"。当年范仲淹在浙江睦州做太守时，不仅在这里为严子陵修建祠堂，并亲笔撰文《严先生祠堂记》，一咏三叹："云山苍苍，江水泱泱，先生之风，山高水长。"

浙江桐庐七里泷严子陵钓台：东汉时期传说中的严子陵隐居钓鱼处，位于离桐庐县城15千米处的富春山麓。其地位在全中国多处严子陵钓台中名列第一。

空谷足音

我们以一个伟大人物为历史视角，展开此文，为的是管中窥豹，借以了解当时浙江的文化学术概况。

春秋战国时期，正是被后人称之为"百家争鸣"的古代学术思想和政治思想最为活跃、最有生气的时期，思想文化各个领域的巨人纷纷登场，如孔子、孟子、庄子、墨子……这些先贤毫无例外地都来自中国北方的黄河流域。与此相照，古浙江是沉寂的，直到东汉，这一局面才有了改观。由于秦汉时期大量北人南迁来会稽定居，其中不乏有许多饱学之士，在这样的文化大交流的背景下，我们浙江的文化大幕上终于有了层层亮色。到了东汉，标志性的人物就开始出现了，王充与他的《论衡》一文，空谷足音，独树一帜，扬波激浪，在中国哲学史和中国思想史的典册中，画下了浓墨重彩的一笔。

王充（公元27—约97年），字仲任，浙江上虞人，细究起来，也算是一个来浙江定居的"移民"。王充的祖籍为魏郡元城（今河北大名），祖上因军功在会稽任了一小官，上任不久就被罢免。以后王充的祖父带全家又迁往钱唐（今杭州），"以贾贩为事"。这时的王家虽为"南人"，但幽燕任侠遗风犹存，因与豪族强宗争斗，结下了怨仇，不得已又举家迁往上虞。如此颠沛流离，比起许多从北方迁来的豪门望族，王充真算是出身于"细族孤门"了。

王充出身虽然贫寒，且父母早逝，但家贫不坠青云之志。他自幼学习刻苦，聪慧过人，年轻时曾在洛阳游学，据说还被保送入太学受业，他当时的老师，就是著名的大文化人班彪。王充虽酷爱读书，却无奈没钱买书，只好常到书铺去看书，由于记忆力强，往往能过目不忘，所以能够"博通众流百家

王充的哲学思想：一是对神学目的论的批判。针对"君权神授"的封建神学思想，指出天与地都是自然物，是物质，绝不是神。而人君也是一样，"人贵为物也，虽贵为王侯，性不异于物"。这一理论的提出无疑是对君权神授的重大打击。二是对天人感应论的批判。三是对有鬼论的批判。

之言"。

王充书虽然读得多，却从不落俗套，往往对许多所谓正宗的儒家学说不一味盲从，甚至还认为"伪书俗文，多不实诚"，有这样的独立见解，对于那个朝代的读书人来说，确实是凤毛麟角了。

既然学富五车，做官就是理所当然的事了。王充也不例外，他先后在上虞县、会稽郡甚至到扬州公干。虽然"机关"越来越大，但他都是做些功曹（掌管人事及参与政务）、从事（州最高长官刺史的属官）之类的小吏。由于他个性倔强，对事又好发议论，因此虽有学问，不仅得不到上司欢心，还屡遭黜斥。以后他又在丹阳郡、九江郡、庐江郡担任一些无关紧要的职务。

最后王充也终于明白，他实际上不是一块做官的料，决然告别官场，回家做一介布衣。有同乡惜其才学，将他推荐给皇帝，当朝天子还真当回事，特诏王充入朝。王充颇有严光之风，以生病为由，推辞不行。他回居乡里后，"闭门潜思，绝庆吊之礼，户牖墙壁，各置刀笔"，一面教授生徒，一面著书论说。那一年，他大约已经50岁了。

因此，我们可以说，王充的一生，多是在读书、教书与著书中度过的，其中《论衡》是他最重要的著作。《论衡》今存85篇，洋洋20余万字，就是在今天也算得上是长篇巨论了。

秦始皇崇尚法家，严刑峻法；汉高祖迷信黄老，无为而治；汉武帝独尊儒术，罢

王充《论衡》

王充：公元27—约97年，字仲任，浙江上虞人。东汉哲学家，其学说主元气自然论，以为世界乃由"气"组成，"天地""灾异"乃"气"化之结果，与人事无关；"精气"乃生命与精神之物质基础。批判天人感应与谶纬学说。著有《论衡》一书。今存85篇。

夫天道，自然也，无为。
如谴告人，是有为，非自
然也。
——王充《论衡》

上虞王充墓

黜百家，从此儒学一统天下。西汉中期唯心主义代表人物为董仲舒，核心论点是"天人感应"说，把先秦儒家"天人合一"的思想发展到了极致。而王充的《论衡》，正是对西汉当时学术上的那种神雾迷漫、死气沉沉的局面的激烈批判和前所未有的大胆冲击。正是有了这样一位思想先锋、文化巨擘的领衔，从此，浙江在中国思想学术史上举足轻重的地位开始显现端倪。

王充的学术思想，表现在以下几个方面：一是对神学目的论的批判。针对"君权神授"的封建神学思想，指出天与地都是自然物，是物质，绝不是神。而人君也是一样，"人贵为物也，虽贵为王侯，性不异于物"。这一理论的提出无疑是对君权神授的重大打击。二是对天人感应论的批判。三是对有鬼论的批判。

这样一本充满批判精神的著作，为当朝者不悦是不奇怪的，《论衡》曾长期被列入禁书，只在江东民间偶有人收藏。这本书的流传，说来也很有意思。东汉末三国初年，蔡邕到江东，蔡邕就是蔡文姬的父亲，是当时有名的学者。他读了《论衡》后，如获至宝，独自研习，秘不示人，由此学问大进。当时有人认为他"不见异人，当得异书"，这样蔡邕不得已才道出原委，从此《论衡》广传天下。

王充为中国思想史做出了如此重大的贡献，死时却可说是赤贫，据说连他的棺材也是大家凑钱置办的，死后就埋在故乡上虞乌石山。伟大的圣贤终究不会被他的后人忘却，他的学说也一再被后人研究。以王充为滥觞的浙江学术思想，在中国数千年文化史中，终于有了足以为我们后人骄傲的学术地位。

小姑娘曹娥

东汉时期的浙江上虞人曹娥（公元130—143年），死时才14岁，但用千古流芳四个字来评价她，是一点也不过分的。为她建的庙，就叫曹娥庙，她故乡那条舜江，也被叫为曹娥江。曹娥用她自己的生命，证实了中国传统文化中"孝"的理念，是为历代统治者和文化人以及中国老百姓推崇的"国家英雄"。

曹娥是上虞皂湖的曹家堡人，她的父亲名叫曹盱，史书记载他能"抚节按歌，婆娑乐神"，应该是一个"乡村文娱积极分子"。在那个时代，有这种才华的人常常在各种祭祀和礼仪活动中出任司仪，曹盱在乡间，似乎就是这样一个角色。

但曹盱的身体是不太好的，而且妻子又早早地过世了，幸亏有曹娥这么一个好女儿服侍在身旁，倒也还算是个安慰。

汉安二年（公元143年）的五月五日，端午节，照例是要祭祀潮神的。那一年曹盱旧病复发，但祭祀活动还是少不了他主持，因此，曹娥陪着父亲走上了舜江大堤。

曹娥墓

曹娥用她自己的生命，证实了中国传统文化中"孝"的理念，是为历代统治者和文化人以及中国老百姓推崇的"国家英雄"。

那年的江水特别大，龙船在江中破浪而行，人人捏着一把汗。不幸的事情还是发生了，龙船翻了，曹盱和船上的人们都落入了水中。直到夜里，龙船上落水的人们纷纷回来，独不见曹盱。曹娥沿江呼喊几天几夜，喉哑身疲，脚板出血，但谁也劝不住她。

终于有一天，人们在舜江边上发现了曹盱的尸体，在尸体旁边不远处，则是曹娥的遗体。有人说，是曹娥跃入江中把父亲的遗体背上来的，自己也因此丢了性命。

在中国儒家学说中，"孝"是一个十分核心的精神内容，从此，曹娥就从一个默默无闻的乡村少女一跃而为神州楷模，在华夏大地上被广泛宣扬。

曹娥最早被宣传出来，应该是她死了八年之后。公元151年，上虞县令度尚改葬曹娥于江南道旁，还为曹娥立碑建祠，又命邯郸淳作了纪念悼词，刻在碑上。后来，著名的大文化人蔡邕为了寻访王充的遗著，来到了上虞。途径曹娥庙时，慕名进去观赏碑文。当天夜里，用手摸着碑文读之，可见其内心的虔诚。读罢，就在碑文的反面题上了"黄绢幼妇外孙齑臼"这八个大字。这八个字，据说是中国的第一字谜。

这条字谜后来据说是被三国时聪明绝顶的杨修解了出来，原来是"绝妙好辞"这四个字。

今天的曹娥庙，依然被誉为"江南第一庙"，它的建筑面积达3840平方米，可称规模宏大，壮丽辉煌，里面的雕梁画栋更是精美无比。历朝历代不知道多少文人墨客在这里留下过足迹。据说高大的正殿是宋代建造的，因为汉碑已失，王安石的女婿、书法家蔡卞根据拓本重新书写了碑文，这块碑直到现在还立在庙里。

中国第一字谜：
黄绢幼妇外孙齑臼
——谜底：绝妙好辞

第五章　东吴时期的浙江

（公元220—280年）

东吴江南

滚滚长江东逝水，浪花淘尽英雄。是非成败转头空，青山依旧在，几度夕阳红。我们的历史演义，现在将走向一个英雄时代。

东汉末年的黄巾大起义，使东汉王朝名存实亡，乱世英雄起四方。从公元190年到公元280年，共91年。这91年又大约可以分成三个阶段——

190—207年：共18年，是破坏严重、大动乱的年代；

208—229年：共22年，历史进入魏、蜀、吴三国鼎立形成时代；

230—280年：共51年，是三国从对峙到统一的阶段。

一个被称为"合久必分，分久必合"的历史时代出现了，这就是三国——魏、蜀、吴三分天下。

东吴政权共占据了当时的丹阳、吴、会稽、庐陵、豫章和庐江这六个郡，相当于今天的苏南、皖南、浙江、江西等地。可说是尽有江东之地。后来又向长江之南扩充，特别是赤壁一战，孙权在长江中下游的势力得到了巩固，并在公元229年自称吴帝，建立吴国，旋即迁都建业，也就是今天的南京市。

这一历史时期，江南人口大增，中

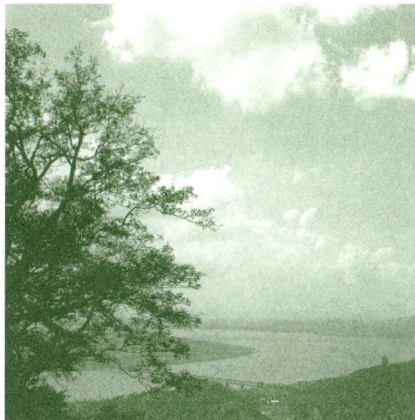

大江东去之钱塘江

大江东去，浪淘尽，千古风流人物，故垒西边，人道是、三国周郎赤壁
——苏东坡《赤壁怀古》

原和江淮间的大量流民逃入了荆、扬两州。当时浙江最缺少的还是人，6郡44县，经济随着人口的增加而日益繁荣起来。

东吴政权完全是建立在世家豪族的支持上的，他们因为经济上的强盛，政治上也就有了很大的势力，因此在东吴政权中就有了举足轻重的地位。

东吴的世族大地主之所以能形成那么大的气候，应该说是和东吴实行的特殊的制度有关的。

在这一段历史时期内，东吴的经济可用突飞猛进来形容。农业的发展也刺激了手工业，浙江人善经商的才能这时候已经开始展露了。他们的交通工具是舟，浙江人的生意，做到了我国的辽东、台湾，甚至日本、越南、高丽，远至罗马帝国。我们的祖先站在大二十余丈、高三丈的大船上，张着七面帆，六七百人浩浩荡荡地出海，那气势是多么的雄伟啊。

而这时候，东吴政权和越人中的一支——"山越"，又开始了一场激烈的较量。浙江、江苏、安徽、江西和福建的深山老林里生活着的一支少数民族，就是当年越族被迁徙时逃进山中的后裔，人们称他们为"山越"。

这些山越人继承了先人的习俗，从事农业生产，同时还会用铜铁来制造武

三国孙权故里鹳山

部曲：东吴大地主们所拥有的自己的私人武装。

世将制：东吴特有的一种经济制度。对那些刚刚当了将帅的人，授兵士五百到一千。从此父死子继，兄死弟继。结果，这些世族就都有了自己的武装力量。

奉邑制：东吴特有的土地制度。打仗立了军功的部将，赐一块地给他，结果这些奉邑都成了地主的私有土地。

复课制度：东吴特有的税收制度。凡是那些世族地主的佃客、部曲，东吴政权一律允许他们免纳国家的赋税差役。

三国五管瓶、盘口壶

器。他们"民多果劲""高尚气力"， 都是亦民亦兵的双重身份，是很会打仗的。军队组织就以户为单位，最强的一户就是首领，打起仗来，首领就变成了大帅。我们可以说，"山越"是全民皆兵的一个民族。

东吴政府对"山越"的存在高度警惕，一方面山越人不服管，要他们纳税服役常遭反抗，另外，曹操也曾派人找到"山越"，希望他们成为内应，这让东吴政权更不安。东吴陆逊就说过：山寇旧恶，依阻深地。夫腹心未平，难以图远。也就是"攘外必先安内"的意思吧。这样一来，东吴虽然对汉、蜀保持了距离，尽量少跟他们正面冲突，但和山越人却陆陆续续地打了70年，大大小小的战争进行了42次，最后逼着山越人下山投降。

东吴军队从山越人中挑编了4万多名身强力壮的壮丁，然后把老弱病残者迁入平原，编入郡县户口。应该说这一举措，比起当时封建社会里普遍的赶尽杀绝的强盗行径，还是文明和人道了许多。另外，山越人和汉民族同居在一起，慢慢融合，对浙江经济的发展也是起着进步作用的。

而这一切东吴霸业的源头，都还得从富春江上一个种瓜的小洲开始说起。

山越：东吴时期浙江、江苏、安徽、江西和福建的深山老林里生活着的一支少数民族，就是当年被迁徙时逃进山中的越族后裔，人们称他们为"山越"。

生子当如孙仲谋

登上杭州的月轮山，但见钱塘江如同一个巨大的"之"字，莽莽苍苍，从西南浮来，溯江而上。一过闻家堰，就到了钱塘江的中游，人称富春江。

在离富阳城西南约20千米的地方，有一片沙洲浮在碧澄的江面上，沙洲上良田沃野，绿树婆娑。这个被称作王洲的沙洲，别名洋涨沙，又曾名孙洲。沙洲上有个村子叫瓜桥埠，这就是三国东吴大帝孙权的故乡。

吴国占据长江中下游的江东地区，又称东吴。浙江不仅是当年东吴的领地，还是东吴大帝的故园，孙氏家族的发迹之地。

孙氏宗族的后人们自然为有这样的英才而自豪，在《宗谱》里记下了咏诵的诗章，曰：

吾祖种德亦种瓜，孙氏由此发萌芽。

汉末本是王洲地，明初复为御史家。

东汉末年，孙坚（公元155—191年）以小小县吏在乱世中一鸣惊人，成为称霸一方的豪杰；灵帝中平元年就做了郡司马，三年之后又当了长沙太守。是时，曹操还只是一个默默无闻的典军校尉，刘备更是一个小小的七品平原县令。后来孙坚跨江击刘表，虽大胜，但在追击中中了埋伏，被石矢击中头部，亡于阵前，年仅37岁。起起武夫，马革裹尸，也不失英雄下场。

风烟俱静，天山共色。从流飘荡，任意东西。自富阳至桐庐，一百许里，奇山异水，天下独绝……
——［南朝］吴均

孙坚：公元155—191年，字文台，吴郡富春人。吴主孙权之父，少为郡县吏。东汉灵帝中平元年从朱儁镇压黄巾军，拜别部司马，迁议郎。长沙太守任内，镇压区星起义，封乌程侯。讨董卓，袁术表为行破虏将军，领豫州刺史。后为袁术所遣，征荆州刘表，被表将黄祖射杀于岘山。多年征战，拥有大量部曲，为吴国的建立打下基础，追谥为武烈皇帝。

当时，他的长子孙策（公元175—200年）才16岁，已经是一个统领千军万马的将军，并且成了东吴政权的奠基人。他曾经因为势单力薄，不得不依附袁术。袁术出身于贵族豪门，目中无人，但见了孙策那江南男子俊美精悍的姿容，也不禁叹曰：使术有子如孙郎，死复何恨。

孙策和他的父亲一样，志在独霸江东，岂能久居人下，于是向袁术借了三千兵马，开始了他的创业之路，"渡江转斗，所向皆破，莫敢当其锋"。孙策勇冠三军，人称小霸王，很快在江东开出一片天地。

孙策不仅勇武，而且也很会用人，文武双全的周瑜是他的同学，以后他们结为至交，还成了连襟。唐朝的杜牧有一句很有名的诗："东风不与周郎便，铜雀春深锁二乔。"二乔也就是大乔、小乔，大乔是孙策的妻子，小乔则是周瑜的妻子。

孙策攻下会稽后，平定江东的大事就算基本告成了。但孙策与他的父亲仿佛有着非常相近的命运，连年的杀伐征战，不免结怨甚深，一次在野外打猎时，孙策遭仇人暗算，中毒箭后身亡，死时才25岁。

孙策临终前将创下的基业交给了弟弟孙权。孙策虽说是马背英雄，但很有自知之明，对孙权说："举江东之众，决机于两阵之间，与天下争衡，卿不如我；举贤任能，使各尽力以保江东，我不如卿。"从此保江东就成了东吴的基本国策。最后孙策留下遗言："倘内事不决，可问张昭；外事不决，可问周瑜。"那一年，孙权（公元182—252年）才18岁。

孙权作为第一流的历史人物，到底在历史上留下了什么样的痕迹呢？孙权的历史功绩可归纳为以下几条：

一个王国的建立者——开创吴国的大帝；

一座著名城市的始建者——南京城的奠基人；

保境安民、促进长江中下游的开发——促成三国鼎立的主角；

开发台湾的创始人——宝岛与大陆之间最早发生的政府关系；

孙策：公元175—200年，字伯符，富春（今属富阳）人，孙坚长子，少时居寿春，与江淮间世族结交。孙坚卒，往从袁术，术甚奇之，使领坚部曲。策说术乞助吴景等攻刘繇于江东，术表策为折冲校尉。性豁达，善用人，渡江辟地，所向披靡，繇弃军走。渡钱唐，据会稽，破吴人严白虎等，自领会稽太守。术称帝，策与之绝。曹操表策为讨逆将军，封吴侯。会袁曹相攻，策欲入许迎汉帝，未发，遇刺卒。

外交史上的开创性人物——聘问南洋诸国，发展友好关系的外交家。

公元208年，曹操平定中原后，率大军南下，一路告捷，所向披靡。是时刘备在败于徐州之后，又在湖北当阳长坂坡被曹操的追兵截住，溃不成军。诸葛亮说："事急矣！请奉命求救于孙将军。"

此时，东吴朝野也是一片哗然，连重臣张昭都劝孙权赶紧议和，以免遭灭顶之灾。是战是降就摆在了孙权面前。孙权说："吾不能举全吴之地，十万之众，受制于人。吾计决矣！"说罢，拔刀砍下桌面一个角，说再有议和者同此下场，孙刘联手全力以赴抗曹的局面就这样形成了。

这时的孙刘联军只有曹操的十分之一，强弱之悬殊是显而易见的。在孙刘联军中，东吴又理所当然地充当主力。孙权将大军出征的全部重任都交给周瑜，自己则为吴军做好后勤保障工作。东吴大将黄盖以诈降靠近曹军的大船，然后点起大火。"谈笑间，樯橹灰飞烟灭。"从此曹操元气大伤，再无心觊觎江南，魏、蜀、吴鼎立的局面方有可能实现。

在这场斗智斗勇的历史画卷里，江东儿郎孙仲谋无疑是唱了一台让人叫绝

孙权：公元182—252年，字仲谋，吴郡富春人，三国时吴开国皇帝。在位二十四年。建安十三年，与刘备联合大败曹操于赤壁。后西拒蜀汉，北抗曹操，遂呈鼎足之势。黄龙元年称帝于武昌，建都建业，国号吴。在位期间加强与台湾的联系，又设置农官，实行屯国，开发江南土地，死后被追尊为吴大帝。

东吴大帝孙权

千古的好戏。江南的经济可以与中原地带比试比试，正是从三国时代开始的。而到了南朝时，江南的经济地位已经可以和黄河流域并驾齐驱了，这种后来居上的势头就是从三国时开始启动的。在这当中，当然首先是东吴时期对江南的大力开发的结果。孙权的作用是功不可没的。

孙权接过哥哥手里那颗大印之后不久，就开始实行屯田制。本来用来打仗的将士们，现在用来种粮食了，这实在是一件大好事。孙权甚至宣布，把自己平时专用的牛车的牛，也用来耕田，并且还要亲自驾牛扶犁。这样一来，水稻的种植面积大大增加，人民有饭吃的可能性就大大增加了。

孙权注意兴修水利。凡在江南这片泽国的统治者，大多都注意水利，这好像已经是一个惯例了。孙权也搞宽赋调息，这一条直到他临死前还没忘记，所以在遗命中专门说：省徭役，减征赋，除民所患苦。

江南能工巧匠甚多，这大概和孙权当时专门组织人从事这方面的劳作有关吧。他在部队里专门建立了一支从事手工业劳动的队伍，名叫"作士"；另外又弄了批士兵改行去当商人，贩卖物品。总之，有许多当兵的都去纺织、煮盐、酿酒、烧窑、货运了，这些领域里的发展就非常之快。城市开始增多，今天的南京和武昌，都是那时候发展起来的。而钱唐和周围的一群小县，也跟着一块儿发育壮大起来。孙权刚刚开始执政的时候，只有6个郡的少量城邑。到东吴将亡之际，已经有43个郡和313个县了。

孙权有如此这般的政治才能，也抗不住时代的大潮，更架不住昏庸接班人的误国治理。虽说生子当如孙仲谋，但孙仲谋的儿孙们却很不怎么样。公元252年，孙权71岁那年，一个晚期君王身上的种种弊病已经显示出来，好在那时候他的生命戛然而止。他的后代孙亮、孙休、孙皓先后继位，显然这时一个王朝的气数已尽，

东吴钱币

君王的英气也不再遗传到后辈的血液中，吴国统治集团的内部也日趋分裂，公元280年，孙皓在南京投降，真是千寻铁锁沉江底，一片降幡出石头——东吴就此消亡了。

东吴是消亡了，但因为有了东吴帝国奠定的基础，以后的东晋，接着的宋、齐、梁、陈的君王们，才有可能把家一个个安在了江南；中国的政治、经济、文化格局，才开始有了巨大的变化。长江流域和黄河流域一样，进入了一个新的历史发展时期。

……天下英雄谁敌手？曹刘。生子当如孙仲谋。
——辛弃疾《南乡子·登京口北固亭有怀》

门泊东吴万里船

窗含西岭千秋雪，门泊东吴万里船。赤壁大战后，曹魏对东吴拥有的长江天险一直畏惧三分，但东吴想吃掉曹魏也绝无可能。于是，当蜀国频频劳师、无功而返的时候，东吴却将它的一艘艘大船驶向大海。

其中，有一路水军，就驶向了台湾。

大陆与台湾之间的民间往来，由来已久，但作为政府对台湾的开发，却是从孙权开始的。公元230年，孙权派遣了他的大将卫温和诸葛直，率领着将士万人，登上巨大的船队，从大陆横渡海峡，直抵台湾，开始了东吴对台湾的远征。

这次远征，是从会稽出发的，之所以从这里出发，和一个外国商人的来华分不开。出征台湾四年前，也就是226年，有一个名叫秦论的古罗马商人，从越南来到了东吴，取道会稽，并拜见了孙权。而这以前，《后汉书》里已经记载了台湾与会稽的关系。这些历史记载，至少可以说明一点：三国时的南方海路，是以东吴为主要通道的，而史籍上记载的有关台湾的事情，也是从会稽与台湾的通航中首先了解到的。

四年之后，孙权派人出海，前往台湾。当时孙权的兵力不过10万，他竟然派出了1万人的兵力去探寻台湾，其热情可见。当时他的大将陆逊和全琮都反对他那么做，但孙权不动摇。他打造了上百只大船，准备了一应物件，就浩浩荡荡地出发了。船队此行将近一年。在台湾因为水土不服，军中将士死亡者十之八九，这才带着岛上的数千名土著台湾人，一起回到了大陆。

在台湾岛上，今人发现了一种古代石砖，和绍兴出土的古砖十分接近。台湾学者论证说：关于这种砖的发现，与其说是由于当时台湾与大陆之间进行经济交换的结果，毋宁说是这次远征所遗留下来的物证。

吴虽在远，水道通利，举帆便至，无所隔限。

这次远征对台湾经济发展的最直接推动，就是加快了台湾先民们从石器时代向铁器时代过渡的步伐。而对大陆人而言，这次远征也使大陆人对台湾加深了了解，并有助于大陆人对台湾的开发。《台湾府志》至今还记载着杭州人施肩吾1000多年前率领族人东渡台湾安家的事情。施肩吾是唐朝的一位诗人，故乡在今天的杭州郊县，他在台湾写过一首送客诗《赠友人归武林》：去去程何远，悠悠思不穷，钱塘江上水，直与海潮通。这首诗说明，唐朝时，台湾的船只已经可以直抵武林了。可见孙权当年首倡对台湾的开发，其意义是不可估量的。

我们前面提到的那个古罗马洋商人秦论，看来对孙权带来了很大的影响。许多海外的消息，正是从秦论处打听来的。孙权听了秦论的话，不是先怀疑，而是相当兴奋地开拓了自己的思路，这种对外开放性的态度，应该说是进步的。他派了手下的大将，乘着大船，向北去了辽东半岛，向南去了海南，去了南洋诸国，去了柬埔寨，去了越南，去了印度，这些国家的使者也随之回访东吴。

我们可以从中看出孙权对内对外的不同态度。对内，他无心与曹、刘做更多的相争；对外，他却注意去拓展种种关系，并对疆土尽心尽力地开发。

门泊东吴万里船的政治心胸和气度，应该体现在这里。直到今天，这种开放的精神，一直作为传统，使我们这些后代人受益匪浅。

东吴船队

公元230年，孙权派遣将士万人，从大陆横渡海峡，直抵台湾，开始了东吴对台湾的远征。

一个世族和一部经典

两汉是经学盛行的时期。儒家经典是中国封建社会法定的，起初有五经，后来又增加了八部，统称十三经。

西汉末年，有大批北方人士逃至江南，那时，会稽集中了一批北方的文化精英。这些饱学之士的到来，对江南文化的影响非同小可。东汉，吴会地区不再以辞赋为首要，经学却异军突起。也就在这个时候，一个世族进入了文化江南，他们是挟着一部经书进入我们的家园的，这个世族姓虞，他们世代相研的经典，叫《易》。

家族成为文化的重要载体，应该说是从东汉后期开始的。那时候，官方学问已开始式微，而世家大族的势力却日益强盛，与之相适应，"私学"也就开始发达起来。从总体上看，中国学术文化由此开始，由官学转向了私学，形成了学术文化家族化的格局，并由此出现了许多的文化世家。

若一定要追根寻源，虞氏家族也不是浙江土著，而是东汉时期从北方迁入会稽余姚的，经过几代的发展，终于进入了世家大姓的行列。但那时候还没有进入全国氏族大姓的行列，直到三国时期，虞氏家族众多子弟纷纷登上孙吴政坛，再加上虞翻在经学上的重大贡献，虞氏家族才在全国确立了士族地位。

虞氏家族是经东汉后期以来一百多年的孕育，到三国时才奠定其经学世家地位的，所以我们还得回到东汉说起。

两汉时之所以经学盛行，有个重要原因，就是靠经学可以当官食禄。经学一盛行，就分出许多门派，其中有一门是《易》。《易》中分了好几派，有一

家族成为文化的重要载体，应该说是从东汉后期开始的。那时候，官方学问已开始式微，而世家大族的势力却日益强盛，与之相适应，"私学"也就开始发达起来。从总体上看，中国学术文化由此开始，由官学转向了私学，形成了学术文化家族化的格局，并由此出现了许多的文化世家。

第五章 东吴时期的浙江

073

派是孟氏。虞氏家族世代研习的就是孟氏《易》。至三国的经学大师虞翻，已经有了四代的积累，其深厚的家学传统为后来虞翻的大业奠定了基础。

虞翻（公元164—233年），字仲翔，是个非常聪明的读书人，从史书中看，他也可以算是一个天才。成年后，会稽太守王郎听到了他的名声，马上就把他召来，让他当了郡里的功曹，把他的才华视同刘邦手下的萧何，后来又让他当了东吴大帝故乡的父母官，也算是受宠一时。孙权即位后，让他当了骑都尉，可算是名重一时了。

奇怪的是这位对《易经》极有研究的聪明人，偏偏无法掌握自己的祸福命运。他控制不住自己的嘴巴和思想，有意见就要提，多次冒犯孙权。大概有些恃才傲物了吧，最后还是被孙权贬到丹阳泾县去了。他在那里也不安分，继续和吴大帝过不去。有一次孙权举行宴会，要大家举杯敬酒，谁知道他扑倒在地上装作喝醉了，就是不肯举杯。这一次可是真的把孙权激怒了，当场就要杀了他，还是被大司农刘基硬劝住的。命是保住了，但人却被流放到了今天越南的河内——当时的交州，一去就是十几年。

厄运成全了他。正是在交州，他收了数百门徒，每日讲学不倦，为当时的岭南文化教育事业做出了巨大的贡献。与此同时，他依旧是一个忠心耿耿的儒家经典大师，多次上书孙权，谈自己对国家大事的意见。可是孙权根本不听，直到征伐辽东失败，才记起虞翻生前曾劝他不要进行这次军事行动的告诫，悔之晚矣。但总算还来得及下这样一个诏：送丧还本郡，使儿子仕宦。虞翻的灵柩这才运了回来，葬在了故乡余姚的罗壁山下。

虞翻的学术成就，简要地说，注《周易》9卷，注《春秋外传国语》21卷，注《论语》10卷，注《老子》2卷。若要集中一点说，还是得集中到《易》上来。他自己也说过：经之大者，莫过于《易》。他在家传的易学基础上，又有了突出的贡献——正是从虞翻开始起，使一卦变成两卦以上的卦，使八卦可以象征的物象层出不穷，从而将汉易的象数之学发展到了高峰，以后宋明时代的易学的卦变说，其根源都出于虞翻。至于朱熹，在他的《周易本义》中作卦

经学：训诂或阐述儒家经典之学。

走读浙江
Zhejiang Pandang

变图，那完全是对虞翻学说的发挥。所以近人龚自珍在《常州高材篇》诗中曾这样说：易学人人本虞氏。

虞翻对其世家大族的文化贡献，不仅确立了他作为三国著名经学家、易学家的地位，也奠定了虞氏家族作为文化世家的地位，揭开了虞氏家族文化史的序幕。在以后的岁月里，会稽虞氏家族创建的学说，在各朝各代中不断地被提及。一个家族由一部经典入手，对中国文化造成如此深远的影响，应该说是不多见的吧。

曹衣不出水

曹衣出水，原是一个浪漫的成语，它往往与"吴带当风"联系在一起，分别是中国古代曹、吴两大画师艺术造诣出神入化的形象写照。吴为吴道子，那是不用怀疑的了，但究竟姓曹的是东吴时代的曹不兴呢，还是北齐的曹仲达呢？看来我们的老乡曹不兴是曹衣不出水的了，但他在中国美术史上的地位牢不可破。哪怕他的作品没有留下一幅，但我们依旧可以通过一鳞半爪，对其进行想象中的描摹。

曹不兴，也被称作曹弗兴，吴兴人，详细生卒年代已不可考，我们大概可以知道，在东吴黄武年间（公元222—229年），他曾经名声大噪，叹绝一时。后来的人们评价这一历史时期的艺术人物，有"六朝四大家"之说，还有一种排行榜，为"吴国八绝"，两种排行榜都有曹不兴。

从美术史的角度来评价曹不兴，应该说的是他在人物画上的造诣。据说他能够在长十尺的绢布上画一像，而且一会儿工夫就画好了，全身的比例都没有错误。

奠定曹不兴在画史地位的真正原因，应该是他在佛像画领域里的贡献。到目前为止，没有人怀疑他在这一领域里的开山鼻祖之功，他被认定为中国画家中佛画像的第一人。当时天竺僧人康僧会到了东吴，在建业建了江南最早的寺庙，他随身带来的佛像图，成了曹不兴最早临摹的蓝本。从此他成为中国佛画家之祖。

曹不兴，也被称作曹弗兴，吴兴人，详细生卒年代已不可考，我们大概可以知道，在东吴黄武年间（公元222—229年），他曾经名声大噪，叹绝一时。后来的人们评价这一历史时期的艺术人物，有"六朝四大家"之说，还有一种排行榜，为"吴国八绝"，两种排行榜都有曹不兴，曹不兴被公认为中国画家中佛画像的第一人。

三国漆盘《贵族生活图》

　　不过民间对曹不兴的的兴趣却是从动物开始的，小的小到苍蝇，大的大到赤龙。相传他曾经为孙权画过屏风，不小心把一滴墨滴到了画绢上，他就干脆把它画成了一只苍蝇。谁知进献御内之后，孙权以为真的是有一只苍蝇停在屏风上，就忍不住用手去拂它。如此以假乱真，把皇帝也给骗了，能不让百姓口口相传吗？

　　东吴赤乌元年的冬天，据说孙权游青溪，突然见一条赤龙从天而降，又凌波而行，就命令曹不兴画下来，然后孙权亲自为此画题词。到了刘宋时，此画为另一位大画家陆探微所见，不由大叹其妙其神。据说那个时候正好天下大旱，人们就把这张赤龙图放到了水边，没想到立刻就吸水成雾，大雨滂沱起来，可见画龙之神。

　　曹不兴的画，如今是早已散佚一尽了，据说唐代还有人看到过他的画龙真迹。不过曹不兴留不留下画都不是最重要的，重要的是他的艺术天才与劳动被史书记载了下来，并在民间一直流传着。

吴国八绝：
郑妪善相；刘敦善星象；吴范善候风气；
赵达善算；严武善弈；宋寿善占梦；
皇象善书；曹不兴善画。

第六章　两晋南北朝时期的浙江

（公元265—589年）

从永嘉南渡谈起

西晋是从公元265年开始的，公元280年时，西晋大将王濬率大军攻下武昌，顺流而下直逼建业，吴主孙皓出城门迎降，东吴遂灭，三国争雄80年，才终于画上了一个句号。

唐朝诗人刘禹锡的史诗般的短短七绝，道尽了这一重大的历史事件：

> 王濬楼船下益州，金陵王气黯然收。
> 千寻铁锁沉江底，一片降幡出石头。

浙江在西晋统治下的时间并不长，连头搭尾，也就37年。到公元316年时，它就被北方的匈奴族刘聪所灭，往后的日子就是东晋（公元317—420年）的了。司马睿在从前吴大帝称帝的地方南京称帝，浙江就这么顺理成章地归了东晋管。这次立国比西晋长多了，坚守了100多年。

接着，中国南方的历史，又进入了一个个短命的走马灯般轮换的时代。宋（公元420—479年）、齐（公元479—502年）、梁（公元502—557年）、陈（公元557—589年），加上同一时代北方的北魏、东魏、北齐、西魏、北周等差不多同样短命的王朝们，热热闹闹地竟然连续了160多年，一并被称之为南北朝（公元420—589年）。

这一历史时期的浙江是完全处在南朝的。在这里我们略略地带过西晋，就从东晋和南朝切入。

王濬楼船下益州，金陵王气黯然收。
千寻铁锁沉江底，一片降幡出石头。
——刘禹锡《西塞山怀古》

公元317年，司马睿称帝，建都建康（今南京），这就是东晋的开始。其时中国北方正烽火不绝，江南却相对平静，长江天堑阻隔了战火的蔓延。早在西晋末年，许多北方的贵族官僚便纷纷将子弟安排去江南做官，以便给自己留下一条后路，而北方的许多士族百姓也大量向南方逃亡。到了永嘉四年（公元310年），刘曜攻陷洛阳后，向江南的逃亡更是掀起大波澜，有许多地方甚至是举族涌向江南。"洛阳倾覆，中州士女避难江左者十六七。"这就是中国历史上有名的"永嘉南渡"。

这次民族大迁移，对江南的发展确实是影响深远的。浙江的人口陡然增加了，中原先进的生产技术又加速了浙江地区的开发。西晋时浙江已经有了六郡，东晋太宁元年（公元323年）又在临海郡中分出永嘉郡，郡治永宁，地处浙江僻远的温州置郡就此开始。

不独是温州，就是今天浙江的省会杭州也是在那个时期"升级"的。杭州初始被称作钱唐，虽然资历可谓老矣，可以上溯到秦朝，但"山中小县"的帽子一戴就是数百年，直到南朝陈祯明元年，钱唐才升为"地区级"，钱唐郡下辖钱唐、富阳、於潜、新城四县。从此杭州才一路高攀，直至南宋时的国都。

东晋进入南朝以后，南方的经济实力第一次可与北方挑战了，浙江无疑是江南经济大发展中的执牛耳者。而浙江的文化，在这一时期，更是发出了夺目的光辉。魏晋时代那特殊的人文风采，一连串闪闪发光的名字，闪烁在中国文化的灿烂星空，是我们不能不屡屡涉及的精彩篇章。总之，我们终于可以欣慰地说：正是从这个历史阶段开始，中华大地南北人民逐渐融为了一体，华夏和蛮夷的区别，终于泯灭了。

永嘉南渡

永嘉南渡：中国历史上两晋时期北方民众因战乱大规模向南方迁移，是中国历史上的一次重要的民族大迁移。

旧时的王谢

　　西晋永嘉年间，大量北方士族南迁，而同时，在江南一带，本来就有着土著的士族盘踞。可以说，东晋王朝就是在南北士族的拥立下才建立起来的。其中，王、庾、桓、谢四大家族，先后"执政"长达80年。这四大家族都是从北方迁徙到江南的，他们的政治舞台在建康（南京），而他们的封地却大多在浙江、江苏一带，其中王、谢在浙江的势力尤其大。

　　会稽和吴兴，应该说是北方豪族们最向往的地方。当时近百万人拥向江南，为了不与江南士族发生太大的土地冲突，北方士族纷纷涌向当时尚有土地可供开发的会稽。而东晋政权为了保护士族的利益，也明确地制定了特权条例：官一品可分到50顷土地，每降一品减5顷，到九品时就只有10顷了。虽如此，比起没有立锥之地的流民，九品也是非常豪奢了。王家和谢家，都是在这个时候到达会稽，建造他们的大后方的。

　　当时出现了一种"墅"的概念，大名鼎鼎的谢安就选择了上虞东山造了他的田墅。南朝时的谢灵运一边写山水诗，一边也不忘记在会稽建造自己的别墅。而王家当然也不是等闲之辈，王羲之就写信给人说：比者当与安石（谢安）东游东海，并行田，视地利，颐养闲暇。

　　而其时，浙江土著士族地主的势力也非常强大，如会稽的孔氏、虞氏、贺氏，吴兴的沈氏，都是望族，他们和北方的王、谢族，就形成了士族集团内的南北两大阵营。

　　虽然他们内部还有着种种矛盾，但当时他们的特权却是一样的，直到南朝，政府依然规定，士族子弟只要到了20岁就可以出来做官。因为他们刚出道时不是先任著作郎就是秘书郎，所以，当时的谚语这样说：上车不落则著作，

东晋王朝在南北士族的拥立下建立，四大家族王、庾、桓、谢，先后执政长达80年。

走读浙江 Zhejiang Panorama

顾恺之《女史箴图》

体中何如则秘书。意思是说，只要是贵族，小孩子坐在车里能够不掉下来就可当著作郎，能在官场上问个安，也就可以当秘书郎了。

应该说，在东晋南朝极为动荡不安的数百年中，以豪族阶级为中心并与农民共同建立的生产生活体制，有着它自身合理性的一面。固然，士族阶级有着剥削压迫农民的那一面，同时也不应否认在那个兵荒马乱年代对其治下的农民的庇护的另一面。比如南朝宋末时的刘善明，由于他的赈恤而得以生存下来的乡人们把刘家的田叫作"续命田"。东晋末年孙恩起义时，由于严重饥荒造成了人吃人的悲惨景象，望族顾家顾琛的母亲孔氏就拿出自己家粮食救济郡民，据说，因此活下来的人们生下的孩子为了表示谢意，就在名字前加一个"孔"字。

正因为东晋南朝时期的这一显著特征，才会出现我们接下去会听到的那些历史人物发生在浙江大地上的多姿多彩的故事。他们进入了中华民族的政治、经济、军事、文化史，影响深远，直到今天。

王谢在这里并不仅仅象征着一种惆怅的诗意，王谢在这里也不局限于南京的乌衣巷，王谢在这里甚至并不仅仅意味着两个世族大姓，王谢是这个历史时期政治统治的一个重要特征，是南北两大士族集团的统称。

东山再起

　　东山再起，一句典型的中国成语。它与一个显赫的世族连在一起，与一场著名的战争连在一起，与一连串优美的诗行连在一起，与一大批俊豪子弟连在一起；它更与一位风流宰相的名字连在一起。这位风流宰相，名叫谢安。

　　谢安（公元320—385年），字安石，人们往往冠之以陈郡阳夏人氏，也就是今天的河南太康，但他一生中大部分时间是在浙江度过的，他死后也葬在浙江，他的重要的政治活动，也从浙江起步。浙江上虞的东山是他的隐居之所，"东山再起"的成语完全就出于他的政治生涯，所以，把谢安放在东晋激荡的历史画卷中评述，实在是件很有意思的事情。

　　后来的人评价谢安，有这样一句话：江左风流宰相，唯有谢安（《南齐书·王俭传》）。宰相而风流，是一种对立统一，要做到这一点，的确是很难得，谢安却仿佛生来就有着这种禀赋。他出身名门望族，大约在谢安出生前10年，谢家举家迁到了江左。出生那年，东晋政权刚刚建立三年。4岁时，被谯郡恒彝看到了，恒彝禁不住赞叹说：此儿风神秀丽，后当不减王东海（王承）。再大一点儿，他已写出了一手的好字，在人们心目中近乎神童了。他后来的功业也确实在四大家族之首，后人评价说，同是权臣与名士，王导镇静，庾亮严峻，桓温雄豪，而谢安洒脱，这应该说是中肯的。

　　谢安少时就住在会稽，他一家从父亲到兄弟，都是当官的，只有他心里没有从政的愿望，反而在出游的过程中，看中了上虞的东山。

　　东山就在上虞县城西南部的上浦乡境内，距县城也就二十几里路，西濒曹娥江。谢安就在那里建了田墅住下。41岁之前，一直与诸多名士们在那里筑庐

东山再起：《晋书·谢安传》记载谢安曾经辞官隐居在浙江上虞东山，后又出山做了宰相。后人就用"东山再起"指再度任职，也比喻失败后，恢复力量再干。

隐居，成了当时的名士领袖。公元360年他出山之后成了东晋、也是中国历史上一流的政治家，"东山再起"就成了经典。虽然他后来到了建康，但是他对东山充满了怀想，不得已只好在建康附近又按东山的形势筑起一座仿东山。晚年，他又一心想着回到东山去。谢氏家族的许多大名人也都居住过东山，比如谢灵运、谢朓等。

想当年，东山上曾经有过多少名胜景观啊，李白到过这里，写过一首极其优美的小诗，如今诗句虽在，景观荡然无存，仅存谢安墓、墓碑及洗屐池、蔷薇洞遗迹。

上虞东山

按照当时门阀制度的惯例，世家子弟是必须出仕的，所以司徒府聘谢安为幕僚，朝廷又任了他一个佐著作郎的官。但是他一并都以有病推辞了，继续率领着众名士们，出则渔弋山水，入则吟咏属文，足迹遍布曹娥江两岸和富春江流域，甚至到了天目山地区。今天的上虞乡还有谢憩上堡、下堡村，就是因谢安游玩到此休息而得名的。著名的永和九年（公元353年），谢安与王羲之等41位名士在兰亭集会，曲水流觞，成为千古佳话。

在此期间，他也不得不出仕，不过数天月余，又急急推辞回家。朝廷里有人进谗言，说这个人目无君主，应当软禁起来，谢安完全不在意。他的妻子刘氏也是世家出身，见兄弟亲戚都发迹了，只有自己的丈夫还窝在家中，很着

不向东山久，蔷薇几度花？
白云还自散，明月落谁家？
——李白《忆东山》

比当与安石东游山海，并行田，视地利，颐养闲暇。
——王羲之《与谢万书》

急，说：男子汉大丈夫怎么能够这样过一生呢？谢安一听，连忙用手捂着鼻子说：你怎么说起这么俗的话来，难道大丈夫就一定要追求富贵吗？

话虽然那么说，但朝廷还是不放过谢安，连他出门游玩总带着妓女也成了他能够从政的理由，说他既然能够与人同享乐，也能与人同患难。果然到了公元358年，兄谢奕去世，第二年弟弟谢万因为征战失利而被废为庶人。这一来，家族的门第就受到了严重的影响。公元360年，他不得不离开东山，从此开始了他的政治生涯。

谢安最初担任的地方官员是吴兴太守，此时桓温开始了篡夺权力的阴谋。而谢安也正是在这一时期迅速进入中央政权的核心层，也正是在此时显出了他镇静自若的政治风度，收敛了桓温的野心。有个典故，说的是谢安与王坦之一起去见桓温，坦之紧张得冷汗湿透内衣，谢安却安详如故，不拘形迹。他的沉着反而赢得了桓温的敬佩。桓温去世以后，谢安出任仆射，后又任总掌中书，太元元年，谢安当了中书监、录尚书事。

公元383年，以谢氏家族督练的北府兵，以少胜多，取得了著名的淝水大战的胜利，遏制了前秦的南侵，也保住了东晋的江山。这场战争，完全是在谢安的安排与遥控之下进行的。谢安之功，功莫大焉。

"但用东山谢安石，为君谈笑静胡沙。"这一仗打得异常出色，捷报传来，谢安正与客人下棋，接到捷报，草草一看就放在旁边，继续下棋。等下完之后客人问他什么事情，他才说：小儿辈已经破贼。客人激动地祝贺，谢安却依旧如故，继续下完棋，直到客人走后，他才激动地返入内室，急迫中连屐齿都折断了。这一仗成了战争史上以少胜多的经典战例之一，也是谢安叔侄政治生涯中最为得意的一笔，谢氏的功名也由此到达了顶峰。

但以后的朝廷生活并不安静，钩心斗角是永远也免不了的，谢安十分怀念未出东山时的日子，虽然那时候他已经65岁，出仕也已经20多年，他还是梦想着回到山林中去。因此他还制订了一个计划，上疏请求亲自出征北伐，以此避

淝水之战：中国历史上的一场著名的军事战役。公元383年8月，秦王苻坚百万大军南下，在寿阳（今安徽寿县）与东晋八万军队交战，秦军大败。淝水之战是一次以少胜多的著名战役。战后前秦政权瓦解，北方重新陷入割据混战的局面。

谢安下棋

开了宫廷中的内讧，举室而迁，在广陵筑了一个小城，名叫新城。他准备在北伐结束之后就举家自江道回东山，过隐居的生活。但计划还没有实施，他就得病不得不回都，卒于建康。死后赠太傅，封其为庐陵郡公。

南京乌衣巷，至今有谢安的故居，浙江山水间，也不时发现他的历史足迹。光是谢安之墓就有两处。除上虞东山有他的墓地之外，今天湖州长兴县的谢安墓也很有来历。此墓就在县西太傅乡三鸦岗的长泗公路南侧，南朝时陈代建。有一种说法，以为谢安去世时葬在今天的南京梅山。陈太建十一年时，陈宣帝的第二个儿子叔陵为了葬他的生母，看中了谢安的墓地，竟然把谢安墓掘开，还把他的灵柩也扔了出来。此时谢安有一个裔孙名叫夷吾，正在长城（当时的长兴）任县令，就把谢安柩移葬到三鸦岗来了。唐宋明清对此墓都有过修复，后被毁，1984年秋，有关方面发现一块青石碑，证实了谢安墓确实迁葬到了长兴。现在此墓已经被重新修复。那么东山之墓又有什么来历呢，想必也能说得头头是道。而谢安的历史地位，也可从中见其一斑吧。

山水诗人

大家已经知道，淝水之战，捷报传来之时，谢安正在和客人下棋，谢安不愧有宰相城府，不动声色地说：小儿辈已经破贼了。这个小儿辈中，就包括谢玄，他是谢安的侄儿。淝水大仗虽然是由谢安来坐镇，但在前线指挥的，可是他的侄儿谢玄和他的弟弟谢石。

谢玄立了如此大的战功，便被封为了康乐公。但他的儿子谢瑍却是一个没大出息的人，人称其"生而不慧"，倒是他的儿媳刘氏极为聪慧，家世也显赫，是王献之的甥女。

仿佛是作为对淝水之战胜利的献礼一样，公元385年8月，在浙江上虞县谢家始宁墅，这位刘氏生了一个男孩，取名为灵运（公元385—433年）。典籍中常把谢灵运祖籍说成是河南阳夏人，但到了谢灵运辈上，早就是土生土长的浙江人了。

传说，就在灵运出生的那天夜里，钱唐杜明浦做了一个梦，梦见东南方向有人来见他，半个月之后，果然东南方向的上虞谢家就送来了一个男婴，这个男婴就是谢灵运。

谢客之名的来历：因为寄养在杭州，客居他乡，故称谢客。

谢灵运像

原来灵运出世才十几天，谢安就在南京去世了。谢安本是谢氏家族的一棵大树，他的死对谢瑍一家震动可不小，对这个男孩子的爱就蒙上了一层忧郁，担心他养不大，这才送到钱唐，寄养在杜明浦馆中。由于谢灵运从小寄养在外，家里人才叫他客儿，所以后世也有人称其为谢客。

谢灵运寄居的杜家，就在今天杭州的飞来峰下。据说从前那里还有一个亭子，名叫梦谢亭，是杜明浦为谢灵运所建的。这个亭子一度非常有名，唐朝时白居易还写诗提到过它，说"梦儿亭古传名谢"，并特意在诗中作了注解："州西灵隐山上有梦谢亭，即是杜明浦梦谢灵运之所，因名客儿也。"

在下天竺的莲花峰附近，还有一座翻经台。相传谢灵运年幼时，常到这里来翻看经书，故名翻经台，唐人还留有"经翻贝叶文，台近莲花石"的诗文。

谢灵运在杭州生活了15年，在此期间，祖父谢玄病死会稽任上，而父亲也早早去世了。公元399年，他结束了客儿生涯，回到了老家上虞。那一年正逢孙恩率农民起义，王、谢两家死了不少人，其中包括王羲之和谢安的儿子，谢家损失尤其惨重。谢灵运为避难，又来到了建康乌衣巷谢家故居。

谢安、谢玄死后，谢氏家门的顶梁柱就是谢安的孙子谢混了。谢混颇有诗名，人称其风华为江左第一。他对谢家子弟一一评价，其中说到谢灵运，说阿客是博而无检。谢灵运当时的生活确实是很放达的。史书记载说他是一个很铺张的人，车服鲜丽，衣服还常常改得别出心裁，大家都跟在他后头学，成为一时的风尚。他出入时，身边围着一大批佣人，当时的人为他还编了一首歌谣：四人洁衣裙，三人捉坐席。谢灵运18岁时袭封康乐公，和他父辈们一样，步入仕途，人称康乐公，说起来这也是他一生中的黄金岁月了。

世事无常，公元420年，一个叫刘裕的大将把晋恭帝撵下了龙椅，刘裕曾

谢灵运：公元385—433年，小名客儿。陈郡阳夏人。移籍会稽（今属绍兴）。谢玄孙，袭封康乐公。初为宋武帝太尉参军，后迁太子左卫率。少帝时贬为永嘉太守，不久辞官，移居会稽。文帝征为秘书监，迁侍中，常称病不朝。寻为临川内史，以行为放纵，流徙广州，不久以某犯罪被杀。工书画，诗文与颜延之齐名，为"江左第一"。性喜山水，既不得志，即为山泽题咏，遂开山水诗一派。有《谢康乐集》传世。

是谢灵运祖父谢玄掌管的北府兵中的一个下级军官,从此江山就姓了刘。刘裕出身寒门,那些前朝的遗老遗少们多少是有点看不惯他的。同理,刘裕对东晋以来用人只重门第、不问才学的状况深恶痛绝,对吏治便大加整顿,这样,旧贵族的子弟们的日子就越来越难过了。

那年谢灵运35岁,正是男人在仕途上最奋发有为的时段,他的下坡路却开始了。史书多认为谢灵运本也是个热衷于仕途的人,但寒门掌了权,他就不是一个圈子里的人了。不仅官做不上去了,刘宋王朝还废了封爵,总算保留了王、陶、温、谢安、谢玄五家,却还是把他们的爵位全部下调一级,谢灵运因此从公爵被降为康乐县侯,这无疑是件让他痛苦的事。

虽然谢灵运政治上不得意,但也不是闭门不出,郁郁寡欢。相反,谢灵运是个很张扬的人,他的内心需要发泄,他在精神上需要平衡,他自有着他的活法。

按照现在的话说,谢灵运是有几分"另类"的,这样一个不尊法度的人却在文学史上被尊为中国山水诗的鼻祖。谢灵运是伴随着秀丽的西湖山水长大的,而且他的家乡会稽,"千岩竞秀,万壑争流,草木蒙其上,若云兴霞蔚",也是个风景优美的地方。这样的山川之美可以说是植根于他的心灵深处的,但他大量的山水诗的创作,则是从他做永嘉太守开始的。

永初三年,谢灵运任永嘉太守,永嘉就是现在的温州,当年在这里为官,算不上美差。此处地广人稀,经济、文化落后,但背山面海,控江带溪,是个山清水秀的地方。而且山高皇帝远,逍遥天地宽。谢灵运原定夏末就要到达永嘉,结果拖到秋凉之后才离别京城。出京后他又先回了趟会稽老家,然后再沿浦阳江顺流而下,进入富春江之后,又写了不少山水诗。就这样,从上虞的始宁经富阳、桐庐、义乌、东阳、丽水、缙云、青田,最后才到永嘉,此时已经是八月十二日,中秋节前夕了。

上任后,谢灵运的确常常四处游山玩水。太守出门颇有派头,有五马开

郡有名山水,灵运素所爱好,出守既不得志,遂肆意游遨,遍历诸县,动逾旬朔……
——《宋书·谢灵运传》

初景革绪风，新阳改故阴。
池塘生春草，园柳变鸣禽。
——谢灵运《登池上楼》

山水诗人

道，今天温州城里还有一条很著名的商业街，名叫五马街，就是因当年太守谢灵运出游而得名的。

任永嘉太守的一年多日子，是谢灵运的山水诗创作生涯最旺盛的时期，谢灵运所著诗文大都散失，在仅存的4卷文、90余首诗中，写永嘉或与永嘉有关的几乎占其三分之一，而山水诗的一半是写永嘉的。

谢灵运的山水诗情调开朗，满目清新，如"春晚绿野秀，岩高白云屯"。诗人没有用浓墨重彩涂抹，而是用田野作底色，再点缀几朵白云，就抓住了春天那种充满阳光，洋溢生命力的特点。他写秋天，"野旷沙岸净，天高秋月明"；他写冬天，"明月照积雪，朔风劲且哀"；他写春天"池塘生春草，园柳变鸣禽"；他写暮色"林壑敛暝色，云霞收夕霏"。这些诗句生动细致地刻画了大自然的优美景色，给人以美的享受。可以说谢灵运是我国第一个发掘自然美、自觉地以山水为主要审美对象的诗人，作为中国山水诗的奠基人，他在文学史上具有无可争议的地位，以后中国历代的山水田园诗人，无不深受谢灵运的影响。

永嘉风光虽好，但谢灵运还是不听亲友们的劝阻，执意回了会稽老家，回乡后的谢灵运更是常常遨游不归。一次他从上虞南山出发，带着数百人，有路不走，专走没路的山林，一路伐木开径到临海，闹得临海太守以为来了山贼。

由于谢灵运始终对刘宋王朝耿耿于怀，采取的是不合作的态度，又加上自己恃才傲物，树敌过多，常被人告发。谢灵运后来到临川做内史，据说因谋反入狱，后在广州被杀。他在狱中《临川被收》一诗写道："韩亡子房奋，秦帝鲁连耻。"可以想见他对刘宋王朝的对抗是很强烈的。

　　谢灵运在政治上的表现另当别论，我们今天能记得谢灵运这样一个名字，乃是因为他把我们中国人喜爱的诗歌带进了一个新的天地里。谢灵运革新了魏晋以来的玄学诗，使山水诗具备了独立的文学品格，成为自立的门类和派别——山水诗派。这个诗派产生了一大批杰出的山水诗人，尤其是到了谢家后人谢朓手中，又延续传统，开启唐人诗风，至唐代，终于合山水田园为一体，成为一个源远流长的优秀诗派。故白居易有诗云："谢公才廓落，与世不相遇。壮士郁不用，须有所泄处。泄为山水诗，逸韵谐奇趣。"

兰亭曲觞

旧时"王谢"二姓并称，互相联姻，荣辱共存，中国文化史上鼎鼎大名的书圣"二王"，就出现在这个历史时段。谢安隐居东山时的好朋友，其中便有书圣王羲之（公元321—379年），他们流觞曲水的逸事，就发生在谢安未出山之前。

东晋永和九年（公元353年）三月初三，正是暮春时分，风和日丽，春意融融，会稽（今绍兴）兰亭笑语欢声，高朋满座。既有谢安、王羲之、孙绰这样声名显赫的朝野名士，又有王凝之、王献之这样风流倜傥的青年才俊。41人济济一堂，泼墨挥毫，吟诗唱和，这就是在文坛留下千古美谈的兰亭聚会。

这些文人雅士们兴致勃勃地进行一场游戏。他们列坐于曲水两侧，然后把盛满美酒的杯子放进环绕兰亭的小溪中，当酒杯漂流到谁的面前，其人不仅要罚酒三杯，还得赋诗一首。一天下来，人人诗酒酣畅，共作诗37首。东家王羲之又为这些诗作了一篇324字的序文，这就是千古垂名的《兰亭集序》。

因为王羲之的书法太好了，所以难免会掩盖王羲之的文采。其实，《兰亭集序》本身就是一篇千古佳文：……此地有崇山峻岭，茂林修竹，又有清流激湍，映带左右，引以为流觞曲水……

兰亭离绍兴二十多里，这里青山逶迤，小溪环绕，称得上是山阴道上的绝佳之处。按《越绝书》中所说，越王勾践在这里种过兰花，汉时又在这里设了驿亭，于是此地叫作兰亭。

王羲之像

王羲之：公元321—379年，字逸少，号澹斋，琅琊人。居山阴（今属绍兴），官至右军将军，人称"王右军"。其人书法一变汉魏以来质朴书风，成为圆转妍美流利之体，历代学者宗之，奉为"书圣"，《兰亭集序》为其代表作。

书法《兰亭集序》

聚会的发起人，当然是王羲之。王羲之被后人奉为书圣，其人出自琅琊（今天的山东临沂）王氏之门。他的堂伯父就是东晋的开国元勋王导，而他的父亲王旷和东晋开国之君司马睿还是表兄弟。"王与马，共天下"，王羲之门第的显赫就不用说了。

王羲之小的时候并不聪明，言语木讷，看来与比大他一岁的谢安是大不相同的。不过他13岁那年，聪明才智已经显露出来，而青年时代他的事迹就入经典了。有个故事，说的是当朝元老郗鉴要为自己找个王家的女婿，王家子弟一听就穿得整整齐齐等待来人，只有王羲之露着肚子躺在东厢房的床上任性而为，结果他反而被选上了。"东床快婿"之典就是这样来的。

> 永和九年，岁在癸丑，暮春之初，会于会稽山阴之兰亭，修禊事也……此地有崇山峻岭，茂林修竹，又有清流激湍，映带左右，引以为流觞曲水……
> ——王羲之《兰亭集序》

王羲之曾任会稽内史，官至右军将军，所以人称王右军，但他的青史留名，倒不在他的政绩而是他的书法。

中国的书法艺术的历史可上溯至东汉，现在人们熟知的楷书、行书、草书在那个时期就已经基本成形了。至魏晋，文学艺术发展已进入了一个新的时期，表现人的内心世界已成为文学的普遍现象。与此相仿，书法艺术的创造也进入到了一个自觉的时期，从注重汉字形体之美上升到追求气韵以表现艺术家的精神风貌，这在书法艺术史上无疑是一次飞跃，而这一次飞跃的领军人物，非王羲之莫属。

据史书记载，王羲之年少时跟卫夫人学过书法，以后又博采众长，悉心研究李斯、蔡邕、张昶、钟繇书法真谛。在他的笔下，汉魏质朴的古风终于有了新的突破："飘若浮云，矫若惊龙"，王羲之尤其擅长行书和草书，梁武帝评论说他的字是"如龙跳天门，虎卧凤阙"。他的书法对后代的影响极为深远，是中国书法的艺术典范。

说起王羲之，往往又会想到他的儿子王献之（公元344—386年），王羲之有七个儿子，但真正够得上子承父业的也就是他最小的儿子王献之。虽然王献之成名很早，但他也不是"专业"书法家。王献之，字子敬，一生为官，而且官做得还不小，人称他为王大令，就是因为他曾做过中书令。王献之在书法史上同样享有盛名，人们把他们父子二人并称"二王"。

王羲之故地祠堂

从注重汉字形体之美上升到追求气韵以表现艺术家的精神风貌，这在书法艺术史上无疑是一次飞跃，而这一次飞跃的领军人物，非王羲之莫属。

在王、谢生活的那个时代里，是没有什么职业艺术家和文学家的，他们一般都干着别的事情，有许多人都是"政府官员"。王羲之的书法，也只是业余为之，而且王羲之也是一个有政治才干的人，只是书法之名太高，别的就不提了。

我们现在知道的是，王羲之53岁那一年，发生了一件改变他生活道路的事。这话还得从扬州刺史王述说起。两人都姓王，但王述是太原王氏，年轻时并不出众，远在羲之名下，现在却管着他这个会稽太守。

这倒还不是主要的，主要的是这个王述性子特别急。《世说新语》里说到王述吃鸡蛋，拿筷子夹不住，急得他一把抓过扔在地上，那鸡蛋在地上也不服输，滴溜溜地滚着，王述又急得拿木屐的齿去踏，还是没有踏着。他更急了，抓起来就咬，咬碎了再吐到地上。这样一个急性而又不够旷达的人，要与以骨鲠著称的书圣相处好，是很困难的。因此，王羲之特地到父母墓前读了著名的《誓墓文》，表示了他辞官归隐的决心。

就这样，王羲之彻底告别了官宦生涯，也彻底告别了生活了40多年的乌衣巷，从此就隐居在会稽的越中山水之间，死后也就葬在了那里。他归隐的那一年，离兰亭聚会不过两年。我们其实可以从他当年的文字中读到他的心声：……夫人之相与，俯仰一世，或取诸怀抱，悟言一室之内；或因寄所托，放浪形骸之外。虽趣舍万殊，静躁不同，当其欣于所遇，暂得于己，快然自足，不知老之将至……

绍兴兰亭

详察古今研精篆素，尽美甚美，气唯王逸少乎！
——《晋书·王羲之传》

王羲之归隐那年，是公元355年。五年之后，谢安出山，从此鞠躬尽瘁，从政一生；而王羲之则从此穷尽名山，泛舟沧海，并感叹地说：我将死于快乐。这两名王、谢家族的代表人物，也都算是死得其所的千古人物了。

被誉为"天下第一行书"的真迹，再也见不到了，《兰亭集序》被唐太宗作为陪葬品埋入了昭陵，现在人们看到的都是各种临摹的本子。虽然王羲之精美绝伦的书法艺术被埋在了地下，但曲水流觞，人们依然能够领会到；东晋末年在兰亭的这次聚会，可以说是一次文化界空前的集体亮相，昭示着唐宋时期浙江大地上蓬勃的文化序幕即将徐徐拉开。

孙恩起义与凝之之死

王凝之是王羲之的第二个儿子，史书评价他是一个昏庸无能的人，虽然当过左将军，也没有让他聪明多少。倒是他的妻子谢道韫是中国历史上十分出名的才女，系安西将军谢奕的女儿，淝水大战主将谢玄的姐姐。人们常用"咏絮才"比喻她，就因为一次谢安看着纷纷大雪让子弟们咏诗，谢道韫吟了一句"未若柳絮因风起"，得到谢安的赞赏之故。据说她还解过他小叔大书法家王献之的围。王献之与人谈"玄"说不过人家，谢道韫出马，把客人们给辩服了。

东晋时，浙江爆发了一场重要的农民起义，给王、谢两家带来了巨大的劫难，也给风雨飘摇的东晋王朝以沉重的打击。

原来，自谢安死后，谢安的女婿——小人王国宝就参与了朝政，加上君主昏庸，东晋江山被搞得七零八落，最后弄得朝廷真正能够管得着的地方，只有8个郡了。这就是浙江和江苏的一部分，其中包括了三吴地区。

三吴地区是仅次于首都建康的第二个经济文化中心，朝廷为了防备叛军的进攻，就到这个地区来征兵，结果搞得民怨沸腾，因此也就引发了以孙恩为首的农民起义。

孙恩本是琅琊人，家族世代信奉的是五斗米道，他的叔父孙泰因为反朝廷被杀，孙恩亡命于海岛。公元399年，他利用当时农民不愿意被征兵而引发的骚乱，起兵于舟山群岛，率领100多人登陆，一路焚烧官府，捕杀官吏，不到10天，竟然聚集了数十万人。他们先到了谢家的封地上虞，烧杀了一番。当时谢氏家族有不少人正在三吴和浙东地区当官或者休养，因此就成了孙恩的直接镇压对象。其中会稽郡又首当其冲。

孙恩起义：晋隆安三年（公元399年），东晋征发浙东农民为兵，引起以孙恩为首的农民起义，历时12年，给东晋王朝以沉重打击。

当时王凝之是会稽的太守，荒唐的是这位王太守和孙恩有着同样的信仰，甚至他的信仰还更坚定一些。孙恩已经攻到会稽城下，他还在官府里设坛祈祷天师保佑，既不出兵，也不设防。他的部下让他赶快行动，他说：不用急，请放心，天师已经调集了鬼兵守住关口了。结果可想而知，他和他的儿子都被孙恩杀死，倒是那个才女谢道韫能文能武，这时候手执钢刀带领着一群婢女在冲锋陷阵。

在孙恩起义中被杀死的还有谢安的侄子谢冲及他的长子谢明慧。他的次子谢方明这时候正在他的伯父、吴兴太守谢邈处。接着孙恩攻下了吴兴，捉住了谢邈，要他投降，他至死不从，结果谢邈和谢方明的家人都被孙恩杀了，只有谢方明只身一人逃回了建康。

这时候，永嘉太守谢逸也被孙恩杀了。孙恩占据了会稽，自称征东将军，他的徒众被称为"长生人"。朝廷急忙派谢安的儿子谢琰与刘牢之前往镇压。他们一开始倒也打得不错，把孙恩逼下了海。但谢琰轻敌，听不进堂姐谢道韫的劝告，结果第二年孙恩出岛，进攻会稽，杀死了谢琰和他的两个儿子。谢琰也算是个大英雄了，淝水之战都没有死，如今却死在孙恩手下。谢氏一族半年多死了那么多人，实在是太惨烈了。

孙恩、卢循领导的农民起义前后坚持了12年，使东晋政权摇摇欲坠不堪一击。直到410年，起义才被镇压下去。而也正是这个时期，东晋政权的权力转到了镇压这次起义的将领刘裕手里。这一切就是从浙江发轫的，所以我们在解读王、谢这些历史上的名门望族之时，也不要忘记那些名门望族的掘墓人。

五斗米教：中国早期道教的主要流派。东汉顺帝时沛国丰人张道陵在四川创立，因入道者须出五斗米而得名。

道教与中国最早的化学家

让王凝之走火入魔的五斗米道，就是中国早期道教的主要流派。道教产生于东汉后期，而形成体系，就在魏晋之际。我们知道，春秋以前吴越的土著文化和中原文化是有着很大差异的，不过就道教来说，浙江却是中国最早的流行地之一。被誉为"万古丹经王"的《周易参同契》就是东汉末年上虞人魏伯阳所撰，说明道教在浙江有着相当深厚的文化和思想基础。这样，到了东晋时期，浙江作为道教传播和发展的重要地区就不奇怪了。

魏晋时道教在上层人士和知识分子中都有许多信徒，还有些人本身就是道士。中国的儒释道三家，儒家修身养性，对自己要求很高；佛教讲生死轮回，还要吃素禁欲，凡夫俗子很难坚持；倒是道家的老祖宗是骑着青牛的老子，老子、庄子，无为无不为，特别为士大夫阶层青睐。我们所熟知的大书法家王羲之父子，中国山水诗鼻祖谢灵运都对道教极为推崇。但在当时的道教中也弥漫着浓烈的怪力乱神之风，信徒对道教的迷信到了极端，不要说是得道升天，就是连身家性命也不知道丢到哪里去了。王凝之被杀，就是典型的一例。

在这个时期，浙江还有一个在道教中称得上是重量级的人物，他正是大名鼎鼎的道学家葛洪，也就是抱朴子。葛洪（约公元283—363年）乃东晋人，江南豪族出身，叔祖公葛玄在道教中级别

东晋德清窑鸡首壶

东晋南朝，道教在浙江民间有广泛的信奉者，他们成了统治者的反抗者。这对道教的传播者——出身名门的道士与上层知识分子而言，实在是一种反讽。

葛洪炼丹，本意是追求做神仙，却歪打正着，客观上成了中国最早的化学家，染料业又奉他作了祖师爷。

杭州葛岭炼丹室遗址

很高，被尊为葛仙翁、太极仙翁。葛洪13岁时死了父亲，从此家道中落。家虽贫寒，但葛洪酷爱学习，终以儒学知名。他学问精深，寄情高远，后又转向道教，并且是其中走得最远者。葛洪历经战乱，遂萌栖息山林、服食养性之念。他晚年来到杭州，就在黄龙洞上面的山头——宝石山西面岭上结庐，庐名抱朴，山也因此名为葛岭。

葛洪是个实干家。独自炼丹，本意是追求做神仙，却歪打正着，客观上成了中国最早的化学家，染料业又奉他作了祖师。葛洪亦重养生，年轻时多病，80多岁时反而身体健康。传说他死后即葬葛岭，颜色如生，身体柔软，举尸入棺，轻如空衣，人们以为乃尸解得仙而去。葛洪曾作《抱朴子》70卷。抱朴是道教教义，抱守本真，行道归朴，葛洪的《抱朴子》为道教创立了理论体系。

东晋南朝时期，道教在浙江民间有着广泛的信奉者。以道教为旗号，"旬日之中会稽、吴郡等凡八郡俱起，响应者数十万"，这对道教的传播者——那些出身名门望族的道士和上层知识分子来说，实在是一场悲剧。

是否可以说，东晋末年的农民起义，虽然有其深层的经济、政治诸多原因，同时也有着很深刻的文化原因呢？

南朝四百八十寺

佛门中有这么一句话：经来白马寺，僧到赤乌年。说的是中国的佛教自东汉由白马从西域驮经而来，到东吴赤乌年间在江南建邺（今南京）有了第一座寺院。三国时东吴在建邺建都，中国的政治经济文化中心开始向南迁移，于是佛教从那时候起，也开始光顾江南的佳山秀水了。

杜牧有诗云："南朝四百八十寺，多少楼台烟雨中。"这是他在建康时发出的感叹。其实"南朝"何止四百八十寺，这只是江南寺庙之多的文学语言罢了。今天浙江普陀的普济寺、慧济寺，杭州的虎跑寺、净慈寺，宁波的天童寺、阿育王寺都是中国著名的寺院。天台国清寺还与泰山灵岩寺、江陵玉泉寺、南京栖霞寺并称中国四大古刹。国清寺号称隋代古刹，其实资格老于国清寺的寺院还有不少，如果要"倚老卖老"，杭州灵隐寺也是可以排得上座的，它就是东晋时代创立的。

想象东晋咸和三年的某一天吧，那正是公元328年，一叶小舟向杭州武林山摇来，欸乃声近，从船上下来一个僧人，此人黑脸凹眼高颧，人高马大，他就是从西天竺来的慧理。

杭州灵隐寺

慧理来到飞来峰下，就禁不住惊叫：这不是我们天竺的灵鹫山吗？怎么飞到中国来了！他拍手一叫，果然还唤出了一黑一白两只猿。于是慧理就在这儿辟建山门，这就是江南名刹灵隐寺的开山之始，至今已有近1700年风风雨雨，掐指算来，比起唐僧取经还要早上300多年呢。

飞来峰

像这样千山万水来杭州传送经书的人，还不止慧理一个。据说东晋还有一个名叫宝掞的刹利禅师，也到杭州来开山结庐。不仅是在杭州，浙东的山阴、会稽、剡县都成了传播佛教的重要地区。

宁波的阿育王寺也建于东晋年间，名僧慧达还在塔亭禅室中安置了佛祖舍利。

梵王宫就是宁波东南的天童寺。杭州灵隐寺资格够老了，对天童寺也只能甘拜下风。据史书记载，天童寺创建于西晋永康元年，也就是公元300年，离今天有1700多年了。

天童寺的名字来历很有趣，和愚公移山的故事还颇有几分相像，说的是当年有个法号叫兴义的和尚想在这里结庐，他白天开山，晚上念经。他的虔诚也感动了天帝，于是派了太白金星相助，太白金星是个白胡子老头，下凡时却化

千里莺啼绿映红，水村山郭酒旗风，
南朝四百八十寺，多少楼台烟雨中。
——杜牧《江南春》

作一个童子。这寺建成后便叫天童寺，而山还是被称为太白山。

浙江新昌的大佛寺，因作为央视版电视连续剧《笑傲江湖》的实景地而着实热闹了一番。大佛寺位于新昌南明山，创建于东晋年间，稍晚于灵隐寺，内有号称江浙第一大佛造像。大石佛因紧挨剡溪，所以又叫剡溪大佛。

当年东晋的都城建康与剡溪有水路相通，这里的奇山异水吸引了众多的王公贵族、名士高僧。最早在这里建寺的是一个叫昙光的和尚，他所建造的寺叫隐岳寺。以后，高僧于法兰也在这里建了座寺庙，叫元化寺。接着支遁和尚又在这里建了座栖光寺。到了梁武帝天监年间，三寺合为一寺，名叫石城寺。寺中大佛高达13.23米，快有五层楼高了，光佛像的耳朵就长达2.7米。这座大佛的建造，如果从齐建武中算起，到梁天监十五年止，前后也快有20年了。

佛教中大名鼎鼎的天台宗，虽成于隋唐，却也是在南北朝时开创的。天台宗，在中国佛教史上开风气之先，成为第一个中国化了的佛教宗派，以后声名远播日本、朝鲜，但它的根据地就在浙江。北齐慧文、南岳慧思、天台智顗合称天台宗的三祖，而佛教界公认其中智顗对天台宗贡献最大。智顗虽不是浙籍僧人，但他在陈宣帝太建七年入天台山修炼，一炼就是11年，从此人称天台大师。公元597年，智顗在新昌大佛前端坐圆寂。第二年，晋王为智顗大师创建天台寺，以后又改名国清寺。知道了这段历史，国清寺虽在资历上排不了老大，但声誉卓然，就很好理解了。

总之，两晋南北朝时由于北方连年的动乱，从西域传来的佛教自然而然地就向着较为安定的江南渗透发展，整个南朝就这样笼罩在佛的香火之中，而山清水秀、物产丰富，人民生活相对安定的浙江成了佛教繁兴之地，似乎还是不难理解的。

村村桑柘绿浮空，春日莺啼谷口风。
二十里路行欲尽，青山捧出梵王宫。
——王安石《梵王宫》

暮春三月江南草长

细细想来，我们叙述的是一个多么自相矛盾的时代啊！这是伟大的文学时代，这是精进的宗教时代，这是政治动荡、时局莫测的时代，这又是兵荒马乱的战争年代。然而就在这个时代，我们的家园出现了多少卓越的文章诗篇，又出现了多少卓越的文化人啊！除去山水诗鼻祖大谢谢灵运、小谢谢朓之外，还有多少千古风流人物值得我们一一数点啊！

从《古文观止》中我们不是已经认识了那个写下《北山移文》的孔稚珪吗？他就是作为南齐文学家的浙江会稽山阴人。他喜欢喝酒，又热爱山水，门庭之内，荒草不除，时有蛙鸣，他还得意笑曰：我就把它们当两部的鼓吹了。

梁时的文学家很多，其中吴兴郡的文化群体尤其突出。在这个文化群体之中，丘氏家族又十分突出。这个家族活跃在南朝的宋齐梁三朝，见诸史书的就有12个人之多，南朝文学家、永嘉太守、吴兴人丘迟（公元464—508年），当然是其中翘楚了。

略通古文的人们，谁不记得那美丽无比而又伤感不已的骈文呢：

> 暮春三月，江南草长，杂花生树，群莺乱飞。见故国之旗鼓，感生平于畴日，抚弦登陴，岂不怆悢！所以廉公之思赵将，吴子之泣西河，人之情也，将军独无情哉！

将军见了这样的书信，又怎么能不动情呢？将军者，陈伯之也；书信者，丘迟《与陈伯之书》也。陈伯之原来是梁初的降将，当了江州刺史后，却又投

暮春三月，江南草长，杂花生树，郡莺乱飞。见故国之旗鼓，感生平于畴日，抚弦登陴，岂不怆悢！所以廉公之思赵将，吴子之泣西河，人之情也，将军独无情哉！
——丘迟《与陈伯之书》

降了北朝，公元505年，南朝北伐，伯之率军抵挡，丘迟受命写信劝降。这本是一种战争行为，类似于讨伐前的檄文公告，但文章写得实在是太好了，真是动之以情晓之以理，美丽和平的文字"点缀映媚，似落花依草"，竟然又化了干戈为玉帛。伯之读罢此信，率领八千将士，归降了梁朝。而丘迟的这篇书信，从此则流芳千古。

吴均（公元469—520年）是又一位南朝杰出的文史学家，安吉人，他的出身应该是很寒贱的，今天安吉有一座山名叫青山，也叫均山，就是纪念他的。他在仕途上一开始走得并不顺利，所幸的是他遇到了一个好朋友柳恽。当时柳恽当了吴兴太守，吴均在他手下当着主簿。因为不满意自己的地位，吴均曾经赠诗而去，不过他后来又回来了，柳恽待他如旧。他的诗文因为很有特点，许多人就模仿他，竟出现了一种吴均体。他还是一个著名的史学家，曾撰《齐春秋》，还注过范晔的《后汉书》。他的小说创作亦可圈可点，鲁迅先生的《中国小说史略》提到他时，用了"卓然可观的成绩"来评价。他所作的志怪小说《继齐谐记》，被后来的许多文学家引以为文学创作题材的母本。比如那篇《阳羡鹅笼》，可以看到从佛教故事中脱胎而来的情节，但人们后来又从蒲松龄的《聊斋志异》和东瀛小说中看到他的这篇作品的痕迹。

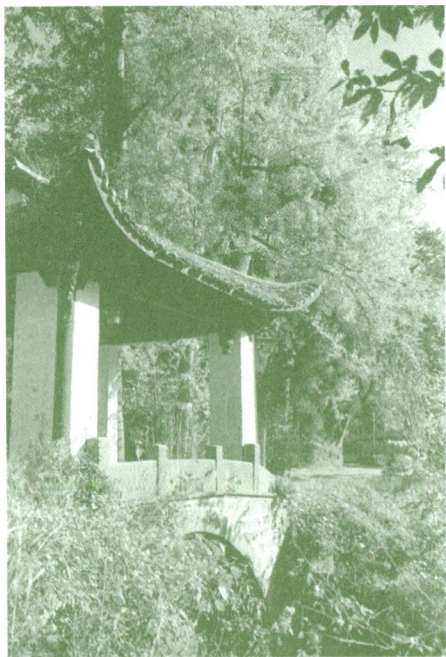

南朝天目山梁太子萧统读书处

走读浙江 Zhejiang Panorama

丘迟：公元464—508年，字希范，乌程（今属湖州）人，八岁能属文，初仕齐，任太学博士、殿中郎、车骑录事参军等职。入梁后历任散骑侍郎、中书郎、侍诏文德殿。天监三年出为永嘉太守。次年从临川王萧宏北伐，以咨议参军随军，领记室。复以书信劝陈伯之弃魏归梁。军还，以功授司空从事中郎。所作《与陈伯之书》，情意真切，说理透彻，有上乘骈文之誉。原有集十卷，已佚。明人辑有《丘司空集》。

说到史学家，裴松之家族也是不能不提到的。裴氏家族，本是河东闻喜人，也就是今天的山西人。不过裴松之（公元375—451年）在东晋末年到了吴兴郡，在故鄣也就是今天安吉这个地方当了县令，整个家族也就在这里定居了下来。裴家几代人都是治史的，其中裴松之（字世期）在公元429年时开始为陈寿的《三国志》作注，完成之后，宋文帝看了，不禁拍案叫绝：裴世期为不朽也。裴世期也就因功出任了永嘉太守，活到80岁，算是寿终正寝。

裴松之的儿子叫裴骃（公元424—454年），年纪轻轻地就去世了，他注过《史记集解》，也是个著名的历史学家。等到了裴松之的孙子裴子野（公元469—530年）辈，那就更上一层楼，史学和文学齐头并进了。他的真正出大名是因为著《宋略》。不过除此之外他还写诗作文，其中"拂草如连蝶，落树似飞花"，是作为咏雪的千古名句被传诵的。

这一历史时期的大文学家、大史学家，还有必要专门列出来说的，就是武康（今属德清）人沈约（公元441—513年）了。

吴兴的沈氏家族，可以说是一个极为显赫的家族。远在秦汉之际，这个家族就迁到了江南，从此历代为官。到两晋之际，这个家族已经成为以开武功扬名的江东豪门之一了。北方来的望族要在江东立住脚跟，首先就要来巴结沈氏这样的大姓。这样，沈氏家族就卷入了强大的政治旋涡之中，并在东晋初年的一次政治较量中衰败下来。但顽强的沈氏家族在东晋末年又重新振作而起，在晋宋之交又成为武功盖世的望族之一。一直到陈代亡国，南朝结束，沈氏家族500年来，一直以他们顽强的生命力活跃在江南，其中最出色的人物就算是沈约了。

沈约是经历过南朝宋、齐、梁的三朝元老，尤其是在齐梁交替的历史过程中，他为萧衍称帝起过非常重要的作用。作为一个大文学家所要体验的许多东西，他都体验过了。有人说他在政治上没有什么大作为，但他在文学上的大作为足以使他流芳百世，亦未必就不是他生前的一种自觉的人生选择。

沈约在文学史上最大的贡献，就是他创制了新诗体——齐梁格律诗，因此被时人称之为一代文宗和"永明体"领袖。

正是从他开始，与文友们共同辨定了汉字的四声，把前人诗律的实践上升到理论。他筹创的声律论直到今天还深刻地影响着中国的文学语言。他的诗歌实践也证明了该理论的优越性。

齐永明年间，谢朓、沈约等人在诗歌注重对偶雕琢的风尚中，归纳了诗歌声律方面的特点，把平上去入四声运用于诗歌中，并提出了诗歌声律应避免所谓"八病"，他们开创的这种诗体，被称作永明体。

　　永明体诗歌是中国诗歌走向格律化的开端，是古体诗过渡到近体诗的桥梁。在纷乱的战事和频繁的宫廷阴谋中，真是难以想象还有这样奇妙的精神花朵，文学为那个不幸大大多于幸福的时代，抹上了一层人的光彩，在这当中，有我们祖先的热血和眼泪，智慧和心灵啊！

永明体：齐永明年间，谢朓、沈约等人，在诗歌注重对偶雕琢的风尚中，归纳了诗歌声律方面的特点，把平上去入四声运用于诗歌中，并提出了诗歌声律应避免所谓"八病"，他们开创的诗体，被称作永明体。
　　——翦伯赞《中国史纲要》

陈霸先和《玉树后庭花》

现在，这一历史时期将进入尾声，我们必须提一下陈霸先和《玉树后庭花》了。

我们已经知道，从公元420年至589年，中国被剖成了两大块，北方叫北朝，南方叫南朝。南朝在时间上也被分成了四段，分别是宋、齐、梁、陈。浙江经历了这四个朝代，最后一个皇帝是浙江人，这就是吴兴人陈霸先（公元503—559年）。

陈霸先字兴国，小名法生，出生在长城（现浙江长兴）的下箬寺。此处现在尚存，离今天的县城不到10里路，原名广惠寺，就是陈霸先——陈武帝的故宅。

唐代《陈书》中提到陈霸先时，修书者姚思廉还是用了一些夸大其词、怪力乱神的说法，比如日角龙颜啊、垂手过膝啊、甚至开口吞日啊。另一方面，对他早年的经历，却是讳莫如深的。不过，后来的史书记载就比较客观了，陈霸先的身世也就明朗起来。

说到底，陈霸先的出身和魏晋时期的门阀制度标准是不符合的。他出生在一个门第低微的家庭中。少年时爱读兵书，青年时代从"基层"做起，先在乡间当过里司，然后又去管过油库，再以后还当过传令吏。他发迹靠的是当时的吴兴太守萧映，因为当了他的幕僚，就跟着后来当了广州刺史的萧映一起去了广州，从此开始走上南朝的政治军事舞台。梁大宝元年，也就是公元550年时，南朝又爆发了一次著名的动乱——侯景之乱。

陈霸先：公元503—559年，字兴国，小字法生，长城（今属长兴）人。少有大志，读兵书，多武艺，明达果断，为当时所推。初仕梁，为始兴太守，与王僧辩讨平侯景之乱。以战功累迁至相国，封陈后。太平二年，受禅即帝位。国号陈，年号永定，都建邺。卒谥武，庙号高祖，在位不足三年。智以绥物，武以宁乱，英谋独运，人皆莫及。常崇宽政，爱育为本。俭素自率，常膳不过数品。其充闺房者，衣不重彩，饰无金翠，及位皇帝，弥厉恭俭。

陈霸先在灭侯景的战争中立下了大功，后来在抵抗北朝和剿灭内乱的各个历史事件中，陈霸先都先人一筹。这个聪明的浙江人，终于在那个兵荒马乱的年代里异军突起。公元557年，陈自立为帝，还拿他家的姓当了国家的姓，国号陈，仓库保管员就这样当了皇帝。龙椅还没坐热，这个崇尚佛教的开国皇帝陈霸先就死了，在位不过三年。陈王朝最初的天下，也就只有在他家门口的那一块——长江下游一带。他死后侄儿继位，就是陈文帝，陈王朝这才统一了长江中下游和以南地区。不过好景也不长，南北朝末年，北强南弱的形势已成定局。到582年，陈宣帝一死，太子陈叔宝登基，史称陈后主，陈朝的末日就到了。

陈叔宝的有名，在两件事情上：一是《玉树后庭花》，二是亡国。唐人杜牧有诗云："商女不知亡国恨，隔江犹唱后庭花。"说的就是陈叔宝的亡国之事。

陈后主无疑是一个极为奢侈的昏庸皇帝，他当皇帝的主要任务就是享乐。因为他的享乐有名，连带着跟着一起享乐的妃子、宠臣也一起出了名。

这时候的北方，隋文帝已经先陈叔宝一年于公元581年登基，国力蒸蒸日上，伐陈指日可待。隋文帝指着滔滔江水宣布：我为天下百姓父母，岂可因为长江的限制分隔成南北。

而这时候的陈后主却成了一名著名的音乐家，他创作的词曲《玉树后庭花》《临江仙》等，由千余宫女来共同分部合唱。我们可以说，那段时间，陈朝的朝廷基本上就是一个大音乐厅了。爱国的官吏们忧心忡忡地给他上书，他气得下令马上处死那些人。这样的国家，还能不亡吗？

公元588年，隋文帝罗列了陈后主20条罪状，抄写了30万份，然后就到江南来广为散发。舆论工作先行之后，隋军50万兵马开始下江南。陈后主指着那些告急文书说：王气在此，北兵来没有不失败的，喝酒！

公元589年，陈朝守军就在一片酣醉之中束手就擒。陈后主这才从酒醉中吓醒，他放着城中10万守军不顾，吓得整天就只知道哭。隋军攻进城里，后主

烟笼寒水月笼沙，夜泊秦淮近酒家。
商女不知亡国恨，隔江犹唱后庭花。
——杜牧《泊秦淮》

走读浙江
Zhejiang Panorama

拉着他的张、孔二位贵妃，躲进了皇宫后院的一口枯井中。士兵们发现了他，把他用绳子从井里头吊了上来，陈后主就这样当了俘虏。

从东汉末年开始的中国大动荡、南北大分裂局面，就此告终，中国又一个大统一的时代到来了，我们的故乡浙江，又回到了中华大版图的格局中去。

第七章 隋唐时期的浙江
（公元581—907年）

泽润千年

统一中国，首先给我们的家园带来的好处是人口的增多和耕地的垦辟。隋朝灭陈的时候，整个南朝也就只有200万人口，加上北方人口，一共只有1100万。26年之后，人口就增加了4倍。

我们的家园又开始复苏了。当时浙江的手工业已经从最初的冶铁、制盐发展到了纺织、制瓷和造船，江南一带的人已经非常会造船了。隋文帝因此下了一个诏，说：吴越之间的人，有一个非常不好的陋习，不管到哪里，都要私造大船，然后聚集在一起，以船为交通工具，去侵犯别人。从现在开始，江南一带有船造到三丈以上高的，全部没收给公家。可见此时江南的造船业已经非常发达了。

在人口、耕地、农业和手工业的稳定发展下，浙江迅速地发展起来了。一些繁华的商业城市开始出现了，会稽是老城市，本来基础就好，这时依旧保持着它的发展势头，而新兴的一批城市，从此时起步，登上历史舞台，开始它们辉煌的历史。我们今天的省会就是从那时由钱唐小县升格为杭州的。

隋朝短短数十年里，有几件大事在历史上深深刻下印记，其中一件真正称得上泽润千年，那就是开凿京杭大运河。

大运河，好气派，南至杭州，北抵北京，西达关中，贯通钱塘江、长江、淮河、黄河、海河五大水系，全长1782千米。

公元610年冬，江南运河开工，从京口起，途经丹阳、无锡、吴县进入浙江的嘉兴，再经濮院、石门、崇德、塘栖到杭州的拱宸桥，全长400千米。运河到了杭州，继续通过杭州城里的茅山河、盐桥河，直到钱塘江。这样，就把扬州和今日的萧山西陵连在一起了。

京杭大运河

提起京杭大运河，就像万里长城离不开秦始皇一样，不免会想到隋炀帝杨广。杨广是隋文帝的儿子，儿子继承父亲的皇位，本也是顺理成章的事，但儿子不止一个，做皇帝还轮不到杨广。杨广一面领兵在外面打仗，一面在父亲面前谦卑有加，待时机成熟就亮出黑刀，杀父弑兄后才穿上了这身龙袍。

人们往往都以为，杨广做了皇帝，挥霍无度，穷兵黩武，又偏偏喜欢繁华富丽的江都（扬州）。于是，凿通运河，浩浩荡荡三下江都巡游。

这也许是有道理的。不过，把开凿大运河的缘起都归结在杨广身上，恐怕还是有些偏颇。

运河，顾名思义，就是运送东西的河。对隋文帝来说，缺粮要运粮，打仗要调兵。但陆路关山重重，水路虽有渭水，然"渭川水力，大水无常，流线沙深，即成阻阂"。隋文帝是有远见的，公元584年，从潼关到大兴城的广通渠动工了。

话虽这么说，不过直接和我们浙江杭州相通的江南运河，也就是从京口

隋朝短短数十年里，有几件大事在历史上深深刻下印记，其中一件真正称得上泽润千年，那就是开凿京杭大运河。

（今镇江）到余杭（今杭州）的这一段，倒还真是杨广做了皇帝以后的事。隋炀帝杨广是历史上有名的昏君，但开凿运河到杭州还不能说全是为了游乐。说实话，那时候的杭州，离风花雪月的温柔富贵乡，还着实有一段距离。开凿运河，除了要在江南征调粮食之外，更直接的原因就是为了调兵遣将。

公元610年冬，江南运河开工了，从京口起，途经丹阳、无锡、吴县进入浙江的嘉兴后，再经濮院、石门、崇德、塘栖到杭州的拱宸桥，全长400千米。运河到了杭州，继续通过杭州城里的茅山河、盐桥河，直到钱塘江，这样，就把扬州和萧山西陵连在一起了。

这条贯穿中国南北的大运河完工后，江南生产的粮食，源源不断地运往洛阳。大业九年，炀帝征讨高丽，被服、军需、兵械、军队都从运河上过，光是运输的民夫就有340万人。可以说，当时南北的交通是空前活跃。

江南大运河开通后，杭州就成了南北大运河水运的起讫点。水运的便利，直接带动了杭州的经济，杭州迅速地发展成了一个"珍异所聚""商贾并辏"的商业城市，人口随之迅速增长，从初唐时的3.5万多户人家增加到开元年间的8.6万多户。到中唐以后，人口更是猛增到二三十万了，从此杭州便以"东南名郡"见称于世。

据史书记载，为了开凿大运河，百姓受尽了苦难，民工动辄就是百万。这些封建帝王不顾百姓死活开凿运河，他们运粮调兵的目的，首先是为了"寡人"千秋万岁的基业。没料到的是，隋王朝只在历史上存在了短短的几十年，而千百年来，劳动人民开凿的大运河却仍是这样滔滔地流淌，并将永远泽润着这块丰饶的土地。

石碑上刻：京杭大运河南端

江南大运河的开通，使杭州从此成为南北大运河水运的起讫点。

盛唐时的浙江

隋炀帝杨广是中国历史上有名的暴君，筑西苑，营洛阳，缮离宫，三游江都，三征高丽，"六军不息，百役繁兴"，其下场可想而知。

隋末农民大起义惊天动地，此时的浙江已经完全融入了中国历史发展的主流。在这股起义狂潮中，余杭人刘元进、东阳人李三儿、永嘉人苗海潮，都率领着义军杀了进来。他们没有能够真正形成推翻隋朝的政治力量，但动摇了隋朝的基础，客观上都可以说是为李唐王朝扫清障碍的先期突击队。中国各地农民军起义的先后失败，终于垫出了一支名叫瓦岗军的起义军。出身关陇的大贵族，一个汉族和鲜卑族的混血儿——李渊，踏着战火的余烟，登上了皇帝的宝座。大唐王朝，这一中国封建社会的大帝国，虽然没有做到彻底的刀枪入库，马放南山，但这是一个发展经济的关键时期，中国历史上经济重心由北向南的转移，在这个时期最终完成，而作为一种机遇，浙江是把握住了。

唐代实行州、县两级制，州长叫刺史。公元7世纪中叶时，中国有358个州府，杭州、越州均是其中之一；还有1551个县，浙江现在许多古老的县在当时就已经有了。钱唐县的"唐"字，正是在这个时候改成"塘"的。从此，"钱唐"成为"钱塘"。

"道"是唐代新设定的区划。这是唐太宗根据山川形势设定的，主要是为了加强中央对地方的控制。他在世时，把中国分成了10个道，到玄宗时分成了15个道。所谓道，并不是执行机构，实际上它是一个检察机构，而当时的浙江，就被分在了江南道。玄宗时设置了江南东道，管辖了19个州，其中有10个州在浙江的版图之中。到唐肃宗的时候，又分置了浙江东道和浙江西道，而浙江作为行政区的名称，就是在唐肃宗统治的年代——公元758年确立的。

> 去越从吴过，吴疆与越连。
> ……
> 夜市桥边火，春风寺外船。
> ——杜荀鹤《送友游吴越》

隋代古刹国清寺

中国的城市，发展到盛唐，已经有了很大的规模，其中的西安和洛阳，当然是一流的，可以比作今天的北京和上海。还有许多举足轻重的城市也已经出现，像扬州、广州、益州等。这时候，浙江的杭州、越州和明州，也都已经进入了商业发达的城市行列之中。尤其是杭州。据史书记载，至天宝元年，杭州人口已在全国城市中排行第19位，跃居浙江省第一，就是拿今天眼光来看，也是相当规模了。到开元年间，已经有了86 258户人家，算是一个较大的城市了。当时人们眼中的杭州，也是很有气魄的：东南名郡，咽喉吴越，势雄江海，骈樯二十里，开肆三万室。那气势和后来人们以为的小桥流水人家非常不一样，应该说是很潇洒豪迈的。而诗人眼里的杭州，却已经很有人文气了："去越从吴过，吴疆与越连。……夜市桥边火，春风寺外船。"从杜荀鹤的这首《送友游吴越》诗中，可以读出杭州的繁华。从数字化角度来衡量，是有一个证据的：唐宪宗时，杭州的商税已经占了全国的二十四分之一。人口的增多在当时意味着生产力的旺盛，所以当时浙江的农业、手工业、造船业及文化政治，都处在一种与盛唐极合拍的状态之中，直到"安史之乱"打破了这种可持续性发展的相对稳定的社会。

可以看出来，唐王朝时期的浙江，政治上已经是一个举足轻重的区域，让我们细细地来品读这段中国历史上最辉煌的岁月吧。

整个唐代，浙江人口开始了巨大的增长。当时全中国的人口大约5000万，而浙江的总人数却到达了400多万，约占了全国人口的十二分之一。

走读浙江

乱花渐欲迷人眼

　　之所以用白居易的诗来形容我们故乡这个时期的经济状况，是因为这个时期的兴盛，建构了吴越的经济基础，那经济文化的发达导引着浙江的历史进程向两宋的大繁华走去。

　　唐朝统治者接受"水能载舟、亦能覆舟"的教训，对人民有着以往统治者不曾有过的高度认识。"民以食为天"，唐王朝前期对农业是非常关注的，对农业的关注主要表现在对水利的建设上。唐朝在工部中专门设了水部郎中、员外郎和都水监，"掌天下川渎、陂池之政令"。

　　因为朝廷重视，各地是不敢怠慢的。从古到今，浙江的经济建设总离不开治水。浙江本是江南泽国，农业极易为洪涝侵害，所以浙江的大小水利工程"纷纷上马"。据《新唐书·地理志》记载，当时全国有水利工程269处。在有关资料中我们发现，其中浙江较大的水利工程就有30处。盐官重修了捍海塘；钱塘新开了沙河塘；海盐开古泾；乌程修官塘；地处浙西山区的安吉修邸阁池，开石鼓堰，引天目山水可溉田百余顷；而余杭南五里有上湖，西二里有下湖，北三里有北湖，可溉田千余顷。在会稽，在宁波，在寿昌，在衢州，在武义……可以说在整个浙江，水利工程是很热闹的。水利是农业增收的重要因素，通过这些建设，浙江粮食的亩产有了很大提高。一般的田地都可产粮一石，而良田可产二石，这在当时是很高的产量了。农村经济的繁荣，又吸引了更多的人口来浙江，劳动力的壮大，又加速了农业生产的提高。唐天宝年间，"耕者益力，四海之内，高山绝壑，耒耜亦满"。想来在浙江地区更是如此吧。

> 若邢瓷类银，则越瓷类玉，邢不如越一也；若邢瓷类雪，则越瓷类冰，邢不如越二也；邢瓷白而茶色丹，越瓷青而茶色绿，邢不如越三也。
> ——陆羽《茶经》

随着农业的兴旺和城市的发展，唐朝浙江手工业也不甘寂寞。当时浙江的越窑全国闻名，越窑烧制的茶器，是最负盛名的茶具。与此同时，在北方还有一种邢瓷也很有名，但茶圣陆羽不以为然，说"若邢瓷类银，则越瓷类玉，邢不如越一也；若邢瓷类雪，则越瓷类冰，邢不如越二也；邢瓷白而茶色丹，越瓷青而茶色绿，邢不如越三也"。

越瓷成了当时宫廷最喜欢用的茶具，不仅为国人喜爱，就是域外之人也同样青睐，所以还远销到日本、朝鲜、印度等国家，成了唐朝出口商品中的重要一类。

唐时浙江不仅有蜚声中外的越窑，在婺州出产的青瓷也很有名。陆羽在《茶经》中这样说："碗，越州上，鼎州次，婺州次。"婺州窑虽然次之又次，但还是排在了全国第三位，不算委屈。

唐朝，是中国纺织业飞速发展的一个朝代，在这个时期里，浙江纺织业在全国更是举足轻重。唐代浙江有十州，即杭州、湖州、睦州、越州、婺州、衢州、处州、明州、台州、温州。当时除温州和台州外，各州都向朝廷进贡丝织品，说浙江是"丝绸之乡"，实在是名不虚传。白居易诗云："红袖织绫夸柿蒂，青旗沽酒趁梨花。"他还在下面作了注，说："杭州出，柿蒂花者尤佳。"白居易在这里夸的是丝绸，说杭州本地产的绫很多，有白编绫、绯绫，但最好的还是柿蒂花图案的绫。

织绸少不了蚕丝，唐代杭州的养蚕业也是很发达的。有诗云："酒姥溪头桑袅袅，钱塘廓外柳毵毵。路遇邻妇遥相问，小小如今学养蚕。"可见当时蚕桑业在经济中的地位。

唐朝的浙江，不仅是丝绸业，其他手工业同样有了长足的进步，如造纸业、制茶业、制盐业、造船业乃至矿冶业与前朝都不能同日而语了。然而物极必反，在"乱花渐欲迷人眼"的大幕下面，已经埋伏下"渔阳鼙鼓动地来"的危机了。一旦到了神州烽火遍举的时候，浙江，这个丰饶的鱼米之乡，会发生些什么事呢？

酒姥溪头桑袅袅，钱塘郭外柳毵毵。
路逢邻妇遥相问，小小如今学养蚕。
——施肩吾《春游钱塘杂兴》

北方来的白居易

杭州能够腾飞，是离不开人的。这样，我们就必须在这里展示伟大的人民诗人白居易（公元772—846年）与浙江的关系了。

白居易到杭州做刺史的那年为公元822年，他已经整整50周岁了。当时的他已在浔阳江头湿过他那江州司马青衫了。几经贬谪，终于来到了他少年时便心驰神往的杭州。

白居易像

"且向钱塘湖上去，冷吟闲醉二三年"，他在《舟中晚起》这首诗里传递了他内心隐藏着的很深的精神创痛，而吟出来的诗也只可能是苦涩的潇洒了。但他并没有"冷醉闲卧"，照他的原话，是"出仕为官，重在教民清世"。到了杭州，除了疏通李泌40年前开凿的六井以外，便是整治西湖了。

天高皇帝远。湖光山色，给人生机活路，白居易"活"了，快乐了，美滋润了他，他也创造了美。

甚至"西湖"这个如今已经世界闻名的名称，也是从白居易开始真正命名的呢。秦汉六朝时，西湖被称为钱唐湖、金牛湖、明圣湖，直至隋末，也没有见到关于"西湖"的记载。最早出现的"西湖"名称，是在白居易的《西湖晚归回望孤山寺赠诸客》和《杭州回舫》这两首诗中。

尽管诗人已经为杭州西湖做出了如此巨大的贡献，但他却不以自己的政绩为然，在《三年为刺史》这首诗中说："三年为刺史，无政在人口。唯向郡城中，题诗十余首。"

诗，远远不止十余首，现存的白居易诗作中，关于杭州的诗作，就有两百余首。西子湖，成了白居易的诗之湖。

唐诗史上向以元白并称，当时的元稹，正在越州，也就是今天的绍兴任刺史，他们各自"诗信"来往，总是夸自己的辖地最美。

山水禅意，消释了他那颗身陷政治漩涡之中的心中的忧乱，他便常去湖边寺庙访僧，所谓"在郡六百日，入山十二回"嘛。其中韬光禅师与他交往很深。传说这个名叫韬光的四川禅师，别师出游，师嘱：遇天可前，逢巢而止。结果，他到了杭州灵隐的巢枸坞，正值白乐天刺杭。他猛然醒悟，就住了下来。诗人见有僧远方而来，便写信一封，约其入城，谁知韬光却以一种美的方式作诗拒绝了。白居易顿悟，立刻入山拜见韬光，与他汲水烹茗，吟诗论文。现在韬光寺的烹茗井，相传就是他们当年汲水煮茗之处呢。

说到诗人在杭州的政绩，杭人自可如数家珍，但其中最著者，当为筑西湖湖堤和疏通六井。

所谓湖堤，就是人们通常所说的那条白堤。我们今天所看到的这条白堤，是从当年的杭州钱塘门外向西，通往孤山的。全长1000米，堤上一路有桥——断桥、锦带桥，一路向西。右边一侧首，是葛岭、宝石山和北里湖，南边一展望，是吴山、玉皇山、南屏山。

这是西子湖最古老的一翅羽翼了。至少，白居易到杭时已有，人称白沙堤，有白居易自己的诗为证：

孤山寺北贾亭西，水面初平云脚低。

几处早莺争暖树，谁家新燕啄春泥。

乱花渐欲迷人眼，浅草才能没马蹄。

最爱湖东行不足，绿杨荫里白沙堤。

其实，白居易的白堤并不在这里。1000多年以前的西湖，和我们今天见到的姿容可是大不一样。她的西面，一直到了西山脚下；东北面呢，又到了武

孤山寺北贾亭西，水面初平云脚低。
几处早莺争暖树，谁家新燕啄春泥。
乱花渐欲迷人眼，浅草才能没马蹄。
最爱湖东行不足，绿杨荫里白沙堤。
——白居易《钱塘湖春行》

林门一带。水利未修，一下大雨湖水就满出来，涝了；久旱不雨呢，湖水又干涸。所以，西湖完全没有今天的温柔妩媚，性子是很暴烈的呢。

白居易筑的堤，据说是从钱塘门开始的，把西湖一分为二，堤内为上湖，堤外为下湖，平时蓄水，旱时灌田。当时，有不少人反对他这么做，说，放了西湖的水浇田，那水里鱼龙怎么办呢？水上的菱茭怎么办呢？白居易也反问：是鱼龙要紧，还是百姓的生命要紧？是水上的菱茭值钱，还是田里的稻米值钱啊？

白居易《钱塘湖石记》亭

离开西湖前两个月，他终于把堤给筑起来了，还专门写了一篇《钱塘湖石记》，详细地记载了堤的功用，蓄水、放水和保堤岸的方法，刻在石碑上，专门立在湖边。另外，他还专门派了专职人员去管理湖水，制定保护西湖的奖惩条例，规定穷人违反了破坏白堤的规定便要在湖边种树，富人呢，让他们下水捞水草！

白居易的这篇重要的西湖水利文件，和他的诗章一样千古流芳，如今圣塘路口的水坝亭子上，就立着这篇《钱塘湖石记》。

白居易三年任满，要离开杭州了，留下一湖清水，一道芳堤，六井清泉，二百首诗。带走什么呢？"唯向天竺山，取得两片石，此抵有千金，无乃伤清白。"区区小石片，却着实地叫他安不下心了呢。

杭州人扶老携幼，提着酒壶，洒泪饯别。白居易落泪了，他是这样告别黎民的："税重多贫户，农饥足旱田；唯留一湖水，与汝救凶年。"

望海楼明照曙霞，护江堤白踏晴沙。
涛声夜入伍员庙，柳色春藏苏小家。
——白居易《杭州春望》

竹阁

白居易离开杭州之后，又担任过苏州刺史、太子宾客分司东都、太子少傅，最后官至刑部尚书，晚年居于洛阳。公元834年，他63岁，离开杭州已经有整整十年了，在北国洛阳，他写了一首寄往杭州的五言古诗，说："历官二十政，宦游三十秋。江山与风月，最忆是杭州。"

又过一年，中唐著名诗人姚合到杭州来当刺史了，他比白居易要小三岁。白居易写了两首诗送他去上任，开篇就说："与君细话杭州事，为我留心莫等闲。"在这里杭州就像是他自己的家，姚合去当父母官，仿佛是代他去一样。收尾说："且喜诗人重管领，遥飞一盏贺江山。"看，因为杭州又有了一名诗人的统领，白居易在遥远的北国不禁为杭州山水举杯祝贺，这是怎么样的深情怀想啊。

又过去三年，公元838年，大诗人已经67岁了，在洛阳写下了让杭州人民永远刻在心头的《忆江南》词，传颂至今，成为白居易与杭州之间的千古心声：

> 江南忆，
> 最忆是杭州，
> 山寺月中寻桂子，
> 郡亭枕上看潮头，
> 何日更重游。

诗人殁于八年之后的公元846年，他魂牵梦绕的杭州，他亲自命名的西湖，他再也没有能够旧地重游。

江南忆，最忆是杭州，山寺月中寻桂子，郡亭枕上看潮头，何日更重游。
——白居易《忆江南》

诗人兴会

我们不能不为这样一个时代感叹。在这个时代里，人们热情似火，纷纷以诗歌来抒发心灵的欢乐和痛苦，光耀千秋的诗坛巨匠们纷纷登场。浙江自古就是一块芬芳的土地，在这样一个百花绚烂的时代里，浙江是绝不甘寂寞的。

初唐武则天做皇帝，有人大张旗鼓，兴师动众地举兵讨伐，徐敬业在扬州起兵，并发檄文昭示天下，声讨宣战，公开和武则天叫板。女皇对这份由骆宾王代写的全篇痛斥她的檄文的反应，却大出人们的意料。读着读着，女皇拍案而起，不是怒不可遏，而是拍案叫绝。"一抔之土未干，六尺之孤安在"，"请看今日之域中，竟是谁家之天下"，直到一千年后的今天，还是我们耳熟能详的名句。

其实，被称为"初唐四杰"之一的骆宾王和武则天是打过交道的。唐高宗李治年间，才高八斗的骆宾王也在京城为官，曾任长安主簿，就是因为得罪了武氏入狱。在狱中骆宾王写了一首诗，这就是在唐诗中非常有名的《咏蝉》：

> 西陆蝉声唱，南冠客思深。
> 不堪玄鬓影，来对白头吟。
> 露重飞难进，风多响易沉。
> 无人信高洁，谁为表予心。

据说骆宾王入狱的罪名是贪污，面对这样的不白之冤，诗人深感自己如一只餐风饮露的秋蝉，谁相信它竟是高洁得不食人间烟火呢？出狱后他回到家乡浙江，在临海（今天台）做县令，也就是人们所说的七品芝麻官。赴任之前，

西陆蝉声唱，南冠客思深。不堪玄鬓影，来对白头吟。
露重飞难进，风多响易沉。无人信高洁，谁为表予心。
——骆宾王《咏蝉》

他去了一趟幽燕，易水河边，骆宾王不再是一只顾影自怜的秋蝉，他高唱：

此地别燕丹，壮士发冲冠。
昔时人已殁，今日水犹寒。

六年后，也就是公元684年，这个书生果然怒发冲冠，一篇《讨武曌檄》天下传扬。不过政治和书生意气毕竟是两码事，徐敬业的讨伐很快烟消云散，骆宾王不知所终。有人说他在杭州灵隐隐居，"楼观沧海日，门对浙江潮"就是他出家为僧在灵隐时写的。但这只不过是传说，史书则大多认为他兵败被杀，而这篇让武则天叹为观止的檄文，也就成了骆宾王的绝唱。

骆宾王，浙江义乌人，自幼才华出众，因享誉诗坛，与王勃、杨炯、卢照邻并称"初唐四杰"。杜甫就曾有诗赞：

王杨卢骆当时体，轻薄为文哂未休。
尔曹身与名俱灭，不废江河万古流。

骆宾王曾从军西域，久戍边关，我们姑且称他是一个壮怀激烈的诗人。同时，在浙江也有"清谈风流"的诗人，请听：

少小离家老大回，乡音无改鬓毛衰。
儿童相见不相识，笑问客从何处来。

这首淡如白话的绝句，极尽游子暮年还乡之态，真正称得上是脍炙人口的佳作。作者贺知章，越州永兴人。此君仕途可谓一帆风顺，武后时就中了进士，玄宗时又因兵部尚书张说的引荐，去了丽正殿修书，以后步步升迁，礼部侍郎、工部侍郎，开元二十六年已经是秘书监了。天宝二年，他打了一份报告，以身体不佳为由辞职，第二年，已是华发苍苍的贺知章就回到了阔别已久的家乡。

贺知章生活在盛唐，离兵荒马乱的日子还有一段时辰，其诗便也不拘一格，挥洒自如中又透出清丽。比如这首《咏柳》：

碧玉妆成一树高，万条垂下绿丝绦。

不知细叶谁裁出，二月春风似剪刀。

　　贺知章活到86岁而殁，一生顺利。但中唐的浙江还有个唐代诗人中最苦的诗人。他一生穷愁潦倒，屡试不第，半生之后，总算中了进士，谋得一个县尉的小官。所以他的诗充满感伤，刻意苦吟，哀怨清切。尽管如此，他的名声还是很大的，他就是被人称为"郊寒岛瘦"中的孟郊。

　　"寒酸孟夫子"的孟郊，湖州武康（今属德清）人。有人说他是唐代最苦的一个诗人，人间的许多苦难都让他摊到了，因此他的诗句的确多寒苦之音。在唐代诗人中，与贾岛并称，有"郊寒岛瘦"之称。他的诗虽然"冷落滴梦破，峭风梳骨寒"，但不乏真情实意，最感人的当然要算是《游子吟》了：

慈母手中线，游子身上衣。

临行密密缝，意恐迟迟归。

谁言寸草心，报得三春晖。

　　远在天涯的游子，读到这样的诗句时，谁能不一掬满眶热泪呢？

　　唐时浙江有名的诗人还有不少。钱起，吴兴人，天宝九年应试作的一首诗，让主考官赞叹不已，尤其是末尾一联，"曲终人不见，江上数峰青"，历来被诗家称之为绝唱。其人坐上了"大历十才子"的交椅，没人可有二话。

　　唐代诗人中，还有一个大名鼎鼎的金华人，得到日本天皇的特别青睐，他就是"渔翁"张志和。唐肃宗时他也做过参军，因事贬官后，从此放浪江湖，成了一个"专业"渔翁。他在《渔父》中唱到："西塞山前白鹭飞，桃花流水鳜鱼肥。青箬笠，绿蓑衣，斜风细雨不须归。"不是痴迷于此的人，是很难得出此中真味的。

碧玉妆成一树高，万条垂下绿丝绦。
不知细叶谁裁出，二月春风似剪刀。
——贺知章《咏柳》

在晚唐，浙江还出现了一个重要的诗人，他就是被人誉为"独步江东"的罗隐。可以说，他既是辉煌壮丽的唐代诗歌的谢幕人，也同时是盛极一时的大唐帝国的谢幕人。由于他在吴越国中的特殊政治地位，对于罗隐其人，我们还是放到吴越国一章去说吧。

唐代浙江的诗人也可用灿若繁星来形容，我们在此只是撷取了几颗最明亮的，还不算客居来浙的诗人。浙东还有一条唐诗之路，李白当年梦游天姥，天姥山就在浙东，真要——数来，那又是一片星汉辉煌了呢。

西塞山前白鹭飞，桃花流水鳜鱼肥。青箬笠，绿蓑衣，斜风细雨不须归。
——张志和《渔父》

盛唐风采　吴越笙歌

在诗歌的后面，怎么能不紧接上艺术呢？如诗如画的浙江是从这时候开始真正描绘出文化江南的。

到唐代为止，中国当时的知名画家大约有近400人，其中唐代就占200余名，在这当中，浙江有几位特别值得一提的画家。会稽人陈闳，是画马专家曹霸的得意弟子，当然，他也就特别善于画马了。作为一个艺术家，他的机遇也还不错，曾经在玄宗手下当过御前的供奉，皇帝常常让他画肖像，大家看了都赞叹不已。有一幅画极为出名，是玄宗出游时看到壮观的军队景象时豪情大发，让当时名噪一时的三位大画家陈闳、吴道子和韦无忝合作的，这幅画名叫《金桥图》，人称三绝。其中唐玄宗胯下的那匹马"照夜白"，就出自陈闳之手。

另一个出名的大画家叫孙让，和陈闳算是老乡。孙是水乡人，他画起水来特别精到。仁者乐山，智者乐水，看来这个孙让是个智者。智者往往飘逸，孙让喜欢跟僧人道士来往，自号会稽山人，现在流传的名画《高逸图》，就出自他手。

唐时的杭州出了大画家萧悦。萧悦生活在白居易那个时代，因为担任协律郎，人称萧协律。萧悦能书，但他最擅长的还是画竹，白居易称他画的竹是举世无伦。知音难觅，萧悦也是个性情中人，一气呵成给白居易画了一幅十五竿竹图，白居易高兴地马上回赠了诗一首。虽然从绘画史上的贡献来看，萧悦并不是第一个画竹的人，但他以前的画竹者，都是把竹子作为人物画的陪衬，而不是作为独立的题材来运用的。从这个意义上说，萧悦专门画竹，独树一帜，可以称得上是开创了新风，给后世的艺坛带来了深远的影响。

陈闳画马；
孙让画水；
萧悦画竹。

说到书法，出书圣的地方，得风气之先，自然不甘滞后。唐初四大书法家浙江就占了两个：虞世南和褚遂良。

虞世南是越州余姚人，官至秘书监。唐太宗非常欣赏器重他，说他有五绝：一是他的德行，二是他的忠直，三是他的博学，四是他的文辞，五是他的书翰。如此看来，虞世南已经是个全能冠军了。为人是楷模，书法也成了楷模，他的《孔子庙堂碑》是传世墨迹，也是唐代楷书的典范之一。

褚遂良是钱塘人氏，因为封了河南郡公，人称褚河南。他当过吏部尚书，算是真正的大官。但他的书法实在是写得太好了，人们一般就不记得他在反武则天后的不幸遭遇，只记得他那些流芳千古的隶楷了。他的《雁塔圣教序》和《房玄龄碑》等，都是让人爱不释手的国宝。

另有一位大师级人物徐浩，也是越州人，因封会稽郡公，人称徐会稽。他是一个起草文件的高手，四方诰书，多出浩手。他的草隶特别棒，圆劲厚重，自成一家，写得特别好的地方，就接近于王献之了。他的碑帖，流传至今天的，有《不空和尚碑》和《大智禅师碑》等。

提到歌舞音乐，我们就从越州折回到杭州来了。杭州的歌舞在唐朝是很有名的，这无疑与白居易分不开。当时的白居易身边有两位乐妓，一个名叫樊素，是唱歌的，另一个名叫小蛮，是跳舞的。樊素特别能唱杨柳枝调，这是民间的俚语小调，经文人加工之后，填入新词再唱，成了杭州城当时的流行音乐。樊素既能唱又能跳，或许还是个劲歌型的歌手呢。白居易很宠爱她，但她到底还是离开刺史出走了，白居易只好伤感地写诗，说：春随樊子一时归。伤感归伤感，对她们的艺术，白居易自有公论。白居易很欣赏她和小蛮的艺术天分，就送给她们两句诗：樱桃樊素口，杨柳小蛮腰。

当时杭州的女歌星中，还有一位名叫玲珑，又会唱又会跳又会弹，是个歌

出书圣的地方，
得风气之先，
唐初四大书法家，
浙占其二。
——虞世南、褚遂良

舞全才。白居易的好朋友元稹来到杭州时，白居易就搬出这位大腕级歌星，一口气给元稹唱了10首歌，而且曲曲都是元稹的诗。

我们都知道，唐代最有名的歌舞，是霓裳羽衣舞，这个舞蹈还因为杨玉环的亲自参与而名闻天下。白居易在京城里做官的时候，曾经在宫中看过这个舞蹈，他还记下了乐谱。白居易是个艺术全才，在欣赏歌舞方面，绝不是业余水平。所以到了杭州，稍加安顿之后，他就和乐妓们一起排练起这场歌舞来。到杭第二年，他前后就排练过三次霓裳羽衣舞。

白居易在杭州当刺史的时候，看样子华夏古国与国外的文化交往活动是很频繁的。当时的杭州城，就流行着西北的少数民族歌舞柘枝舞。这些歌舞，作为宝贵的文化遗产，留传到了南宋，并被发展成了宫廷的歌舞套曲。

从唐时开始打下基础的文化江南浙江，到宋代——尤其是南宋，竟然变成了"西湖歌舞几时休"的地方了。

诗人白居易到杭州的第二年，前后就排练过三次霓裳羽衣舞。

唐仕女图　　　　　唐仕女图

圣唐的信仰

　　和中国文化的其他方面一样，唐代的宗教在这个历史时期，已经发展得非常辉煌了。这当中，道教与佛教，可以用"极盛"二字来形容。从印度传来的佛教，可以说是基本上完成了中外融合的进程。

　　但唐代的宗教有个特点，就是李唐王朝对道教有一种深刻的迷恋，甚至将其视为是李唐王朝的家教。道为先，儒其次，佛再次，因而道教在这段时间得到了空前的发展。

　　当时的李渊，还发了一个特殊的命令：天下所有的州，都得建老子庙。这样一来，浙江的所有地方都变得庙观林立。其中，浙江金华、会稽、青田、天目和天台，都是道教修炼的重要场所。道教中人把这种场所叫作洞天，其中天台被视为道教的十大洞天之一，而浙江其他一些重要道教场所被纳入三十六小洞天。

　　山水浙江，是道士们最神往的地方。在唐末时出现了一个道教大学者，名叫杜光庭，他可是中国道教史上大名鼎鼎的重要人物，自号东瀛子，是处州缙云人。想来因为是"神仙中人"吧，他的生卒年代不详。不过一开始好像也是热衷于功名的，不第后才看破红尘，入天台山当了道士。晚年时住在青城山的白云溪，据说活了85岁而卒。在缺医少药的年代，他应该算是长寿之人了。

　　他写过很多关于道教理论方面的著作，其中收入《道藏》的就有20余种，算是道教中的理论权威人士。贡献之一，是对《道德经》的内容提出自己的看法，成为想理解道教的人学习《道德经》的代表性参考读物。还有就是他把道家和儒家的学说结合起来，提出儒、释、道三家无别的思想。这一理论的提出，应该是十分重要的，它奠定了中国宗教以后发展的走向和基础。三教合一

杜光庭把道家和儒家的学说结合起来，提出儒、释、道三家无别的思想。这一理论的提出，应该是十分重要的，它奠定了中国宗教以后发展的走向和基础。

的思想，是宽容的，从宗教角度而言，是进步的。

浙江这时候的佛教，也可以说是发展到了顶峰，《高僧传》中记载的此时期浙江僧人是82名，占全国僧人总数的百分之六十三。当时的中国佛教，已经有了门派，形成八大宗派，在浙江主要是天台、华严和禅等门派。

我们先来说一说天台宗。天台宗和浙江之间的意义极其重大，不仅在于天台宗发祥于浙江的天台，还在于天台宗是第一个中国化的佛教宗派，起着开风气之先的重要作用。继首开天台宗的四祖智颢之后，一直到第十五祖，之间有八祖都是浙江人。其中有两个重要高僧，一为灌顶，二为义寂。

天台宗之后大约可以排得上禅宗了。当时的禅宗，经过六祖慧能之后，已经分化为五家了，这其中就有三家是浙江僧人创立的，分别是曹洞、云门和法眼。曹洞宗的创始人良价是会稽诸暨人，云门派的创始人是嘉兴人文偃，法眼宗的创始人是余杭人文益。这三派都流传得很广，其中曹洞宗还传到了日本，其余两宗在宋时都风行一时。

禅宗史上还有一个著名禅师，名叫玄觉，就是浙江永嘉人。玄觉俗姓戴，相传在曹溪的宝林寺见到了慧能，他们的一问一答充满了禅的智慧，因此慧能专门留玄觉住了一个晚上。在禅宗史上，这被称为"一宿觉"。而且，自从玄觉从曹溪归来之后，三吴学者四方高人都拜倒在他脚下，请他传授佛理，而他的《永嘉证道歌》，在僧俗两界，都有很大的影响。

影响巨大的还有律宗。律宗是从北方传来的，首创于北魏时期，到了唐代，律宗已经分成了三派，其中只有南山宗派繁荣不绝，这个派别，就是浙江人道宣创立的，以后又经鉴真和尚传到了日本。这个派别发展到了吴越，成为最盛的佛教流派。

说到鉴真大师，和浙江还有一段佛缘，也是许多人知道的。大师东渡日本，四次未行，到天宝二年，也就是公元743年的12月时，又第五次东渡日本，结果还是失败了，在舟山群岛遇险。当时的明州（今天的宁波）太守知道后，连忙派人把鉴真一行抢救回来，接到当时明州的大寺阿育王寺内安身。直到天宝十二年，鉴真和尚的东渡日本才真正成功。

天台宗：佛教传入中国后第一个中国化的佛教宗派，起开风气之先的重要作用。

说到华严宗，就得说到四祖绍兴人澄观了。他11岁就出了家，云游四方后，晚年居住在五台山清凉寺，弘扬佛法，还是个佛教理论家，这方面的著作也是很多的。

以上说的那些僧人，都在自己的宗教领域中大有建树。其实，有不少僧人还是大艺术家。比如寒山与拾得。这两人当时都在天台山修行，都是著名的诗僧。其中寒山原本是陕西人氏，出身农家，应举不第之后四处漫游，过了30后才隐居到天台的寒石山上，自号寒山子。他常常形容枯槁地去国清寺看望丰干和拾得。他写过300多首诗，在天台山生活了近70年，有些诗是很有意境的，比如"山花笑渌水，岩岫舞青烟"，比如"月尽愁难尽，年新愁更新"等等。拾得是丰干大师在赤城道旁捡来的一个孩子，所以叫作拾得。因为在国清寺里长大，就当了和尚，在食堂里做杂役。他常常和丰干一起去和寒山相聚，三人一起诗作唱和，所以他有几十首诗是附在《寒山子诗集》里的。

如果说前面两位诗僧的诗还主要有着一些偈的意味，那么，皎然的诗，才真正算是文人诗了，他是真正列入唐代一流诗人行列的。皎然原名叫清昼，是谢灵运的十世孙。在唐代的诗僧中，文名最高，在湖州出家，所以和颜真卿、韦应物等人常常在一起唱酬。皎然和茶圣陆羽尤其是好朋友，有一回拜访陆羽不遇，留下这样一首诗："移家虽带郭，野径入桑麻。近种篱边菊，秋来未著花。扣门无犬吠，欲去问西家。报道山中去，归来每日斜。"他的诗的确很漂亮，比如"满院竹声堪愈疾，乱林花片是忘情""清朝扫石行道归，林下眠禅看松雪"。

还应该看到寺院与旅游的关系，比如今天的佛教四大名山之一普陀山。普陀山成为宗教圣地，就是从唐代开始的。唐宣宗大中年间，也就是公元847年至859年，天竺来了一位僧人到这里修行，"普陀洛伽"这个名字就是从这时开始取的，意为美丽的小白花。到公元863年时，日本僧人慧锷从五台山迎奉了一尊观音像，乘船回国的时候，途经莲花洋为大风所阻，他以为是观音不肯东渡日本，就在普陀的潮音洞附近登岸，并与当地的居民一起建了"不肯去观音

越山千万云门绝，西僧貌古还名月。
清朝扫石行道归，林下眠禅看松雪。
——皎然《寄题云门寺梵月无侧房》

院"。普陀山作为专门供奉观音的道场，就是从这个时候开始的。

至于当时的杭州、温州等地，佛事活动都很兴盛。当时的西湖湖山间，号称佛寺有三百六十座，其中凤林寺、定慧寺、天龙寺、韬光寺、招贤寺、龙井寺、胜果寺和天龙寺等，都是当时的名寺。

从"江南女皇"说起

中国历史上说到女皇，人们首先提到的就是武则天。其实，还在这个女人在宫里玩弄阴谋和权术之前，就已经有个女人当上皇帝了，不是在金碧辉煌的宫殿，而是在穷山恶水的僻壤。只有一样是相同的：和武则天一样，她们都是自封的女皇。

公元653年，史说的"贞观之治"才过去不过四年，在浙江青溪（今淳安）的一个山村里，突然出了一个"文佳皇帝"，更让人称奇的是，这文佳皇帝还是个女人，名叫陈硕真。

既当了皇帝，就要封官封侯，陈硕真把两个妹夫分别封为仆射和大将，让他们出兵北伐。不仅如此，自己还亲率2000人马攻占睦州，接着又打下於潜，一直打到了安徽的歙州。这次起义时间不长，不到两月就被朝廷大军镇压下去了。但一个乡村妇女有如此胆魄，揭竿而起，对她家乡的影响是深远的。400年后，她的同乡方腊，又在这里聚义，搅得东南不得安宁，这是后话了。

陈硕真的起义发生在唐王朝上升的时期，百姓不到走投无路时候，是不会"犯上作乱"的，可见即使是在"太平盛世"，封建社会里统治阶级对百姓的压迫也是很严酷的；同时也表明浙江的劳动人民历来有反抗压迫的传统。这一次起义，还只是一次预演，果然，一次更大规模的农民起义在安史之乱后发生了。

这次起义是唐王朝租庸使元载来江淮征收百姓租调触发的。唐王朝的这次征收分外严苛，不仅要百姓还清所谓八年来所欠的租调，还大肆劫掠百姓的粮食和布帛。百姓忍无可忍，纷纷"相聚山泽"，武装抗拒。

宝应元年（公元762年）八月，浙江台州一场大规模的农民起义爆发了。这次起义是由一个叫袁晁的人领导的。袁晁不是一个被"逼上梁山"的农民，

睦州陈硕真起义：中国历史上第一个称帝的女性领导的农民起义。

他是个胥吏，吃这碗饭，本是要他去捉抗税百姓的，结果他竟然成了抗税百姓的头儿。

"路见不平，拔刀相助。"袁晁是个有正义感的人，他毅然在翁山县（今舟山市定海区）举起反抗的义旗。他的起义得到百姓热烈拥护，"民疲于赋敛者多归之"，起义军很快发展到了20多万人。袁晁攻下台州后，改年号"宝胜"，其义不言而喻，就是要胜过唐朝的"宝应"。

袁晁起义是唐中叶最大的一次农民起义，起义军连攻连胜，很快攻占"江东十州"，即"台、温、婺、衢、明、越、信、杭、苏、常"等十州，这一来可真是要了唐代宗的命了，这里是唐朝最重要的财赋来源之地。于是派出大将李光弼，带着平息安史之乱的精锐部队前来清剿。第二年4月，袁晁被俘后就义，他弟弟袁瑛带着500人，退到宁海西北的紫溪洞拼死抵抗，最后全部因粮绝而饿死，为这次农民起义画上了一个悲壮的句号。

唐代，浙江在全国影响最大的一次农民起义就是浙东的裘甫起义。此时盛唐气数将尽，时代已经进入了唐末的公元859年。裘甫刚聚义的时候也不过百余人，但山呼海应，"四面云集，众至三万"。攻下剡县（今嵊州市）后，裘甫亮出"天下都知兵马使"的大旗，自封年号"罗平"，从此，就和大唐王朝势不两立。这次裘甫起义的势头异常迅猛，衢州、婺州、明州被一一拿下，上虞、余姚、慈溪、宁海、奉化也落入了手中，席卷浙东，声震中原。失败后，裘甫被俘，被押解到长安后，就义于东市。

虽然这次起义只坚持了7个月，但历史上对裘甫起义一直有很高的评价。这次起义就像是一根导火索，很快引燃了广西的庞勋起义。庞勋起义虽然同样被唐王朝镇压。但此时，全国就如同铺满了干柴，无论如何扑打都无济于事了。

袁晁起义：唐中期在浙江台州爆发的一次最大的农民起义。
裘甫起义：唐晚期浙东农民起义，是浙江在全国影响最大的一次农民起义。

黄巢与浙江

　　唐末，波澜壮阔的黄巢大起义终于爆发。公元875年，黄巢在冤句聚集数千人起义。冤句在今天山东曹县北，距浙江千里之外。王仙芝战死后，黄巢接过帅印，不到一个月，起义军就把矛头指向了江南。

　　唐王朝的政治中心在北方，所以唐王朝的军队主要部署在北方地区，而江南较弱，黄巢挺进江南，军事上就是乘虚而入。唐朝的政治中心在北方，但经济重心却是在江南，一旦切断江淮漕运，兵法上又叫釜底抽薪。公元878年2月，黄巢起义军渡淮河，过长江，经江西后，锋芒就指向了浙东。

　　这一下，唐懿宗可真急了，调集唐军汇聚浙东，起义军攻下的会稽又被唐军夺回。此一时，彼一时，看来浙江是没法待下去了，黄巢决定继续向南。从浙东去福建当然是海路最近，但数万大军的船只一时又难以筹集，这时该说水不转山转了，黄巢果然开出一条山路。

　　这条路从浙江的衢州起，一路翻山越岭，直抵福建建州

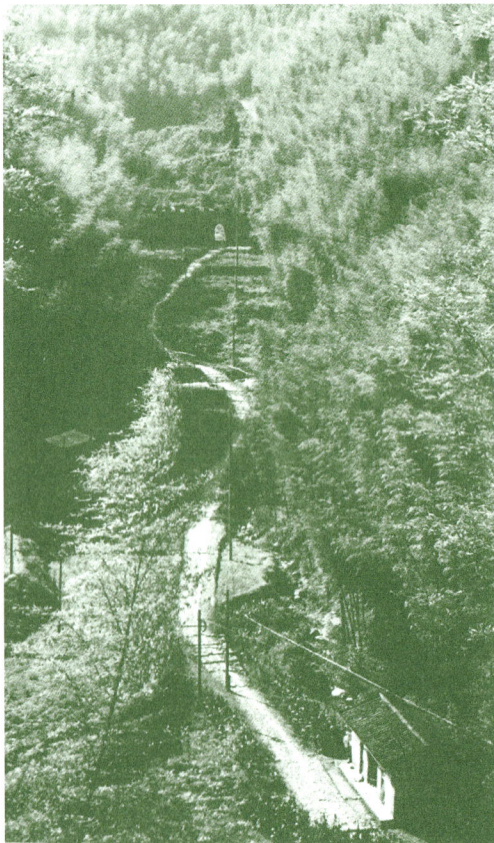

仙霞古道

公元878年，黄巢起义军渡淮河，经江西后，锋芒直指浙东。

（今建瓯），长达七百余里。浙闽两省虽然山水相连，但重岩叠嶂，自古交通不便，有了这条路后，浙江和福建才得以相通。黄巢在浙江留有许多遗踪和传说，最著名的莫过于江山仙霞关了。仙霞关被人称为"入闽咽喉""东南锁钥"，黄巢开的这条山路就从这里经过。山道是用石块铺成的，逶迤而上，筑有六道关隘，仙霞关就是第一道关卡。关头云雾蒙蒙，大有"一夫当关，万夫莫开"之险。

黄巢离开浙江，千难万险到达了建州。但黄巢这一走，并没有"黄鹤一去不复返"，两年之后，又从江西杀回浙江，一路攻下了婺州（今金华）、睦州（今建德），直奔杭州而来。

有一种意见认为，黄巢是想进入杭州城的，但被石镜镇守将董昌手下的一个名不见经传的小军官挡住了去路。以后这个起起武夫竟步步发迹，一路高升，官至节度使，"一剑霜寒十四州"，八十春秋吴越国，此人姓甚名谁，在此不说，许多人也都知道了吧。吴越王钱镠就是在与黄巢军作战的过程中崭露头角的。起义军最终还是被镇压下去了，但唐王朝也已经消耗尽了它最后的力气，分崩离析，不得不走向灭亡。接下去时代进入了五代十国，浙江在这个阶段的进程中，第一次扮演了极为重要的角色——一个王国的国都所在地。

仙霞关：位于浙江江山境内，系黄巢农民起义军活动遗址。有南北相向四道关门，皆以条石砌筑，地势险要，故有"仙霞天险"之称。

仙霞关

第八章 吴越国时期的浙江
（公元907—978年）

一剑霜寒十四州

公元907年，大将朱温推倒唐朝，中国封建王朝新的轮回又开始了，这就是五代十国。

这是个"有枪便是草头王"的时代，后梁、后唐、后晋、后汉、后周，五个王朝走马灯似的先后在黄河流域出现。与此同时，长江流域先后建立过十个王朝（北汉除外）。这些小王朝的君主大都是唐末的节度使，他们位高权重，独霸一方，皇帝都惧让三分。

几乎就在黄巢起义的同时，唐末浙江东道临安县，也有个盐贩投军行伍，在与农民起义的对抗中逐步发迹，深得朝中赏识，官至节度使，乘势割据东南一块膏腴之地，即十国中的吴越国。其人虽独霸一方，却又能审时度势，趋利避害，保境安民，繁荣经济，治理有方，留下千古美谈。

吴越王钱镠像

这个名叫钱镠（公元852—932年）的浙江人，头上顶的虽不是皇帝的冠冕，但仍是一国之君。浙江民间还流传着钱镠的许多故事，"婆留井"就是颇有传奇的一个。据说钱镠出生时相貌丑陋，啼声怪异，钱父觉得其子不祥，弃之了事，于是欲投后院井中，幸亏阿婆（祖母）执意留下。至今在临安功臣山石镜乡临水里尚存"婆留井"一眼，钱镠因此有了一个奶名，叫"婆留"。镠与留同音，写在书面上雅些罢了。

16岁的少年钱镠，开始做贩盐挑米营生。依大唐律法，走私盐一石，罪该当诛。钱镠膂力过人，从杭州、越州等地盐场贩来私盐，一次能挑上两百来斤，夜行日宿，绕城避关，前往安徽宣城、歙县一带贩卖。平时他多在荒山冷坞中歇脚落铺，临安的"钱王铺"，据说就是钱镠贩盐途中常来落脚之地。

钱镠21岁从军之时，恰逢乱世，朝廷外患内忧。钱镠一介武夫正有用武之地，果然，战西陵、袭曹娥、克越州，在他力主下建立的杭州八都兵，成了他手下的一支劲旅。

董昌也是临安人，说起来还是钱镠同乡，钱镠从军之初，就在董昌部下，董昌还保举钱镠为偏将，说董昌有恩于钱镠也不为过。但董昌在越称帝，钱镠受诏讨伐。他虽念旧交，但心中天平分量，孰重孰轻还是掂量得清，好言相劝在先，讨伐厮杀在后，一年后终于攻破城池，生擒董昌。

公元896年10月，钱镠升迁节度使，统辖两浙。上马管军，下马管民，生杀大权在手。公元902年，他被封为越王。两年之后，又被封为吴王。三年之后，干脆两个王加在了一起，封为吴越王。自从朱温建立后梁，天下更是大乱，一不做，二不休，他统领的辖地，干脆就叫了吴越国。

吴越国有多大呢？当时的节度使少则统领州三四，多则统领州十余，唐末杭州灵隐寺有个高僧叫贯休，能书会画，曾写诗给钱镠云："满堂花醉三千客，一剑霜寒十四州。"这十四州指的就是吴越国的地盘，据说钱镠不满意，嫌太小了，要贯休把"十四州"改为"四十州"，贯休不干，一走了之。

吴越国东濒大海，西邻歙州，南连漳泉，北抵常润，大致包括了今日浙江省的全部，以及苏南和闽北的一部分，虽谈不上疆土万里，但的的确确是一块膏腴之地。天下之大，钱镠只得十四州，钱镠心中多少有些不甘，但这个靠金戈铁马、摧城拔寨起家的"马背英雄"，这时却表现了在后人看来惊人的理智，钱镠虽有四十州的愿望，却能安居于十四州，所谓知白守黑，这就是钱镠的高明之处。

保境安民，这无疑是钱镠最明智之举。可贵的是这大政方针一旦确定，便始终不渝地坚定贯彻，不独钱镠如此，而且他的子孙们亦是如此。

吴越国：公元907—978年，中国历史上唐宋之间的一个王国，属地有浙江省的全部，江苏南部及福建北部，定都杭州。

保境安民，平安无事，就要臣服强者。正如苏东坡所说的那样："吴越地方千里，带甲十万，铸山填海，象犀珠玉之富，甲于天下，然终不失臣节，贡献相往于道。"正是靠着吴越殷实的财富，换取了和平，对于一个小国来说还是失小得大。在五代十国这样一个干戈不息的时代，相对而言，只有吴越平安无事，成了一块和平的绿洲，这对浙江经济的发展无疑是非常有利的。

钱氏王朝，与当时他国的执政比较而言，还算是体恤民情的。比如钱镠定都杭州后，臣僚中有人建议他填了西湖，在上面盖王宫，钱氏家族将有千年王运。钱王说，百姓是靠西湖水灌田的，无水便无民，无民哪里还有国君。再说，哪有千年不换人主的？我有国百年也就够了。他依凤凰山建了他的王宫，西湖这才有幸保留了下来。

在钱镠的堂前挂有一块"握发殿"的大匾，表明自己要像周公那样"礼贤下士"，求贤若渴。他用人不疑，当穷愁潦倒的罗隐投奔他时，钱镠立刻委以重任。钱王虽然是马上得的天下，但还是个注意学习修养的君主，所以他也渐渐沾了许多文气，比如后人提起他的文治武功，往往会说到"陌上花开"这个段子。这是说他的皇后回家乡省亲时他捎的信，信中说：陌上花开，可缓缓归矣。也就是说，天气那么好，春暖花开，你慢慢地欣赏，别急着赶回来。说这样话的人，真像是个情种书生一般的了。至于治理海塘这样的大事，更见其管理国家水平，是要另辟文章专门讲述的。

钱镠在中国封建君王之中，属于那种寿终正寝者。他活到了81岁，在古代，这是一个相当满意的寿数了。一直到死，他都是一个头脑极为清醒的老人。他先把他手下的臣将叫来，对他们说，我就要死了，我觉得我的儿孙们管理国家都不行，我一死，你们就接着我的班干吧。

这话当然都是一种政治谋略，果然臣将们流泪发誓，忠于钱氏王朝，还推荐了钱元瓘做他的后任。实际上这也是钱镠心里早盘算好的，只是要把事情做得漂亮罢了。这才把大权交到了钱元瓘手里，还说：诸位将军都答应让你接班

满堂花醉三千客，一剑霜寒十四州。——贯休《献钱尚父》
吴越地方千里，带甲十万，铸山填海，象犀珠玉之富，甲于天下，然终不失臣节，贡献相往于道。——苏轼《表忠观碑》

钱镠墓

了，你就干吧。不过你要给我记住，我们钱家的子孙后代，对中央政府都要恭敬对待，千万不要因为中原易姓而与其搞分裂，毁了大礼。

这样的遗嘱实在是功彪千秋，因为吴越国最后能够纳土归宋，正是建立在钱镠的这一基础之上的。

钱镠死于公元932年的一个大雪之夜。他的灵柩被送往家乡临安，安葬在今天的临安城中太庙山下。墓前有钱王祠，祠内有一副楹联写全了钱镠的功绩：

一代枭雄铸吴越，千秋鼎铭事中国。

这可以说是对钱镠一生文治武功的概括。

一代枭雄铸吴越，千秋鼎铭事中国。——钱王祠楹联

国都杭州

杭州人对钱王有着一种特殊的感情，那是可以理解的。杭州得以跻身今天的中国七大古都，就是从吴越国时成为国都开始的。杭州也正是在吴越国时期一跃而起，当之无愧地列入了中国第一流的城市之中。

杭州何以能成为吴越国都呢？依照旧唐的区域划分，浙东行政中心是绍兴，浙西行政中心为苏州。两地同为历史故都，且经济发达，杭州只不过是后起之秀，钱氏舍前者而取后者，必有原因。

虽说钱氏乃杭州府人，又发迹于杭，定都杭州似无可厚非。但建都乃社稷大事，岂能为区区私情所左右，必有更深层的原因。

摊开浙江省地图，便会看见钱塘江自西南向东北横贯全省。在古代，它曾经就像是一道天堑，在春秋时隔开吴越两国，在秦汉时分为吴和会稽两郡，到了隋唐，又顺理成章地将大江两岸划为浙东、浙西两道。历来由苏南的苏州和浙东的绍兴作为两地的行政中心，而杭州则夹在了中间，左右够不着。

但到了钱王手里，两浙变为一国，一国只需一都，既是改朝换代，那就休怪认不得前朝的规矩了。而无论定苏州还是绍兴，都觉偏于一隅，鞭长莫及，有顾此失彼之虞。杭州地处中路，正好左右逢源，建都非此莫属，杭州当仁不让地成了吴越国都。

杭州做了国都，便也有了国都的气势。钱镠在杭州大兴土木，凤凰山下的唐代州治故址，也就是从前的市政府，钱王拿来作了中央政府所在地，为此建了一个城，叫王城，然后再对外扩建，建了一个罗城，也就是城外之城的意思。从防范的角度看，这就安全多了。

杭州为什么成为国都：唐时浙江分为两浙，浙东中心越州，浙西中心苏州，吴越国囊两浙为一国，地处中心的杭州左右逢源，建都非此莫属。

独钱塘自五代时，知尊中国，效臣顺，及其亡也，顿首请命，不烦干戈，令其民幸福安乐。
——欧阳修《有美堂记》

吴越国王宫前经幢

　　他把凤凰山建成了一座地上天宫。为了这座城池，可把百姓苦坏了，所以百姓们在城墙上写了标语：没了期，没了期，修城才了又开池。钱王看了，立刻让幕僚改了一条贴上去，说：没了期，没了期，春衣才罢又冬衣。他决心没完没了地把城就这么建下去，不管什么代价他都在所不惜。

　　钱王建的王城，自己以为非常坚固，免不了自夸，说十步一楼，可以为固矣。当时他手下的掌书记罗隐听了不以为然，要他提高警惕，注意内部。果然第二年，就有手下的将领从内部造反，幸亏早有准备，才没让叛将得逞。

　　钱镠从一个起起武夫成为一个颇有建树的明君，在烽火不息的五代十国时期，吴越国土87年无特别大的战祸侵扰，于钱氏家族来说是三生有幸，对吴越百姓来说更是三生有幸。对杭州这座城市来说也是三生有幸，在这近一个世纪的细细调养下，杭州当之无愧地接过了"东南第一州"的桂冠。

钱王射潮

　　钱王的文治武功，向来就有两句话——"陌上花开"和"江上射潮"，直接地把钱王与抗洪救灾连在一起了。这种国王率领人民直接进行经济建设的政绩，在中国历代帝王中是罕见的，因此有必要在这里细说。

　　史书记载，钱镠当朝期间，粮食连年丰收。到了他子孙手里，已是"米一石不过数十文"。文献中有这样一段对话："王问仓吏：'蓄积几何？'对曰：'十年。'"

　　不用说，钱王的农业是成功的，而成功的根本原因，是重视了水利建设。

　　后梁开平四年，也就是公元910年，吴越刚刚立国才三年，奏章就接二连三地送到钱王手里。原来是钱塘江潮为患，崩堤裂岸，田庐淹没，百姓不胜其害。于是钱王征集了民工20万人，在候潮门和通江门外筑塘。

　　"八月涛声吼地来，头高数丈触山回。"由于钱塘大潮的巨大威力，修筑堤坝的工程非常艰难。海潮不停地打来，工程无法进行下去。钱王想，这件事情看来是要老天爷出面帮助了，就对天祈祷说："愿退一二月怒潮，已建数百年厚业，生民蒙福。"又向潮神的胥公祠祈求说："愿息忠愤之气，暂收汹涌之潮。"还写了一首诗，其中最后两句说："为报龙王及水府，钱塘借取作钱城。"把这首诗封在一个小铁箱里，放到了海门山，希望能寄到海神那里。

　　钱王应该说是够虔诚的了，天神、海神和潮神都已求了个遍，谁知潮水不管这一套，照样潮涨潮落。这一来，钱王也发怒了，这才有了钱王射潮的故事。

　　钱王射潮，说得是他为修捍海塘，召集民众采来阳山之竹，造三千箭，又亲率士兵五百，发箭射潮，顷刻间潮头退至西陵，余下弓箭埋在候潮门外，奠基成塘。

　　为报龙王及水府，钱塘借取作钱城。——钱镠钱王射了海潮，但海龙王却不生他的气，海神还把他迎进了祠庙，一起受享。今天盐官的海神庙，当中依然端坐着海神，一边一个，还对坐着两个神，仔细一看，一个是伍子胥，一个是钱王。一千多年前就是对着干的冤家，现在面对面供在一个庙里，让后人祭祀。

这可真是一件有趣的事情，虽然是传说，但其中包含了一个真实的历史事件，这就是举世闻名的捍海塘工程。

在生产力极其低下的当年，人们是用什么办法来进行这项工程的呢？古代浙江人民的聪明才智在治水工程上得到充分展现。

民工们在钱塘江沿岸长达百里的海塘上，以大竹破之为笼，长数十丈，里面装大石，又以罗山大木做桩，竹笼横堆，垒于岸，以抵挡海浪的冲击。

捍海塘遗址

然后，"内又以土填之，外用木立于水际，去岸二九尺，立九木，作六重"。这样有效制止潮患，碱地遂变成良田。一千多年过去了，至今还存六和塔至艮山门一段残痕。1985年底，杭州东南钱江畔，出土发现了中国水利史上著名的"钱氏捍海塘"遗迹。

钱王修筑海塘的同时，还开拓了海上通道，改变了钱塘江上的一个重要的地理现象，不妨也在这里说一说。

原来钱塘江旧时也称罗刹江，原因是在今天江干一带的江面上，曾经有一块巨大的罗刹石。所谓罗刹，出于梵文，是恶鬼的名称。这块罗刹石挺立在江中，对江中航行的船只，实在是巨大的威胁。但是古代的人们对这块石头又毫无办法，只好把它当了鬼神来敬，唐朝时每一任杭州长官到任，都要去江边祭

石囤木桩法：吴越国时期民工创造的筑堤法。编竹为笼，蓄石在笼内，积叠为堤，在外以罗山大木为桩，加以护卫，为当时一种很先进的方法，也是中国水利史上的一大创举。

钱塘潮

酬。但是最后因为钱王筑了海塘，江水向南退去，罗刹石与陆地连成了一片，终于隐没到地下去了。罗刹江的名称，随之也就消失。潮神无法对付的事情，还是让钱王办到了。

吴越时期不独有捍海塘这样气势宏大的工程，还在地势低洼的水乡修建了大量的圩田。所谓圩田，就是在农田的周围筑起堤坝，内以围田，外以隔水，这是农业发展史上的一大进步，同样是我们古代浙江地区劳动人民在长期的生产实践中的创造。当时有的圩田周围长达几十里，在里面已是村落相聚，鸡犬相闻。当时，钱王还将一部分军队用于圩田的修筑，称为营田军。人们又在圩坝上种植树木，大量圩田的开垦，使水旱灾害明显地减少。据记载，钱氏统治的86年中，只在后唐长兴年间发生过一次大的水灾，可见捍海塘这一水利工程的巨大作用，从这个意义上说，"钱王射潮"实在是功不可没。

筑塘射潮，非止一时之保安，实有千年之功德，洵堪百世之模楷。
——文天祥

不隐的罗隐

五代十国，社会动荡，有识之士多明哲保身，佼佼者便寥若晨星。正是因为如此，罗隐的出现不同凡响。

在罗隐生活过的故乡和他曾经羁留过的地方，罗隐是个传说中非常独特的人物，类似于后来的徐文长和纪晓岚。诙谐，尖刻，落拓，促狭，与当权者不合作，甚至可以说是一个持不同政见者。也许在某一个历史时期他的人生经历的确提供了这样一种传说的可能。但总体上说，他是以在吴越国期间的政绩而结束自己一生的。

罗隐像

罗隐（公元833—909年），新城（今天的富阳新登）人，唐末著名诗人。史书记载，说他"文采灿然，独步江东"，但空负盛名，怀才不遇，既怀才不遇不免愤世嫉俗，愤世嫉俗又不免得罪权贵。民间传说，他因为貌丑，十次赶考十次落第，这恐怕并非实情。据说罗隐本来至少是有一次机会的，而且是被皇帝看中，唐昭宗就曾欲以甲科取隐，但当场就有大臣反对，"隐虽有才，然多轻易，明皇圣德，犹横遭讥，将相臣僚，岂能免乎凌轹？"这位大臣为了证明自己并非信口雌黄，又举出"讥谤之词"《华清宫》为据。唐昭宗一听害怕了，果然是个刺儿头，赶紧作罢。

连天子中意都不管用，罗隐对科举算是彻底绝望。罗隐本来名"横"，让人想到"横空出世"甚至"横行霸道"。有了这一折腾，干脆，"横"成了"隐"，让人想到"隐姓埋名""退隐江湖"。他决心从此不问世事，老死山林，闲云野鹤，天马行空，优哉游哉，岂不快活。

不过罗隐虽把名改成了"隐"，但心里并没有如此善罢甘休，那年头有志

楼殿层层佳气多，开元时节好笙歌。
也知道德胜尧舜，争奈杨妃解笑何？
——罗隐《华清宫》

男儿读圣贤书，修身齐家治国平天下，博的就是功名。罗隐一番痛苦的思索之后，还是一腔热血未冷，既然朝廷门槛太高，就退而求其次，当"师爷"总还绰绰有余，学富五车，满腹经纶，何愁没有建功立业的机会。

罗隐还是想得太天真了，直到39岁他才谋到衡阳县主簿一职，怎奈区区小吏罗隐都坐不安稳，更不要说大展宏图了。在同僚和权贵的倾轧下，罗隐终于明白，自己乃一介白衣，实无法与公相子弟争名，与其生生地让人赶走，还不如自己找个台阶，于是"乞假归觐"，一走了事。

这一走竟走上了"难于上青天"的蜀道，虽备尝艰辛，仍伯乐不遇，于是又从四川来到淮南节度使高骈的门下。高骈好仙术，"不问苍生问鬼神"，自然和罗隐龃龉不合。罗隐虽一介书生，但也不是省油的灯，在墙上笔走龙蛇题讽诗一首，扬长而去。高骈看了暴跳如雷，发兵紧追，为时已晚。

公元887年，罗隐落魄回乡。少年子弟江湖老，罗隐27岁出游，一晃就是28年，结果仍是"南望商于北帝都，两堪栖托两无图"。老夫已年过半百，此生眼看休矣。闻道杭州刺史钱镠名声，欲做最后的拼搏。有心投靠钱镠，但以往的经历又让罗隐裹足不前，于是给钱镠捎去一封信，以"投石问路"。信中有诗言："一个祢衡容不得，思量黄祖谩英雄。"

钱镠看了罗隐来信哈哈大笑，回信曰："仲宣远托刘荆州，都缘乱世，夫子辟为鲁司寇，只为故乡。"罗隐见钱镠把他比作王粲、孔子，自然是受宠若惊，竭诚辅佐。不久，罗隐就当了钱塘县令，此时他已55岁，但他所追求的政治生命却刚刚开始，从此得以施展自己的才能。

罗隐上任以后，也确有见解让钱镠刮目相看。杭州罗城建成后，钱镠带着他的幕僚们巡视，钱镠得意地说："百步一敌楼，足言金汤之固。"众人皆称是，罗隐却慢慢答道："敌楼不若内向为佳。"当时钱镠却不以为然。天福二年，钱镠回乡，孙儒降部乘虚叛乱，钱镠大惊失色，急奔回杭。由于牙城的坚固，苦战五个月，才解杭州之围。吴越躲过这一劫，钱镠吃惊不小，始觉罗隐要警觉内部的提醒，实有先见之明。

罗隐在君王与百姓的关系上，也敢于对钱王直言。罗隐虽然感恩戴德，但

仲宣远托刘荆州，都缘乱世，夫子辟为鲁司寇，只为故乡。
——钱镠

钱王祠遗址

也不是一味投其所好。钱镠喜欢吃鱼，于是西湖的渔民每天都要向钱王府交上几斤上好的鲜鱼，名曰"使宅渔"，天长日久，渔民不胜其扰，多有怨言。一次，钱镠命罗隐为一幅画题诗，罗隐借诗寓意讽谏《题磻溪垂钓图》："吕望当年展庙谟，直钩钓国更谁如？若叫生在西湖上，也是须供使宅鱼。"钱镠是何等聪明人，幡然醒悟，遂废"使宅渔"。

罗隐病重时，钱镠亲自登门抚慰，返宫时还在壁上留下两句诗："黄河信有澄清日，后代应难继此才。"罗隐亦续接曰："门外旌旗屯虎豹，壁间章句动风雷"，以表钱镠知遇之恩。

罗隐半生坎坷，但最终还是遇上钱镠这样的知己明君，得以从政22年，不然罗隐真要抱憾终身。不过真正历史地评价其人，他在文学上的作为远过于他的政绩。《谗书》是罗隐散文的代表作，在鲁迅先生眼里，罗隐的小品文是唐末"一塌糊涂的泥塘里的光彩和锋芒"。

君臣对诗：
钱镠：黄河信有澄清日，后代应难继此才。
罗隐：门外旌旗屯虎豹，壁间章句动风雷。

我且闭关而修蚕织

　　我们用这样一句话来作为此文的标题，是大有来历的。实际上，这是清代杭人袁枚在《重修钱武肃王庙记》中所言。在这句话前面的那一句，乃是"世方喋血以事干戈"，后人把这两句话用来做了杭州钱王祠的楹联。翻译成现代白话，就是别人爱怎么打仗怎么打去，我们抓紧时间搞物质文明的基本建设。

　　从物质文明上看，"闭关而修蚕织"，这"蚕织"二字，是足够说明当时吴越国的丝织业盛况的。在五代十国的割据势力中，吴越国的丝织业发展最为迅速。在这个行当中，也分出了官办和私办。比如当时的国都杭州，就有锦工300余人，织出来的锦缎也是叹为观止的。吴绫越绫，都是当时最著名的绝品。历代吴越王都没忘了向中原纳贡，而在纳贡的许多物品中，丝织品从来就是数量最大的一档。再加上吴越国统治者自己的生活也很奢侈。所以，当时丝织工人劳动强度是非常大的，有一诗就表现了织女痛苦的心情：

　　　　蓬鬓蓬门积恨多，夜阑灯下不停梭。

　　　　成缣犹自陪钱纳，未直青楼一曲歌。

　　当时的越州窑瓷器已经非常著名了。专家说，越瓷从唐代发展到了吴越时期，已经到了登峰造极的地步。所谓的秘色越瓷，就是这时候诞生的。因为此一瓷器类实在是太精美了，只有高层的统治者才能享受到，一般老百姓，连看都看不到，所以成了一种神秘的难以形容的瓷器，因此才被称为秘色。

　　我们的先人那种以舟代步，渴望远方的心态和"有朋自远方来不亦乐乎"的友好平和心境，在这一历史时期也充分体现出来。临安人钱镠继承了他的邻居富阳人孙权的好传统，他也十分注重进行各种外交活动，与朝鲜、日本、印

世方喋血以事干戈，我且闭关而修蚕织。——杭州钱王祠楹联

度、阿拉伯等国家都有着频繁的交往，尤其与日本、朝鲜的交往为甚。这种行为是从经济活动为方式开始的。当时的交通状况并不是很好，因为五代十国总是打仗，南北陆路常常不通，好在北上中原贸易，还可以泛舟至山东，再到汴京。

当时前往日本的商船，都是从杭州出发的。横渡东海之后，在日本的博多港上岸。中国商人带去的商品，包括丝绸、瓷器等等，还带去动物，包括绵羊，甚至还带着孔雀去见日本的天皇。商人们夏天出发，在日本卖了东西，9月份就又回到了杭州。

正是在这样的时代背景下，文化活动蓬蓬勃勃地开展起来了。

当时的杭州，因为注意治理水域，西湖变得更加美丽。钱镠还专门建了一支军队叫撩湖兵，专门打捞西湖里的水草。上有天堂下有苏杭，大概就是这时候开始的。

别看钱镠是个私盐贩子出生，他后来倒也成了一个诗人，一个书法家和一个历史传说中的浪漫人物呢。我们已经知道，陌上花开就是他的文段子，说的是他的皇妃归宁，他去信说："陌上花开，可缓缓归矣。"说明他也是一个很有情调之人。

不过，说到吴越国君对吴越传统文化的影响，在那个时代的最重要的标志，还是佛教的盛行。"东南佛国"之称，正是从吴越时开始的。

说到吴越文学艺术，写"一剑霜寒十四州"的高僧贯休，他的罗汉画像，直到今天都是罗汉画像中的经典之作。杭州四周群山中至今还留下了一些五代时的石刻艺术，比如烟霞洞的石佛群像，玉皇山东麓的石窟艺术，等等。至于罗隐的诗，在晚唐诗人中，也算是佼佼者，在文学史上留下自己大名的。

文化的发展和佛学的兴盛，势必将促进印刷业的进步。反过来印刷业的进步，又要影响文化的发展。这种良性的循环，事实上已经使当时的杭州成为中国的一大印刷中心。正因为有这样的基础，宋代的毕昇才有可能发明活字印刷。

今天的人们，说到富裕的浙江，说到文化之邦和鱼米之乡时，还往往追溯到吴越国时期，这是很有道理的。

钱王的文治武功：陌上开花，江上射潮。

东南佛国

很难想象，吴越国君对佛教会有那么大的热情。吴越国时期，一个杭州城，寺院就有200多家。历代钱王身体力行，奉佛护法，有事常向法师请教。比如法眼宗六世祖师延寿法师，在公元976年圆寂前就劝谕钱俶"纳土归宋，舍别归总"，受到了钱俶的充分重视。他最后和平统一的决定，不能说与此无关。

"北有灵隐，南有净慈"，建于吴越国时期的皇家寺院净慈寺，坐落在南屏山下，面向西湖，红墙金殿，重檐翘角，其宏伟可与灵隐寺媲美。寺院建成后，钱俶特意请来衢州慈化定慧禅师道潜，以后又请来灵隐寺的延寿禅师来净慈寺任住持。家喻户晓的济公和尚，原先也是在灵隐寺出家，再来净慈寺拜住持德辉为师的。

净慈寺香火日盛，而且惠及净慈寺的左邻右舍，从此净慈寺四周佛刹林立，弥陀寺、天王寺、法性寺、显应寺、空律寺纷纷来此辟建山门，晨钟暮鼓，梵呗相闻，这里成了杭州最大的寺院群。

钱氏统治80余年，杭州的佛事可谓登峰造极，九溪理安寺、月轮山开化寺、城隍山宝成寺、灵峰灵峰寺、天竺山法喜寺，还有清涟寺、海会寺、玛瑙寺、昭庆寺等，这些寺庙都是在吴越国时修造的。正如《咸淳临安志》所记载的，当时的寺庙，是"日增月益，不可遽数"。

常言道："救人一命，胜造七级浮屠。"浮屠即塔。最初是僧人圆寂埋葬后的标记，有寺必有塔。塔的大小当然要根据僧人的道行而异。能享用七级宝塔的和尚是不容易的，不过，再高深的文化只要来到中国这块土地上，要想纹丝不变是不可能了。

如果去杭州城里转一圈，你会发现今天杭州能与湖山争胜的几座塔都是在

"纳土归宋，舍别归总"，延寿法师圆寂前的劝谕，对钱俶的治国有着很重要的意义。

吴越国时建造的。其中有座塔，倒塌近八十年之后重新矗立，名气传遍神州，这就是雷峰塔。据说，宋开元八年，钱俶的爱妃黄妃生了个儿子，钱俶大喜过望，大兴土木，造塔以表庆贺，故又名黄妃塔。雷峰塔原计划要造十三层，最后"事力未充，姑从七级"。雷峰塔坐落在净慈寺前的夕照山上，明嘉靖年间被倭寇焚毁，风雨数百年后，于1924年9月25日下午訇然倒塌。但塔去名在，一度雷峰塔还成了某种政治理念的象征。2001年春天，杭州市对雷峰塔地宫进行挖掘，重修雷峰塔的计划实施，现在，一座全新的雷峰塔已重现，只是那下面，将永远不会压着白娘子了。

杭州还有一座塔，是今天游人流连忘返之地，那就是六和塔。这座塔是吴越国时期著名的建筑大师喻皓所建。六和塔威风凛凛矗立在钱塘江畔的月轮山上，撑空突兀，跨陆俯川，从这摆开的架势看，很有点要压住什么的气概。是的，六和塔确实是用来镇江的，那个时代的人们，在钱江大潮面前任何作为都是有限的，钱俶笃信佛教，听从僧人延寿和赞宁的劝说，建塔以镇江潮，这就是六和塔的来历。关于六和塔的故事和传说也很多，《水浒传》中的花和尚鲁智深就是在六和塔听潮圆寂的。千年古塔，万钧来潮，英雄归宿，此情此景不知你又有何感想。

如果与伟岸的六和塔相比，小巧玲珑的白塔越发让人生怜了。白塔，在今天杭州的闸口，据史书记载在钱塘江边的白塔岭上，时过境迁，"岭"倒是无踪可觅，白塔却仁立依然。此塔修筑于吴越末期，整个都是用白石砌叠而成，

喻皓：吴越国时期浙东人，曾做过都料匠，人称"喻都料"，特别擅长建塔，著有《木经》三卷，为建筑学专著，被欧阳修誉为宋朝木工第一人。

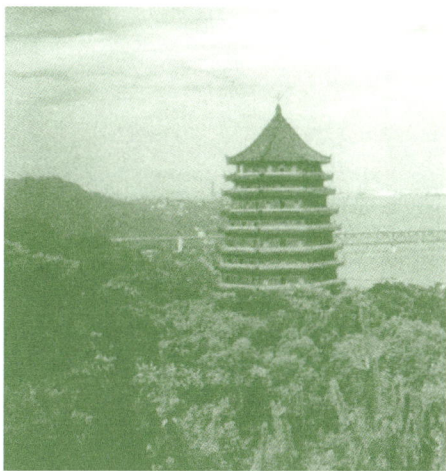
六和塔

用的材质虽然是石料，形状却似楼阁，精雕细镂，造型秀丽。这种八面形楼阁式的塔形，据说在中国还是从吴越国开始首次出现的，以后才流向中原等地。南宋时有一首讽喻诗，诗中出现了白塔桥的地名，白塔桥就在白塔旁边，可见这里很早就是交通要津了。

> 白塔桥边卖地经，长亭短驿甚分明。
> 如何只说临安路，不较中原路几程！

在吴越国的这几座名塔之中，毫无疑问，保俶塔是最能让人记住是吴越国建造的。矗立在宝石山上的保俶塔，被今天的人们比喻成亭亭玉立的美人。民间传说此塔是为了保佑北上的国君钱俶能够平安归来才建造的，因此就叫作了保俶塔。不过这与真正的事实还是有距离。实际上早在钱俶北上近20年前，这塔就建造了，造塔者为钱俶的母舅吴延爽，塔名叫作应天塔。前人说雷峰如老衲，六和如将军，保俶如美人，构成了杭州山水间的矗立的美。

吴越国三代五个君王，个个顶礼膜拜，奉佛祖为圣明。他们放眼望去，四面是不息的烽火，便低下头来，合掌闭目，在经声佛号和晨钟暮鼓中，得到了他们所需要的和平、宁静、超脱。吴越国的繁荣在香火中飘浮，而在政治上，这个小朝廷，就这样平静地渐渐走到了尽头。

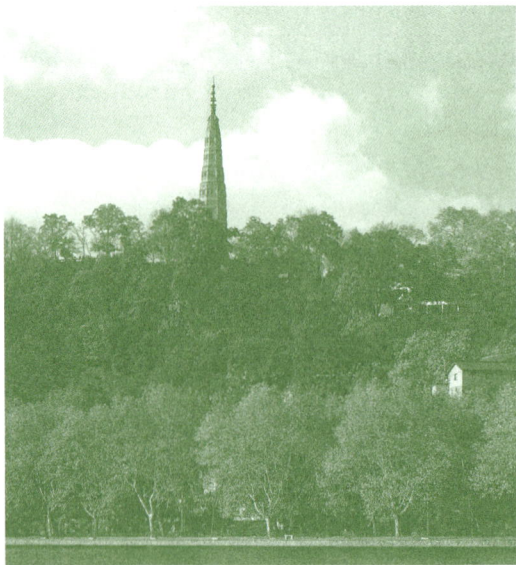

保俶塔

吴越国三代五主，个个顶礼膜拜，奉佛祖为圣明，在经声佛号和晨钟暮鼓中，得到他们所需要的和平、宁静、超脱……

走读浙江
Zhejiang Panorama

纳土归宋

一项基本国策决定了一个国家的兴衰和未来。公元923年，第一代钱王、太祖钱镠以81岁的高龄去世，生前他曾经想立他的第三个儿子钱元瑛为太子，但钱元瑛才36岁就死了，所以他最后立的是他的第七个儿子钱元瓘。钱元瓘对他父亲应该说是忠心耿耿。他继位以后，总的说来，还是继承其父亲遗愿，可惜在位才十年就死了，就葬在今天杭州的龙山。

钱元瓘死后，他的第六个儿子钱弘佐继位，他也是一个不错的国君。有一次问手下人，国库里还有多少粮食，手下人说，够吃十年。他一听很高兴，就下令在境内免租税三年，让老百姓活着能喘口气。

不过他在位的时间也不长，只做了七年国君就一命归天。接班人轮到了老七钱弘倧，钱弘倧屁股还没坐热，半年之后就被一班重臣给废了。他们推出的是钱元瓘第九个儿子钱弘俶。公元947年，钱弘俶就这样成了吴越国的最后一个国君。

总的来说，钱氏几代君主对民情还是比较体恤的，钱弘俶亦是继承了父兄们的一贯政策，遇到天灾人祸，也还算有点同情心。因此，在他统治的时间内，阶级矛盾得以缓和，生产也得以发展。虽然如此，钱弘俶还是感到宝座已是岌岌可危了。

在他被推上这把宝座的时候，北方的强邻一直对他的这个东南之国虎视眈眈。在钱弘俶继位13年后，赵匡胤称帝，赵宋王朝建立了。敏感的钱弘俶立刻以犯宋太祖父亲讳为由，把自己名字当中的那个"弘"字给拿掉了。这无疑是给赵匡胤一个信号，表示他对赵宋王朝的臣服。接着他又给开封城里送去大量贡品。赵匡胤见他很知趣，不仅没有难为他，还封了他一个天下兵马大元帅。

一个统一的中国毕竟是大势所趋，钱氏三代五王保境安民的国策是明智的，在钱氏当朝的86年里，吴越国始终没有与中原燃起战火。

从那以后，钱俶就源源不断地往北方送礼，这是钱氏实行了几代的基本国策，但求无事，破财消灾。

吴越国和宋王朝相安无事了十五年，公元976年，宋太祖想见见这位"天下兵马大元帅"，于是钱俶千里迢迢去了趟东京开封。几乎所有的史书都认为钱俶和赵匡胤的私交应是可以的。钱俶还曾经激动地对宋太祖表过忠心，世世代代尽忠尽孝。宋太祖回答说：只要我这一世你能尽忠就够了，子孙的事情你哪里还管得到。又抚着他的背说：你放心，我发誓不杀你。

钱俶要回国了，宋太祖对他说，天气快热起来了，你还是早一点动身吧。钱俶听了很感动，说：我以后三年就来入朝一次。宋太祖说，山高水长，路途遥远，你还是等着我的诏令吧。又送给他一个黄包袱，让他路上看。途中钱俶把包打开一看，吓得冷汗迭出，原来都是北宋的朝臣们上的折子，纷纷要求皇上扣留钱俶呢。

回到杭州后，钱俶上朝就再也不敢坐在中间了，他把座椅移到了偏东方位，说：西北方向，是真正的京城，天威不敢违啊。

公元978年，钱俶又去了开封。这一次召见他的是宋太宗，刚好这时闽南的陈洪进表示归顺大宋王朝，钱俶一看苗头不对，再不主动只怕麻烦就大了，连忙也跟着上表，纳土归宋，把整个国家都献给了宋王朝。

钱俶的命保住了，而且北宋王朝对他大有褒奖，多次封王，但从那以后，钱俶就留在了北国。公元988年，钱俶死在了南阳，葬在今天河南洛阳的贤相里陶公原。

一个统一的中国毕竟是大势所趋，钱氏三代五王保境安民的国策是明智的，在钱氏当朝的86年里，吴越国与中原始终没有燃起战火。皇帝轮流做，江山永不倒，只有人民是永恒的。在劳动人民的耕耘下，浙江，这块东海之滨的大地更加丰饶了。

统一的中国，大势所趋，保境安民的国策最后转化为保族全民，和平回归是明智的，江山永不倒，只有人民是永恒的。

第九章 北宋时期的浙江

（公元960—1127年）

富甲东南

从唐代节度使开始的藩镇割据至五代中国大分裂中自保东南的吴越国，经过三代五王钱氏治杭86载、有国72年的历史岁月，我们的家园，终于从纳土归宋的公元978年，进入了北宋时期。

北宋时期的浙江，在全国已经处于非常重要的地位，"国家根本，仰给东南"，一语道出了浙江在北宋时期的经济地位。

为了确保"根本"，北宋当朝者对浙江的水利建设还颇为关注，其中说得上一个大的动作，就是对海塘的修整。仁宗景祐年间，工部郎中张夏提议用石头来筑海塘，钱塘江石堤海塘就这样出现了。庆历七年，人们又采用王安石发明的坡陀法，钱塘江海塘在长达30多年的修筑后，才算渐渐地稳固了。

水利说到底是和粮食有关的，民以食为天，北宋时两浙路是全国产粮最多的地区，农作物的丰产，除了风调雨顺等因素外，就是种子的优劣了。北宋时浙江地区的粮食丰产，与种植一种叫占城稻的水稻有很大关系。

占城即越南，占城稻穗长，无芒粒细，成熟早，经得起旱，产量高，一年可种两回，也就是双季稻。关于来历，明朝的朱国祯说："宋大中祥符年间遣使至占城国，取种三万斛，并树艺法，传入中国。自是始有占城稻……"

浙江多山，许多水田地势较高，久不下雨，极易发生旱情，占城稻十分适宜于在浙江种植，这种优质稻种很快地就产生了效益。再加上太宗要求两浙路

北宋地方行政区域的划分：基本上继承唐时建制，只是将唐朝的"道"改称为"路"。"路"相当于今天的"省"。赵匡胤将他的天下分为十五路，虽然"路"也在不断变化，但浙江基本属于两浙路。

百姓多种杂粮，至太平兴国初年，每年漕运粮米达400万石，比太祖开宝五年，增加了整整10倍，两浙路成了北宋产粮最多的地区。

浙江商贸在北宋也是首屈一指。由于当时对外陆路贸易被辽、夏所阻，所以北宋王朝对海外贸易分外重视，"东南之利，舶商居第一"，杭州、明州（今宁波）、广州三大海外贸易港口，浙江就占了三分之二。北宋的贸易"伙伴"主要是高丽和日本。当时的杭州"市列珠玑，望盈罗绮"，是北宋有名的"百事繁庶"的"地上天宫"，"又有四方游士为之宾客"，许多公卿侯爵，富商巨贾都争相居住于此。有这样一个繁茂的市场，尽管杭州港有钱塘江海潮奔涌，满载货物的浮舟大船还是源源不断进出，这就是经济规律啊。

如此兴旺的海外贸易又极大地刺激了浙江的造船业的发展。当时浙江的造船业代表了中国的最高水平。杭州是北宋造船业的中心。这和杭州当时为对外贸易的四大商港也有关系。太宗年间，朝廷在杭州建立了市舶司，相当于今天的海关吧。哲宗元祐五年，下诏明州、温州两地每年各造船600条，远远超过了北宋其他各州。当时浙江不仅船造的多，而且船造的还大。宋神宗元丰元年，明州造了两条大船，按现在推算，船长约有120米，排水量在1100吨以上，无怪这"巨无霸"到了高丽时"倾国耸观而欢呼嘉叹"，盛况空前。

北宋时，浙江的丝织业继隋唐后又有发展，已经是全国丝绸业的中心，其产量已居全国第一。浙江的造纸业也很发达，嵊县的剡纸、余杭的拳纸久负盛名，所以时人这样评述："东南出纸最多，此当为第一焉。"手工业中浙江的制瓷业在北宋时更有了突飞猛进的发展，当时浙江的越窑、婺窑、瓯窑烧制的瓷品闻名天下，而且多为贡品。市场的繁荣，又促进了市镇的勃兴，商品经济在此基础上左右逢源，日益活跃。

经济一繁荣，城市就跟着勃兴。1057年，宋仁宗送梅挚到杭州去当地方长官，临行前送他一首诗，首句就说："地有湖山美，东南第一州。"杭州开始

"地有湖山美，东南第一州。"杭州开始被称为"天堂"的时代，就此开始了。五代吴越80余年来的经营，加上北宋初年的战乱平息，终于结出了丰硕的成果，杭州已经是东南第一大城市，超过了苏州和越州，成为当时中国的第一等城市。

被称为"天堂"的时代，就此开始了。五代吴越80余年来的经营，加上北宋初年的战乱平息，终于结出了丰硕的成果，杭州已经是东南第一大城市，超过了苏州和越州，成为当时中国的第一等城市。

在中国封建社会里，人口多一直就是繁荣昌盛的一个重要标志，浙江在这个时候，像雨后春笋一样地冒出了许多城市。

人多人才多，北宋士人中，江南人士纷纷崛起，南方文化在中国文化史上已经占有了举足轻重的地位。浙江在北宋文化中，无论文学、学术、书法绘画、自然科学，都有数一数二的人物。应当说，北宋浙江经济的繁华与文化的兴盛，培育了知识分子的崛起，也预示着浙江文化高潮的到来。

东南形胜，三吴都会，钱塘自古繁华。烟柳画桥，风帘翠幕，参差十万人家……
——柳永《望海潮》

文化浙江

之所以在两宋开始使用"文化浙江"这个词儿，自然是因为有学术压阵——浙东学术是中国学术史上浓墨重彩的一笔。北宋，就浙江乃至中国的学术而言，就是一个划时代的历史阶段。

为什么说北宋年间浙江的学术有举足轻重的意义呢？这是和当时形成的中国文化史上的第二个儒学运动高峰分不开的。

从北宋始，学者们纷纷像脱离樊笼的鸟儿，从汉代以来沉闷的经学氛围中冲脱出来，重新往上寻找思想的源头，回返到了先秦的儒学精神，并因此掀起了一场新儒学的思想解放运动。运动形成后迅速扩大，而浙东地区则成了传播与发展这场运动的最重要地区。

繁荣昌盛的家园，诞生并哺育了优秀的儿女，而家园的繁荣昌盛，也离不开杰出人物的创造。就学术大师而言，当时的北方当然还有着重量级的大儒——比如胡瑗、孙复、石介、程颢、程颐等，但要论学者人数之多，已首推浙江。据统计，浙江当时的学者有一百多人，几乎与河南、河北、山东三省的学者总和相等。其中著名的学者有明州的杨适、杜醇、王致、王说、楼郁，人称庆历年间的"杨杜五子"；还有温州的王开祖和丁昌期，人称儒志、经行二子，接着再发展至元丰年间的"永嘉九先生"，这九位先生均是元丰年间朝廷设立新学时游学于程门的学者。

在九位先生中，周行算是代表人物，他受程颐易学影响很深，并用太极说来解释"道为万物之本"的思想。不过他虽然强调道，但也重视心，而且特别重视知识的实用性，反对空言性命。他提出了"知之则必用……用之则必

> 从北宋始，学者们纷纷像脱离樊笼的鸟儿，从汉代以来沉闷的经学氛围中冲脱出来，重新往上寻找思想的源头，回返到了先秦的儒学精神，并因此掀起了一场新儒学的思想解放运动。运动形成后迅速扩大，而浙东地区则成了传播与发展这场运动的最重要地区。

六一泉

尽"，应该说，这是对浙人一向具有的注重实际功利的社会观念的理论总结，也是浙江地方思想观念的一种产物。这种学以致用的思想，对奠定后来永嘉事功学说的思想基础，是有其深远意义的。

　　文学当然是文化的一个重要组成部分，何况又是在词曲繁盛的北宋时期。当时浙江的著名诗人有钱王后裔钱惟演、处士林逋、高僧贯休等。而词人就更不用说了，有"云破月来花弄影"的张先、苏东坡的词友毛滂、杭州风流大词人周邦彦等。画家要数一数，也能数出一大批来，比如陆经、刘正夫等。

　　至于自然科学，杭州印刷业到了这时已发展成全国同行业的四大中心之一。著有《梦溪笔谈》的杭州人沈括、建筑大师喻皓，都是今天公认的世界一流的大科学家，他们的杰出贡献直到今天还赐福着后人。

　　"知之则必用……用之则必尽"，这是对浙人一向具有的注重实际功利的社会观念的理论总结，也是浙江地方思想观念的一种产物。这种学以致用的思想，对奠定后来永嘉事功学说的思想基础，是有其深远意义的。

大隐隐于山

北宋年间的杭州诗人林逋（公元967—1028年），在孤山隐居，以梅为妻，以鹤为子，孤高自傲，二十年不入城，高风亮节，被后世文人视为楷模。

林和靖的墓就在孤山北麓，墓碑一行字："林和靖处士之墓"，这就是处士的含义了，一个一生中没有做一天官的士人。

后来的知识分子，无论出仕还是未仕者，都崇仰林和靖的隐士风范。林逋也为自己的不出山而自豪，站在他生前就预修好的坟墓前吟诗曰：

> 湖上青山对结庐，坟前修竹亦萧疏。
> 茂陵他日求遗稿，犹喜曾无封禅书。

林和靖处士之墓

湖上青山对结庐，坟前修竹亦萧疏。
茂陵他日求遗稿，犹喜曾无封禅书。
　　——林和靖

沈括与《梦溪笔谈》

公元11世纪的北宋，虽然像盛唐那样的气势宏大的辉煌一去不返，但不可思议的是中国古代的科学技术在这个并不强盛的王朝中，却不断地绽放着一朵朵奇葩。中国古代四大发明之一的活字印刷，也就是在这个时代诞生的。更多的人已将"白日放歌须纵酒"的热情转入理性的探索中。这样，从"钱塘自古繁华"的杭州走出一个代表人物——沈括，就不奇怪了。

沈括（公元1033—1095年），字存中，杭州钱塘人。出身官宦之家，承袭父荫，在江苏沭阳谋了一个县主簿的差事，以后又代理县令。嘉祐八年，沈括考取进士，从此正式步入仕途。翻开他的档案卷宗看，他任过的官职还真不少：提举司天监，太常臣兼判军器监，淮南、两浙灾伤州军体量安抚使，宣州知州等。这样看来，沈括也就是一个终身在宦海浮沉的官吏罢了，最高官职按今天来算，算是个普通城市的市长。

这样一个中国古代的官吏，竟引起了外国学者的注目。美国的中国科技史专家席文博士盛誉沈括是"中国科学与工程史上最多才多艺的人物之一"，而英国的科学史家李约瑟更是直截了当地称沈括是"中国整部科学史中最卓越的人物"。那么，这些严谨的科学工作者评价的依据是什么呢？

史有定论。沈括为官政绩斐然，且一生著书宏富，著有《忘怀录》《天下州县图》《凯歌》《浑仪》《浮面》等。沈括的晚年还写了一本书，书名是《梦溪笔谈》。当翻开这本书的时候，世人惊叹了。正是这本书的问世，沈括天下扬名，功垂万世。

数学是一切科学的基础，沈括在数学上的贡献早就为世人所公认，日本数学史家三上义夫由衷地赞叹道，沈括是"中国算术史上之模范人物或理想人

> 公元11世纪的北宋，是一个并不强盛的王朝，更多的人已将"白日放歌须纵酒"的热情转入理性的探索中。中国古代的科学技术，不可思议地在这个时代不断绽放着朵朵奇葩。

物"。在《梦溪笔谈》里，沈括详尽介绍了他独创的隙积术和会圆术，他在《梦溪笔谈》中所有科学的论断，都与他卓越的数学才能分不开。

中国古代阴历与阳历并用，往往形成"岁年错乱，四时失位"这样一种历日与节气脱节的现象。沈括主张废除十二月为一年，改用十二节气为一年的算历。这样一年共有365天或366天，和现在的太阳历基本一致了。直到20世纪的30年代，英国气象局采用"萧伯纳农历"，但比沈括晚了足足800年。

沈括不仅是数学家、天文学家，同时又是一个地理学家，他在地理学的领域中也有不少精辟的见解。

雁荡为中国名山之一，壁立千仞，峰峦峭拔。人们很早就对雁荡山的地理现象产生了兴趣，因为雁荡的地貌特征与我国古代"高山为谷，深谷为陵"的说法极为吻合，但又始终没能科学地说明这种"山"和"谷"互为变迁的原因。沈括亲自前去考察，得出的结论是雁荡山峰是由于流水侵蚀所形成的，从而首创了河流侵蚀形成地貌的学说。

石油这个名字来源于中国，可是在宋以前，它被叫作"石漆""石蜡水""黑香油""猛火油"等。《梦溪笔谈》记录了沈括对陕西等地采集石油的考察，他把这种地下资源定名为"石油"。在工业时代远未到来的900多年前，沈括就大胆预言："此物后必大行于世，自予始为之。"

沈括对民间各行各业的科技成果非常重视，并加以记录。例如活字印刷术的发明，正是由于《梦溪笔谈》的记载，才使今天的人们得以了解我国古代由雕版印刷到活字印刷的历史过程。

《梦溪笔谈》不仅是一部科学论著，还散射着沈括的人文主义光彩。正是因为对社会有着更清醒的认识，沈括积极参与了王安石的变法，在主管财政的三使司任职期间，为推行盐钞、钱币和役法的改革不遗余力。因此，沈括不但是一个伟大的自然科学家，同时又是一个卓越的社会科学家。

沈括——中国古代科学史上最卓越的人物。

让死板的泥字跳起舞来

我们现在还无法确切判断，毕昇的祖籍到底是在哪里。有一种说法，认为他是湖北人氏，但从我们目前拥有的资料来看，一般人们以为他是钱塘人氏，而我们目前的史学专著中，一般也把毕昇划定为浙江人。从这一小小的不确定中，我们至少还可以生发出这样的感慨：许多创造历史的人物，就是这样永远地隐藏在历史深处了。

关于这位在世界印刷史上具有划时代意义的人物，我们只知道，他出生在宋仁宗的庆历年间，也就是范仲淹吟出了"先天下之忧而忧，后天下之乐而乐"的那个时代。而有关他的生卒年代，以及家庭背景，我们更是一概不知。我们还知道的，就是"布衣"二字。这所有的记录，我们还要感谢另一个钱塘人氏沈括，正是他，在《梦溪笔谈》里，记录下了中国古代四大发明之一的"活字印刷"法，使我们后来的人们，有了向世界展示我们骄傲的不可动摇的实证。

活字印刷法，也是诞生在北宋浙江繁荣的出版业的文化背景中的。这种先进的生产力，我们今人看来并不稀奇，不过是在雕版印刷术发展的基础之上发明出来的胶泥活字印刷，也就是原来一大块板的死硬的雕版，现在成了可以随时挪动的用泥烧制成的一个个的单字。殊不知它的意义有多么重大。人们常说"树挪死、人挪活"，要知道字也是一样，字可以挪动了，就活起来了。

别看毕昇的活字印刷发明在千年前，实际上，我们今天还记忆犹新的铅字排印法，原理就是从毕昇那儿来的。在电脑排版之前，我们一直还用的是这种铅字排版呢。

毕昇死后，他的活泥字版被他的子侄们保藏了起来，而他发明的那一手技术，最终却得以漂洋过海，传到全世界去了。先是到了朝鲜，再从朝鲜传到了日本和越南，再从他们那里传到了许多的亚洲国家。直到400多年后，德国人才依照活字印刷的原理制成了拼音文字的活字版。

中国古代四大发明：造纸术、指南针、活字印刷、火药。

范仲淹在浙江

如果说熙宁变法是北宋政治生活中的一幕大戏，那么这场大戏在大幕拉开之前是有一段序曲的，这段序曲就是北宋历史上的庆历新政。庆历新政只进行了一年有余，声势也比王安石变法小得多，所以今天不见得人人都知晓这场政治运动。但庆历新政的主要主持者，却是中国历史上一个大名鼎鼎的人物，这就是"先天下之忧而忧，后天下之乐而乐"的范仲淹（公元989—1052年）。

范仲淹宦海浮沉，光是在浙江就曾三任知州。仁宗景祐元年，范仲淹去睦州任知州，睦州就是今天浙江建德的梅城。"居庙堂之高则忧其民，处江湖之远则忧其君。"到睦州后，他仍不遗余力尽父母官之责，勤政爱民，力除弊政，尤其是在睦州创办龙山书院，今天梅城人民莫不以有这样一位大儒泽被此地而感到自豪。

睦州虽然僻静冷落，但也是山清水秀之地。范仲淹在给友人晏殊的信中也提到睦州"群峰四来，翠盈轩窗……白云徘徊，终日不去。岩泉一支，潺湲斋中。春之昼，秋之夕，既清且幽"。

尤其让范仲淹感到安慰的是，离睦州不远的七里泷就是当年严子陵隐居的地方。范仲淹虽为朝廷命官，但对严子陵不慕荣利、清静无为的生活还是非常敬佩的，所以他特意修了一座严子陵祠堂，并亲自作了一篇《严先生祠堂记》，唱出了他对严子陵高风亮节的由衷敬仰。

第二次来浙是到越州任知州，这是仁宗宝元二年的事了。越州即绍兴，这里也是个山川秀美的地方，所以范仲淹还是非常自得其乐。越州又是春秋时越国的国都，名臣范蠡为君王立下不世之功后，却带西施远遁江湖，对此范仲淹也深为叹服，在凭吊范蠡故居翠峰院后，又题诗一首：

翠峰高与白云闲，吾祖曾居水石间。
千载家风应未坠，子孙还解爱青山。

范蠡和范仲淹同姓范，范仲淹引以为自己的先人，可见那一份自豪的心境。

公元1050年，范仲淹第三次来两浙路的杭州任知州，离第一次来睦州已经十多年了。范仲淹来杭这一年，恰逢江浙一带遭遇饥荒，百姓纷纷外出逃荒，范仲淹发现发放救济粮远远不能解决灾民的生计，于是想出一招，让同僚吃惊不小。他知道杭州人爱看龙舟，于是每日里西湖上锣鼓喧天，旌旗飞扬，在他带动下，市民往往是万人空巷去西湖边出游。同时又贴出告示，说现在正值荒年，雇工低廉，寺院不妨趁此时大兴土木，还让官府在这个时候修建仓库和衙门，这样一来，杭州城就热闹了。为此，许多人大惑不解，有人还到朝廷上告了范仲淹一状，说他"不恤荒政，嬉游不节，及公私兴造，伤耗民力"。范仲淹听了丝毫不为所动，据理反驳："所以宴游兴造，皆欲以有余之财，以惠贫者。"果然，杭州很快"活"了起来，"贸易、饮食、工技、服力之人，仰食于公私者，日毋虑数万人"。

这不是在搞活旅游经济，再通过基本建设来度过眼前的危机吗？这一年，两浙路各地饥民四处逃荒，唯"杭州晏然，民不流徙"，范仲淹的这一招实在是高！

居庙堂之高则忧其民，处江湖之远则忧其君。
——范仲淹《岳阳楼记》

翠峰高与白云闲，吾祖曾居水石间。
千载家风应未坠，子孙还解爱青山。
——范仲淹

知县王安石

北宋的政治体制，决定了北宋整个王朝的一些致命的顽症，冗官、冗兵、积贫、积弱，是始终伴随北宋王朝的四大痼疾，也是北宋政治危机的直接根源。然而，有识之士总是不断寻找历史前进的出路。神宗熙宁年间，一场大张旗鼓推行新政的改革运动开始了，这就是人们熟知的王安石（公元1021—1086年）变法。

江西临川人王安石，出生在长江南岸金陵（南京）的书香门第，22岁那年，以第四名的成绩中进士。王进行变法时，已身居宰相，可谓一人之下，万人之上。不过万丈高楼平地起，做官也是如此，王安石就做过七品芝麻官。

七品官也就是县一级行政长官，今天我们称为县长，北宋时称为知县。王安石27岁那年，当了县太爷。以后他在地方上一直当了16年的官，这才调到中央财政机构，任度支判官。王安石也是一代大诗人，曾有诗云："春风又绿江南岸，明月何时照我还。"诗中表现了王安石的思乡之情。

王安石在浙江鄞县（今宁波市鄞州区）做过四年县官，上任第一年就办得一件大事。原来人称王临川的王安石上任伊始，虽然没有面临大川，但也算是面临了一个大湖。这湖名叫东钱湖，如今面积约22平方千米，从全国来看是个小不点，但在浙江却是第一大湖。

东钱湖当时灌溉面积达50万亩，对周围几百平方千米的农业生产有着举足轻重的地位。这样一个大湖眼下却面临着淤塞干涸的威胁，看来对东钱湖的疏浚已是刻不容缓。为了掌握第一手资料，王安石用了12天时间，走遍东西14乡以了解水情。工程开工后，王安石更是事必躬亲。起堤坝，决坡塘，要用石

青苗法：王安石改革时一项重要的经济措施，在鄞县当知县的时候就已经实行过。每当青黄不接的时候，王安石就把县府仓库的存粮低息贷给农民，以救农民燃眉之急，到秋收后，农民再加二分利归还县衙门。这样就在一定程度上抑制了豪强地主和投机商人对农民的掠夺。

料，石料的质量又关系到工程的质量，为此，王安石翻山越岭，到采石场亲自把关。为了更好地解决排涝的问题，王安石又在靠海的地方建了几座闸门，同时又在产粮区扩建新渠，以便对庄稼进行合理的灌溉。这项工程完工后，东钱湖不仅得到疏浚，堤坝也巩固了，这样东钱湖蓄水和排涝的功能得到更有效的发挥，这是王安石在鄞县办的第一件大事。

"熙宁新法"中有一条重要的举措，那就是"青苗法"。

青苗法是王安石改革中的一项重要的经济措施。北宋农民以往在青黄不接的时候，常常把田里的庄稼作抵押，去借高利贷，这样的结果往往是导致农民破产，更加速了土地兼并。"青苗法"却是在农民青黄不接的时候，由政府出面贷款给农民，利息较低，等庄稼成熟后再由农民来偿还。这样不仅限制了高利贷对农民的盘剥，同时也增加了政府的收入。

其实这所谓的"青苗法"，王安石在鄞县当知县的时候就已经实行过。每当青黄不接的时候，王安石就把县府仓库的存粮低息贷给农民，以救农民燃眉之急，到秋收后，农民再加二分利归还县衙门。这样就在一定程度上抑制了豪强地主和投机商人对农民的掠夺，对社会的安定无疑也是有益的。

王安石来鄞县后的第二年，又完成了一件大事，开办县学。以今人的眼光来看，王安石不仅是从政者，还是一位大学者，他的许多诗文就是在今天也还是脍炙人口。王安石22岁就考中了进士，这样一个学富五车的知县，对教育的重视也可说是在情理之中吧。庆历八年，王安石在鄞县开办了第一所县学，为此还请来了北宋著名的学者杜醇来教学。更可贵的是，从实践中王安石得出"所学必皆尽其材"的体会，也就是主张学以致用。鄞县人早在900多年前，就有了一所公学，还有如此进步的办学方针，在全国只怕也是为数不多吧。

900多年前，王安石在鄞县就开办了公学，主张学以致用，如此进步的办学方针，全国为数不多。

西湖贤太守

一代大文豪苏东坡（公元1036—1101年）和王安石是一对政敌，又是一对挚友，也是一对才华绝代的诗友。

和白居易一样，苏东坡也是两次入杭州，不过，白居易第一次入杭还是少年，谈不上公干，而苏东坡的两次却都是来杭州上任的。而此时的西湖，已经是一个繁华的风景名胜区，就等着这位大天才太守来再为她插上美丽的翅膀了。

公元1057年，科举考场上有一件事轰动京师，21岁的苏轼连同他的弟弟苏辙、父亲苏洵，三人同科及第，那是何等的风光啊！其实，苏轼一走上仕途，就如走上了他家乡的蜀道，一会儿下去，一会儿上来，最倒霉的时候还深受囹圄之苦。不过，苏轼并不为此愁眉不展。"月有阴晴圆缺，人有旦夕祸福"，正是怀着这样的心情，他第一次贬官来到杭州做通判，相当于副市长的职位吧。

杭人生计，多少年来为水疲于奔命。从李泌开六井到苏东坡，又是一个三百年。六井复又废坏，杭城百姓或到西湖，或者到十几里路山外挑担取水，实在是不便。

亏了苏东坡亲自调查治理，又将治井工程交给了四个精通此道的和尚，花了半年工夫，修好了六井，恰于此时天降大旱，江南水井尽枯，百姓相互间赠水，珍贵得用酒瓶子盛，杭州人免了此劫此难，无不阿弥陀佛为苏东坡念佛诵经。

15年后，苏轼又来到杭州任知州，见那六井又坏了，再访那四个和尚，只剩下垂垂老矣的子珪了。子珪作了技术改革，再塑六井，西湖甘水，饮遍一城。苏东坡便为子珪向皇上请了功，希望赐其"惠迁"为号。井旁一桥，也被

苏东坡两次来杭，共5年——
第一次：公元1071—1074年，任杭州通判。
第二次：公元1089—1091年，任知州。

命名为惠迁桥。

　　苏东坡在杭州为官，前后5年，对杭人恩情，却泽被万代，他像保护自己的眼睛一样，保护了杭州的眼睛西湖，因此，他将与杭州永在。

　　苏东坡第一次来杭时，西湖的淤塞已有十之二三了，15年后苏东坡再来，西湖又小了一半，当时人称为"茭田荷荡"。这一年杭州恰好又碰上了大旱，湖水干得底朝天，濒湖的几千顷良田得不到灌溉，老百姓的生活苦不堪言。第二年夏天老天掉了一个头，连绵的大雨，使钱塘江两岸几成泽国，街巷里弄，得用舟楫才能通行。老百姓无处逃命，只好爬到大坟丘上去栖身。苏东坡一面上书朝廷请求减免赋税，一面提取了40万石的官米，减价平粜。他甚至还捐出了自己的薪俸，设立了医院，帮助杭州人民度过灾荒之年。

　　然而这些举措，毕竟只是治标而不能治本，正是在这样的背景下，苏东坡的目光转向了西湖。公元1090年，也就是北宋的元祐五年，伟大的诗人亲自为西湖请命，上书宋哲宗，写下历史性的文件《乞开杭州西湖状》。

　　朝廷一分钱没有给太守，只给了一百道僧人的度牒，也就是和尚尼姑的身份证。苏东坡拿它换了1.7万贯钱，又亲自发起募捐，写字作画，到店铺里去义卖，这简直就是一个拯救西湖的希望工程了。要知道，这可是整整900年前的事情啊。

　　从夏到秋，苏东坡动用了20万民工，终于把西湖治理好了。

　　但多余出来的淤泥葑草该怎么办呢？这时诗人的奇思妙想，那天马行空般

水光潋滟晴方好，山色空蒙雨亦奇。
欲把西湖比西子，淡妆浓抹总相宜。
——苏东坡《饮湖上初晴后雨》

西湖苏堤

的大手笔，跳出来参与美的创造了：用葑泥在西湖上构筑一条横亘西湖南北的长2.8千米的堤岸。那是一句写在西湖上的大诗行，是只有苏东坡这样写过"大江东去，浪淘尽，千古风流人物"的伟大诗人才具有的魄力和想象力的天才创举。

在没有的地方创造出有来，并使它从此万古流芳。

功成之后，苏东坡自己也不免为自己的这一政绩而自豪，纵歌唱之：

> 我在钱塘拓湖渌，大堤士女争昌丰。
> 六桥横绝天汉上，北山始于南屏通。
> 忽惊二十五万丈，老葑席卷苍烟空。

苏东坡在治理好的西湖上泛舟，写出了这样的诗行：

> 水光潋滟晴方好，山色空蒙雨亦奇。
> 欲把西湖比西子，淡妆浓抹总相宜。

正是从这首诗开始，西湖作为美女西子的象征传播于天下，西湖有了她最美的爱称：西子湖。可以说，西湖是从这时起，才开始真正成为人们流连忘返的风景佳地。

苏东坡纪念馆

杭州之有西湖，如人之
有眉目，盖不可废也。
——苏东坡《乞开杭州
西湖状》

方腊造反

公元1120年，在浙江爆发了北宋规模最大的一次农民大起义，方腊就是在这样的时代背景下揭竿而起的。

对北宋末年人民生活悲苦境况的了解，今天的许多人最初却是得自于古典名著《水浒传》那首民谣。

> 赤日炎炎似火烧，野田禾苗半枯焦。
> 农夫心内如汤煮，公子王孙把扇摇。

《水浒传》让许多后来的人们知道了，什么是北宋时期的花石纲，又知道了宋徽宗时期的臭名昭著的几个大奸臣。其中童贯在苏杭设立的"造作局"主事，专门为皇帝搜刮各种奇珍异品。

到了1105年，一个专门为石头和花而建立的重要机构成立了，这就是苏州设立的"苏杭应奉局"。这个局实际上就做一件事情，搜刮东南各地的花石竹木和奇珍异宝，然后运往开封城。由重臣朱勔主事，被称为花石纲。梁山好汉里不少人就是被这个花石纲逼上梁山的。这个时候的两浙路人们特别痛苦，民间流传着这样一首民谣：

"打破筒（童贯），泼了菜（蔡京），杀了猪（朱勔），便是人间好世界。"

就在这样的历史背景中，当宋徽宗正为西夏和辽国的频频侵扰而坐卧不宁时，又有一封十万火急的奏章报来——江南睦州方腊造反——一时京师震动，朝野大哗。

赤日炎炎似火烧，野田禾苗半枯焦。
农夫心内如汤煮，公子王孙把扇摇。
——施耐庵《水浒传》

方腊是个穷苦人，你从他另一个名字可以得知他的阶级出生。他又叫方十三，是当时睦州（今天淳安县）万年乡人，在一个名叫方有常的大地主家里做佣工。1120年，天下大旱，官府又要来收租子，方腊走投无路，带着被逼红了眼的农民杀了方有常一家人，就此开始了造反生涯。

山里人民风强悍，忍无可忍之际，怒从心头起，恶向胆边生，这好理解。但方腊振臂一呼，起义烈火立刻燃遍东南半壁，实在是有着必然的原因的。北宋徽宗年间，朝政已是腐败透顶，当时从浙江运往开封一根竹子，就要花钱五十缗，其劳民伤财，真是骇人听闻了。百姓对此已是痛恨之极，正如方腊所说："东南之民苦于剥削久矣，近岁花石之忧，尤所弗堪。"花石纲，实为方腊起义的导火线。

宣和二年十月，方腊在青溪帮源峒举起造反大旗。

据史书记载，起事之前，方腊曾有一番精彩的演说。方腊说："国家和百姓居家过日同为一理，有这样一户人家，做小辈的终年辛勤耕织，得到的一点衣食都让长辈占了，而且稍不如意，还要遭长辈的打骂，这样你们心甘情愿吗？"

众人不平，道："这当然不行。"

方腊又接着说："这些长辈自己吃喝还不算，还用小辈们挣来的钱财去讨好敌人，而这些敌人就更有力量打上门来，这样做行吗？"

众人愤怒了，这岂有此理。

方腊这时声泪俱下："现在的劳役税赋那么重，可官府还是拼命敲诈勒索，我们赖以养家糊口的漆、竹被搜刮得精光，我们辛劳一年，结果一家老小连顿饱饭都吃不上，这种日子还能过吗？"

众人齐声呼喊道："怎么办！就听您的了！"

方腊闻之大喜道："现在百姓都给花石纲压得透不过气来，只要我们举起义旗，肯定四海响应，不过一两个月，就能拿下江南。这时我们据长江固守，

花石纲：北宋末年，朝廷为进奉石头和花而建立了一个专门机构，称苏杭应奉局，专门搜刮东南各地的花石竹木和奇珍异宝，运往开封，人称花石纲。是北宋末年农民起义的重要原因。

休养生息，十年之内，必定可以一统中国。如果不是这样做，我们只能白白地死在那些贪官酷吏手里，大伙再好好想想吧！"

没有活路的农民们看到了前程，纷纷跟着方腊就造起反来，十几天后，就发展成上万大军。他自称为"圣公"，还给自己建立了小王朝，叫"永乐"，他手下的将领，一个个头上都扎一块红头巾。方腊的第一个胜仗就是息坑大战，宣和二年十一月二十二日，两浙路都监蔡遵、颜坦率5000名官兵前来镇压，被方腊起义军杀得片甲不留，这一仗拉开了方腊转战东南的序幕。起义军高呼"杀朱勔"口号，不过一个月，连克睦州、歙州、杭州，真是势如破竹，风卷残云，"东南大震"，"声摇汴都"。

方腊十月份造的反，十二月就打进了杭州城。直到第二年二月份，在童贯的攻剿下，才退出了杭州。四月，兵败严家溪滩，最后带着亲信躲进了洞源村东北的石洞。这个石窟洞据说十分隐蔽，如果不是叛徒出卖，还未必能找到。方腊最终还是从洞里被骗了出来，被捕后一行39人被押往开封，在汴京被杀。

方腊藏身的洞，叫方腊洞，至今还在，洞口还塑了他的像，以表示对他的纪念。

方腊发起的这场轰轰烈烈的农民起义，其声势远远超过当时北方宋江领导的农民起义。百万农民军先后攻占睦、歙、杭、湖、婺、衢、处七个州城，扫荡两浙路所辖的18个州军52县，辗转皖南、赣东北部的广大地区。方腊起义对时代是有着深刻影响的，他从起兵到被杀，算起来还不到一年，但给了将亡的北宋一个毁灭性打击。不过六年，也就是公元1127年，从大草原呼啸而来的铁蹄踏破东京汴梁，北宋王朝遂告灭亡了。

方腊起义的意义：一个普通的江南农民，振臂一呼，短短时间，从根本上就动摇了北宋王朝，起义的规模之大，范围之广，战斗之激烈，对北宋王朝的打击，是致命的。

仓皇南顾

公元1127年正月，也就是靖康二年正月，金兵铁蹄踏破宋都汴京（今开封），钦宗连同太上皇徽宗双双成了金人的俘虏。

对赵宋王朝而言，所幸的是徽宗第九个儿子康王赵构正领兵在外。国不可一日无君，在宗泽等一批旧臣的拥戴下，宋高宗赵构在今天河南的商丘登基，改年号为"建炎"（公元1127年），史称南宋。

高宗即位之初，正值山河破碎风雨飘摇之时，旧都已不可还，商丘又非久留之地，赵构这个刚刚穿上龙袍的皇帝在哪里安身，就成了朝廷大臣们的首要议题。文武百官各抒己见，唇枪舌剑，互不相让，争议的焦点是坚守中原还是远遁东南。

庙堂上公说公有理，婆说婆有理，但金兵可不怠慢，铁蹄声声又逼近商丘，商丘待不下去了。赵构匆忙下诏，"巡幸东南为避敌之计"。

既然皇上意向东南，迁都建康（今南京）也就成了大臣们的首选。在君臣们看来：建康一是六朝古都，有所谓金陵王气；二是东南久安，财力富盛；三是能依托长江天险，以抵御强敌。如果没什么变故，赵构就"巡幸东南为避敌之计"了。

宗泽：公元1060—1128年，字汝霖，义乌人，宋元祐六年进士。历知磁州，河北义兵都总管，副元帅，龙图阁学士，知襄阳府。官至资政殿学士，京城留守，知开封府，力主抗金。善用忠义之士，同赴国难。说降"巨寇"王善、杨进、王再兴等，得兵百万。用岳飞于犯法将刑之际，得一名将。屡败敌军，金人丧胆。为主和派所抑，忧愤成疾。临终，连呼"过河"者三，卒年七十，谥忠简。质直好义，亲故贫者多依以为活，而自奉甚薄。有《宗忠简集》。

让赵构感到意外的是，这样一个被朝野上下认可的万全之策，却被一个年轻的军官斥之为"有苟安之渐，少远大之略"，奏书力主高宗"乘二圣蒙尘未久，敌穴未固之际，亲率六军……中原之地指期可复"。这个热血青年的下场可想而知，很快以"小臣越职，非所宣言"为由，被"夺官故里"，这就是岳飞抗敌生涯上的第一次打击。

不过，这一次"巡幸"并没有到事先想好要去的建康，赵构见追兵渐渐远去，便在长江北岸的扬州歇脚，然后立刻被这眼前的花花世界给吸引住了。这时大将张俊又节外生枝劝说赵构留在扬州，"据江为险，练兵政，安人心……"赵构正好顺水推舟，在扬州安顿了下来。

不曾想建炎三年（公元1129年）二月，金兵大破宋军，烽烟直扑扬州，慌得赵构匹马渡江南遁。民间传说中的康王泥马渡江的传说就是由此而来的。

赵构到建康，余悸未平，望着北岸的漫天烽火，心想，就是长江天险也未必能挡得住金兵的铁甲雄师，于是又和文武大臣们再度商议"巡幸"之事。高宗发话道："姑留此，或径趋浙中邪？"意思是说，是留在这儿呢，还是去浙江？大臣们多以为留建康为好，觉得这样对江北的抗金较为有利。但有个叫王渊的大臣这时提出迁都杭州的主张，此议赞同者虽寥寥无几，但却甚合赵构的心意，于是当即拍板，星夜急驰杭州。

到杭州后赵构即下诏令，改杭州州治为行宫，大赦天下。只是高宗屁股底下的龙椅还没坐热呢，一声霹雳从天而降，赵构如落万丈深渊。

原来是祸起萧墙。早在扬州之时，赵构先后将太后和太子送往杭州，前去护送的是御营统制苗傅的8000精兵和御营副统制刘正彦所部的3000人马，尽管大敌当前，赵构还是把这支万余人的大军长期驻扎杭州。建炎三年三月初五的早晨，就是这支御林军将杭州凤凰山脚吴越王钱镠留下的王宫围得水泄不通，高宗大梦方醒，悔之晚矣，这就是南宋历史上有名的苗刘兵变。

叛军得手后，立即要高宗让位于太子赵旉，高宗被迫下诏禅位，赵旉年仅3岁，由隆祐太后垂帘听政。

苗刘兵变：发生在南宋初年的一次宫廷兵变，由御林军首领苗傅和刘正彦发起，后被镇压。

南宋太庙遗址

　　南宋王朝后院起火，消息传到抗金前线，顿时引起大将们的愤怒。侍御史张浚立刻会集韩世忠、刘光世、张俊等将领进行商讨，众将领一致决定发兵勤王，于是南宋大军迅速向杭州聚集。

　　这下子该轮到苗傅、刘正彦慌神了，他们虽然把皇帝拉下了马，却无"舍得一身剐"之勇气，见大势已去，又乖乖将赵构"扶上马去"。四月初一，隆祐太后正式下诏还政。苗、刘带着千余残兵逃离杭州，之后还是被擒，斩于建康，这是后话了。

　　赵构虽说是毛发无损，但在杭州的当头一棒，着实让他惊吓不轻。从"地上"捡起皇冠再戴上，于是咬咬牙，离开杭州这温柔富贵乡，前往建康。

　　战火很快烧到了长江北岸，建康危如累卵，高宗惶惶不可终日，又有了暂避杭州的意见，升杭州为临安府。

　　建炎三年九月，高宗又"打道回府"，上一回虽是刀光剑影，但总算还是能相安无事地躲在宫里，但这回说来更是"惨不忍睹"，干脆就是被逐出家门。是年十月，金将兀术统领大军渡过长江，长驱直入，进逼杭州。高宗仓皇出逃，兀术紧追不止，高宗从杭州逃到越州（今绍兴），从越州逃到明州（今

　　公元1230年，赵构设越州为行都，第二年改年号为"绍兴"，同时升越州府为绍兴府，以示"绍继中兴"之意，绍兴地名由此而来。

宁波），在定海（今镇海）又把"朝庭"装到几只船上，逃往温州。这回金人也追疯了，跟着跳进大海。狂追三百里后，忽然台风大作，在滔滔巨浪面前，这个来自马背上的民族只得偃旗息鼓，也合该赵氏王朝还有一百四十年寿数，从此金人再也没有渡过长江。

临安清河坊

　　一番掠夺之后，兀术鸣金收兵，缓缓北撤。心有余悸的赵构仍没有打算回杭，第二年的四月将浙江的越州作为行都，第二年改年号为绍兴，同时升越州为绍兴府，以示"绍继中兴"的意思，绍兴地名的由来便是如此。赵构人在绍兴，心里可老惦念着杭州，"朕以为会稽只可暂驻"。驻跸绍兴确有两个问题：一是地狭人多，供给矛盾突出；二是偏于一隅，有损赵构抗金形象。绍兴二年正月，高宗终于又搬回杭州，这是赵构第三次来杭，看着杭州满目的青山绿水，赵构高兴地说："吾舍此何适？"

　　也许当时的客观形势摆着，大敌当前，高宗还不能过度留恋西湖山水。回杭州不久，南宋就在建康、镇江设帅府，在江淮屯兵十万。在以后的几年中，首先陕川保卫战取得胜利，接着岳飞收复襄阳六郡，然后韩世忠在扬州大败金兵，频频捷报中，北伐的呼声又渐渐高涨起来，抗金形势逐渐好转，在大臣们的促动下，赵构又一次进驻建康。

　　南宋与女真对峙局面的出现，并没能使赵构坚定收复故土的决心。绍兴八年，高宗在建康又住了两年之后，终于不顾人们的苦劝，执意回返临安。

　　就在这一年，高宗下诏临安为"行在所"，也就是宣布正式定都临安。从此，杭州这座美丽的城市就成了南宋王朝的国都，从秦汉时的一个山中小县一跃为"东南第一都"，而在这以后一百多年中终于达到了她的极致，她的辉煌的顶点——世界大都市。同时，她也给我们留下了悲壮、沉重、让人扼腕叹息的故事……

> 绍兴八年，高宗下诏临安为"行在所"，宣布正式定都临安。

天日昭昭说岳王

岳飞是中华民族历史上的著名将领，虽是河南汤阴人氏，但南渡之后，一直以杭州为抗金大本营。他那十二金牌和风波亭千古奇冤的故事，中国人可谓家喻户晓。今天的岳王庙里，历史罪人秦桧和他的死党，依旧被钉在历史的耻辱柱上。

秦桧一意求和，势必要将矛头对准坚持抗战的将领。但他首先的目标不是岳飞而是韩世忠。岳飞得知此事后，立即告诉韩世忠，要他小心戒备。从此，秦桧对岳飞恨之入骨，在与张俊、万俟卨等奸佞一番密谋之后，以"谋反"的罪名将岳飞逮捕入狱。虽然秦桧绞尽脑汁，甚至于以悬赏招诱证人，但仍是一无所获，只得以"莫须有"的罪名将岳飞杀害在杭州风波亭。同时被害的还有岳飞的儿子岳云、爱将张宪。

刑前狱吏要岳飞在已拟好的假供状上画押，岳飞提笔写下八个字：天日昭昭，天日昭昭。一代忠良的万古遗言，是他对死后命运的预言，也是复仇的誓言。

岳飞像

怒发冲冠，凭栏处，潇潇雨歇。抬望眼，仰天长啸，壮怀激烈。三十功名尘与土，八千里路云和月。莫等闲，白了少年头，空悲切。

靖康耻，尤未雪，臣子恨，何时灭！驾长车，踏破贺兰山缺。壮志饥餐胡虏肉，笑谈渴饮匈奴血。待从头，收拾旧山河，朝天阙。

——岳飞《满江红》

杭州岳王庙

三十功名尘与土，
八千里路云和月。
——岳王庙大门楹联

今日栖霞岭下的岳王庙中在殿重檐之上悬挂着的横匾——心昭天日——便源出于此。

忠良被害，最不平的还是平民百姓。岳飞被害于公元1142年1月27日，地点在大理寺狱中的风波亭，死时尚不足40岁。风波亭旧址就在今天的望湖宾馆。

南宋大理寺狱在钱塘门内，钱塘门外有九曲丛祠。有个善良的狱卒，名叫隗顺，冒着生命危险，把岳飞遗体背出城，埋在钱塘门外的九曲丛祠旁，也就是今天的少年宫北面。隗顺为了记住英雄的埋葬之地，用了岳飞佩带的一只玉环陪葬，上面种了两株橘树，为遮人耳目，题的是"贾宜人墓"。这善良的狱卒临死时对儿子说，岳元帅精忠报国，一定要记住，将来寻访遗体，岳帅腰下佩有玉，还有一个铅桶，里面藏了当日枷锁上揭下来的封皮，都可为证。因为墓地周围是一片堆积如山的螺蛳壳，所以《精忠岳传》中有"欲觅精忠骨，螺蛳壳内寻"。

整整21年之后，岳飞被平反，遗体方被迁葬到今日栖霞岭下岳王庙。这岳王庙原是唐代的智果寺，宋代勘定为功德院，后来就成了岳王庙。

岳飞死后，他的那些战友亦备受迫害。岳飞死后六年，他的部将牛皋在一次秦桧死党的集会上被毒死。临死前和家里人说："我已经61岁了，死也无恨。只恨南北通和，不是马革裹尸，而是死在了窗下。"

牛皋死后亦与岳飞为邻，他的墓，就在栖霞岭上紫云洞前。墓面朝西湖，块石围砌，旁有一百多年前光绪年间立的碑刻，墓道间有一副对联曰："将军气节高千古，震世英风伴鄂王。"

岳飞的部将，虽多为北人，但死后均葬在了杭州。张宪墓原在东山弄口，离岳飞墓只有一里路。张宪是一名蜀中大将，也是岳飞的得意爱将，公元1142年与岳飞父子同时受难，平反后被追封为烈文侯。他的墓到明代时已经荒芜，一个偶然的机会，被一个名叫王天佑的杭州人发现，重新修整一新。20世纪60年代时，此墓尚在，已经被圈进了西湖区人民医院内。据说现在只剩下墓前的石马遗迹了。李宝墓在花港观鱼；"马前张保，马后王横"，前者墓在长寿路，后者墓在法院路；杨再兴家居艮山门，死后百姓建庙纪念他，留下了地名叫"杨墅庙"，一直叫到了今天。

岳飞死后才两个月，他的战友韩世忠就在灵隐飞来峰建了一个亭子，名曰"翠微亭"，名为登高览胜，实为纪念岳飞。原来岳飞曾经写过一首《登池州翠微亭》诗：

> 经年尘土满征衣，特特寻芳上翠微。
>
> 好山好水看不足，马蹄催趁月明归。

战友冤死，韩世忠辞官，自号"清凉居士"，头戴青巾，骑驴携酒，后面跟一二小童，纵游西湖，决不练兵，终究忧愤而死，却留得翠微亭，今日依旧飞来峰上，俯瞰历史正邪。

杭州栖霞岭牛皋墓

将军气节高千古，
震世英风伴鄂王。
——牛皋墓前楹联

岳飞死后，故居被改为太学，宗属亦都被发配岭南。太学生们却说，夜里常看见岳飞在太学中巡行。

岳飞平反之后，被流放到岭南的眷属又迁了回来，住在今日杭州下城的新桥附近，也留下了一个地名，岳家湾。据说当年栖霞岭下多有店家，开店的也多姓岳，均为岳飞后代，衍至今日，又不知留下多少子孙了呢。

杭州灵隐翠微亭

经年尘土满征衣，
特特寻芳上翠微。
好山好水看不足，
马蹄催趁月明归。
——岳飞《登池州翠微亭》

是战还是降

南宋和浙江的关系实在密切，一部南宋史，囊括了一部那个时代的浙江史，其中是战是降，始终贯穿其中。

靖康二年，金兵掳走徽、钦二帝的同时，还掳走后妃、亲王及北宋官员3000多人，当时任御史中丞的秦桧就在其中。建炎四年十月，秦桧又带着老婆王氏乘舟来到绍兴。他自己声称是杀了看守金兵，才得脱逃。

秦桧见了高宗，立刻提出了"要想天下无事，须南是南，北是北"的求和方案。赵构本来就惧怕金人，但在朝中主战将领的左右下，一直摇摆不定，听了秦桧的话，一拍即合。从此秦桧青云直上，赵构立刻任命秦桧为礼部尚书，几个月后又做了参知政事，绍兴八年，又爬上了右丞相兼枢密史，也就是最高军事机关的首长。不到半年，又将左丞相赵鼎挤出朝廷，从此秦桧独居相位。南宋王朝正是在这样的昏君和奸相的把持下，一步步地滑进苟且偷安的深渊。

绍兴八年十月，金遣来使臣和谈，金人把高宗视为金之臣僚，这种卑躬屈膝的议和，在朝中立刻激起了反对的声浪。最让秦桧瞠目结舌的是枢密院一个叫胡铨的小吏，他在呈给高宗的一封奏疏中怒斥秦桧："义不与桧等共戴天，区区之心，愿断三人之头，竿之藁街。"这就是历史上有名的"斩秦桧书"。

但对议和投降路线威胁最大的，还是在前线浴血奋战的军人。绍兴十年，也就是公元1140年，岳飞统领的岳家军在郾城大败金军。正当岳飞欲"直捣黄龙"之时，秦桧害怕了，北伐成功，意味他将丧失一切，一连十二道金牌召回岳飞，以"莫须有"的罪名杀害了岳飞，收复中原的大好形势，顿时化为乌有。

绍兴八年十月，金遣来使臣和谈，视高宗为金之臣僚。高宗诏曰：金国使来，尽割河南、陕西故地，通好于我，许还梓宫及母兄亲族，余无需索。

自绍兴和议20年之后，金朝的第四个皇帝完颜亮依旧放不下中国富饶的南方，据说他读了柳永关于杭州的词——有三秋桂子，十里荷花——不由萌生了跃马扬鞭于江南的野心。他专门派了一个画工潜入杭州，画了一幅杭州吴山风景图，然后在图上题了"提兵百万西湖上，立马吴山第一峰"的诗句。果然，到了公元1161年的9月，他就率军过了淮河。宋高宗吓得又想跑，好不容易被臣下挡住。中书舍人虞允文在这次战役中起了关键性作用，这就是历史上著名的"采石之战"。正是在这一时期金朝内部发生宫廷政变，完颜亮被叛将所杀，金军南侵失败。但宋高宗再也无心战斗，56岁之后就退位了，住到了德寿宫里，这地方就在今天的杭州望仙桥一带。他让他的儿子孝宗接了他的班。

孝宗36岁年富力强的时候当了政，入主凤凰山。他一开始也不乏雄心，为岳飞平反，起用主战派人士，驱除秦桧党羽等。但1163年"符离之战"失败后，宋孝宗走的还是高宗的老路，以盟和代替抗战。不过，和南宋诸多皇帝相比，宋孝宗应该还算是励精图治的，等到1189年他63岁退位，他的三儿子光宗继位时，情况就大不一样了。光宗懦弱胆小，完全被凶悍的李皇后控制，因此和太上皇父子竟然反目为仇。光宗又是个政治上很昏庸的皇帝，据说这跟他娶了个厉害的老婆有关。皇后李氏挑拨皇帝与太上皇的关系，此事成了当时朝野的一件大事。李后还是个很残忍的女人，有一次光宗洗手时见一宫女的手很白，表示了喜欢的意思，第二天，李后便派人送来一只饭盒，光宗打开一看，吓得目瞪口呆，原来是那宫女的一双手。

1194年，绍熙五年六月时，老皇帝孝宗死了，光宗不出来主持丧事，只得让吴太后主持。朝中一时人心惶惶。大臣们就计划着让光宗的儿子嘉王任王储。向光宗上表六天之后，光宗批阅说，我当皇帝的日子太长了，我想退下来了。大臣们一看这批示，更加惊慌。就在这样政治上极为扑朔迷离之时，一群重臣外戚趁嘉王入朝之际，跪请太皇太后垂帘听政，因为光宗生病不能主持丧事，请诏让嘉王即皇位。就这样，嘉王穿上了连夜赶制的龙袍，是为宁宗，在重华宫里主持祭礼和登位，而光宗这时候已被退为太上皇。可笑这个太上皇

采石之战：1161年11月，中书舍人虞允文率兵在采石大败金兵，当月底，金兵内讧兵变，金主完颜亮被杀，金军入侵失败。

还不知道自己已经被废了，直到第二天儿子来拜见他，他才知道自己已经退位了。

宋宁宗时期最大的事件之一就是"庆元党禁"，也就是罢逐理学。当时的大权完全操纵在太师韩侂胄手中。1207年，韩侂胄发动的"开禧北伐"失败，他自己也被谋杀于上朝途中。

此时，又一个权相、明州人史弥远操纵了朝廷。其时，南宋朝廷政治腐败，而宁宗则不问朝政，任凭权臣弄事。虽然和金兵又打过一仗，但最后以韩侂胄失败被杀、宁宗和金签订屈辱的嘉定和议而宣告结束。

宁宗没有儿子，便抱了一个宗族中的6岁孩子，准备做继承人，可惜命不好，29岁又死了，与庄文太子同葬于南屏山下，杭州太子湾的名称大概就是由此而来的吧。嘉定十四年，又一位赵氏宗族子弟赵竑被选为皇子，但这位皇子非常看不起权相史弥远。史弥远是个很狡猾的人，知道皇子喜欢音乐，就送了一个女间谍到太子身边，这宫女吹拉弹唱样样行，皇子还真是喜欢她，把她当了心腹，常常在她面前练书法，说：史弥远应当被发配到八千里路之外去。又指着地图上海南岛一带说：我若当了皇帝，一定把史弥远流放到那里去。

宫女什么都向史弥远汇报，这一来可把史弥远吓坏了，日夜又在皇帝面前罗织皇子的罪行，终于阴谋成功。这一次史弥远找了一个名叫贵诚的赵氏宗室子弟，趁宁宗病重时又封他为皇子。宁宗一死，这贵诚就上台了。那另一个皇子赵竑还不知道呢，听说皇帝死了，在宫外等了一天才被召进宫里，一道道门进去时，他身边的兵士一个个就被挡在门外。到了梓宫，大臣们让他与他们站在文武百官的队伍里，这皇子还摸不着头脑，说今天这种日子里，怎么还让我和你们混在一起？他还以为他要登基了呢，谁知在烛影中，远远地看到另一个人登上了皇位，接着文武百官就都跪下来贺新皇上朝。那旧皇子气得死不肯下拜，哪里还由得了他，揪着他就下跪，然后封了他一个什么小王，就发配到湖州去了。那上台的贵诚，就是执政四十年的理宗。

从1127至1279年，南宋王朝在经历了150年的谈谈让让、小伸大屈的偏安生涯之后，终于彻底地灭亡了。我们的家园浙江，也从一个王朝的中心盛极而衰，开始了历史性的转折。

这四十年，是南宋王朝走向衰亡的时段，尤其是理宗晚年，政治上日趋腐败，而到他的儿子度宗上台之后，又重用了贾似道，误国误民，断送了宋室王朝。就在南宋小朝廷一味窝里斗时，继金而后的元崛起，开始向南宋进犯。宋王朝依然一味退让求和，而求和的结果，却是王朝最终的覆灭。贾似道死后没多久，宋室就灭亡了。所以，人们一般以为贾似道是南宋王朝灭亡的最直接的掘墓人。

世界第一繁华大都市

该把南宋时的杭州比喻成今天的什么城市呢？巴黎、东京，还是纽约？那时候，杭州就已经有100万人口了，它是全中国第一的都市，也有学者以为，当时的杭州是世界第一大都市了。南宋咸淳年间，临安府和包括所辖九县的人口已达124万，就是以今天的眼光看来，这也是个有相当规模的城市了。

宋室南渡带来的移民狂潮，是中国历史上又一次大规模的北人南移。这里面有着各色人等，其中包括皇室贵族、官僚地主。他们即便逃难，也是要往好地方逃的，杭州当然是他们的首选城市。杭州之所以被称为温柔富贵乡，西湖之所以被称之为"销金锅"，自然和他们有着必然的联系。这里面还包括大量的军队。将士们大多是西北人，其次为河北人和山东人。武人之外还有就是文人了，有名望的士大夫们和词人、画家、音乐家们，也纷纷地南渡，云集杭州。高度的人才集中，必然大大促进杭州文化事业的空前发展，开创了南宋一代学术文化的先河。

最后一种，就是大大小小的各色商贾了。当时的杭州富商，大多也都是从外郡而来的，他们围着凤凰山住下，结果连凤凰山都被改叫客山了。我们今天在杭州少年宫广场旁看到的那尊铜像——宋嫂，就是从北方逃难而来的小酒店老板娘。她烧的鱼羹因为获得了皇帝的赞扬，菜名都叫作宋嫂鱼羹，一直流传到今天。

在南渡的人口中，最多的还是这些小手工业者、小商贾以及农民。他们辛勤地劳动，使杭州这座城市，变成了中国最富裕的地方。他们是杭州文明的创造者，也是杭州经济繁荣的主要动力。

商业依赖于城市的发展，而城市的发展也要以商业为条件，这是不言而喻

那时候，杭州就已经有了100万人口，它是全中国第一大都市，也有学者以为，当时的杭州是世界第一大都市了。

南宋皇宫遗址

的。杭州城里，作坊、团行、质库、邸店、酒楼、茶馆、瓦舍比比皆是，各种交易异常火爆。杭州，这个典型的封建社会时期中的消费城市，蜗居在其中的皇亲国戚、王侯将相，他们豪华奢侈的寄生生活，数十万无所事事的军队，数以万计的僧人、道士、尼姑以及城市中大量的妓女、市井无赖都在突现消费城市的特征。

因为有了大量的人，而且其中包括了大量的高度集中的人才，杭州成了一个经济高度发达的地方，东门菜，西门水，南门柴，北门米，说的就是当时的贸易情况。至于手工业作坊，那就更不用说了，满城都是。不说别的，光是擂槌，杭州人就有一句老话：杭州人一日吃三十丈木头。擂槌是用来研磨食物的木头，一天要消耗那么多，可见杭州人是怎么在生活的。

丝绸业带来了美不胜收的冰纨绮绣，印刷业则带来了中国历史上雕刻印刷的黄金岁月，精美的瓷器南宋官窑登上了传统瓷器领域的高峰，数不胜数的茶楼酒肆，使杭州成了一个最大的消费城市。精美的园林来自皇家、贵族和禅院，而天堂明珠被明确地认定为西湖。那时候已出现了西湖十景，而旅游行业在杭州也如火如荼开展起来。赶考的学子，四方的商贾，香汛的朝客，各国的使臣，来来往往，永不停息。

山外青山楼外楼，西湖歌舞几时休？
暖风熏得游人醉，直把杭州作汴州。
——林升《题临安邸》

飞来峰弥勒佛造像

观潮是那时候杭州人盛大的节日。宋时，日日在钱塘江中校阅着水军。那些弄潮儿是无所畏惧的越中男儿，他们执彩旗、树画伞，踏浪翻腾，腾跃百变，以夸才能。豪民香客，争赏财物。

南宋时，八月十八被正式定为观潮节。杭人性急的，十一日便开始赶去看，到十六、十七、十八，沿途十余里间，珠翠罗绮溢目，车马塞途，沿途摊贩林立，水果糕点，风味小食，酒菜卤味，南北土货，工艺特产，书籍字画，应有尽有。

而便利的交通，使杭州与海外的贸易往来始终也没有中断。伊斯兰教就在这时候在杭州占有了自己的一席之地。伊斯兰在中国有四大清真寺——广州狮子寺、泉州麒麟寺、扬州仙鹤寺，还有，便是杭州的凤凰寺了。番商胡贾们带来故乡的宗教，清真寺是必不可少的。凤凰寺的历史推至宋代确凿可信。宋

杭州的繁华改变了传统中国的格局，实现了政治、经济、文化的南移，使一个纯属南方的城市，成了中国的中心。从此以后，中国的历史，就在这样的基础上发展了。

代当时开放广州、泉州和杭州为国际贸易港口，阿拉伯商人在此进进出出。宝石、珊瑚、明珠、象牙、龙涎香、乳香浸药进来了，蚕丝、绸缎、瓷器、茶叶出去了。

这个典型的中世纪封建消费城市，一边是"朱门酒肉臭"，另一边是"路有冻死骨"。"暖风熏得游人醉，直把杭州作汴州"是对南宋王朝偏安一隅的辛辣讽刺，难道不也是印证了杭州的繁荣？但在这种歌舞升平的帷幕下，已是危机四伏。到了南宋末年，政治日趋腐败，经济更加凋敝，在元军隆隆逼近的铁蹄声中，杭州——她那让世人震惊的艳丽，渐渐地黯淡了。

但杭州的繁荣毕竟还是改变了传统中国的格局。政治、经济、文化的南移，使一个纯属南方的城市成了中国的中心。从此以后，中国的格局就在这样的历史基础上继续演进。

文化的南宋遗风

有多少南宋的文化遗风还吹拂在800年之后的今天呢？有多少精美的当代艺术，在追根溯源之后，归集到了偏安的南宋小朝廷呢？宋代的赵家皇帝几乎个个是书画家，那么我们就从书画开始吧。

往上说，五代吴越国，杭州也出过不少大画家，先不说别人，吴越国主自己就是一个画竹的高手，说不定还间接地受过萧悦的影响呢。不过，在当时一群出类拔萃的画家当中，最著名的，还要算是溪人高僧贯休了。

一般人们提到贯休，往往就会想起他的那首献给钱王的诗《献钱尚父》，里面有"满堂花醉三千客，一剑霜寒十四州"的名句。因为钱王要他改成四十州，贯休不干，跑了，据说最后一直跑到了四川。但绘画史里的那个贯休，之所以名留千古，却和帝王没有任何关系。他是以他的罗汉像闻名于世的。他最著名的画作是《十六罗汉图》。杭州西泠印社的华严经塔上，就雕着根据贯休的罗汉画像雕刻上去的罗汉像。那一个个罗汉大鼻子浓眉毛，像是西域人，很有艺术的夸张力。罗汉像传下来了，但真迹极少，大多是后人临摹的。

有了这样的文化积淀，才有了宋代杭州绘画艺术的高峰。宋代宫廷画院极为兴盛，尤以那做不好皇帝却是艺术家的宋徽宗时代为最。这个赵佶，作画最有名，尤以花鸟画为神，后来当了金人之虏，手下画师也是四处星散流落江湖，不料艺术的凝聚力竟如此之不可估量，他们几经艰辛又回来了，云集西子湖边，成为绍兴画院的中坚，盛况不减北宋。

南宋150年，名画家120余人，多为宫廷画家，主要任务是为皇帝服务，皇帝叫你画什么，你就画什么。比如孤山凉堂有白壁三丈，高宗便命萧照画壁山水。是真名士便真风流，传说萧照向皇帝要了几升酒，半夜三更一升酒一幅画，天亮成，高宗大喜，赏以金帛。

有多少南宋的文化遗风还吹拂在800年之后的今天呢？有多少精美的当代艺术，在追根溯源之后，归集到了偏安的南宋小朝廷呢？

虽为800年前宫廷画家，也知深入生活多多描画百姓的意义，所以这些宫廷画家们便身在朝廷心在江湖，保持写生风气；又文人遭经离乱，参禅拜佛之心盛矣，便与西湖周遭寺院禅师画僧交密，亦影响当时画风。

众多画家，终有几位划时代，留下几幅传世之作，便有李唐之《采薇图》、萧照之《秋山红树图》、刘松年"暗门刘"之《四季山水图》、马远"马一角"之《踏歌图》、夏珪"夏半边"之《溪山清远图》。边角之景，残山剩水，半壁江山之叹息也。

今天的杭州碑林里，还有李公麟的《孔子及七十二圣贤图》。李公麟本是北宋的大画家和大文物鉴赏家。他曾画过《孔子及七十二圣贤图》。岳飞被害后，岳飞的家宅也被辟为太学。高宗曾来太学为孔子和七十二弟子各写了一首赞辞。以后高宗又将太学里的画像配上了赞刻石，这就是今天杭州碑林这组石刻的由来。

南宋马远《踏歌图》

说到赵构，还要谈到今天杭州碑林里与他有关的另一件文物。碑林就在从前的孔庙，而它历来最足以自豪的，便是此间藏有一部南宋石经——一部石头版本的四书五经。石经在中国不少，但皇帝亲笔书写后勒石的，只有两部。一部是今天藏在西安碑林的唐玄宗书之《孝经》，一部便是宋高宗赵构及皇后吴氏写的南宋石经。

五代吴越，是佛教的又一个高峰。杭州灵隐来了一位高僧名叫延寿，寺庙再一次被扩建，被命名为灵隐新寺。宋代的杭州，依然是寺院的集中地，所以在杭州当太守的苏东坡，说他一天跑一个寺，一年还跑不过来。地方官与佛门结交，是当时的杭州地方上一个重要的文化传统。现在终于到了偏安的南宋。说实话，赵氏王朝的最高统治者，起初对道教比佛教更有兴趣，宋徽宗干脆封

南宋石经：宋高宗赵构及皇后吴氏写的经文，刻在石碑上，现藏于杭州孔庙碑林。

自己为道教中的最高统治者道君皇帝。宋室南渡，一开始还遵循徽宗的信仰而重视道教，很快重心就转移到佛教上来了。当时的杭州佛院有480余所之多，宋室还给当时的江南寺院定级打分，评出了五山十刹。杭州的径山寺、灵隐寺和净慈寺为禅院五山之首，而中天竺则成为禅院十刹之一。

这个时期的佛教给日本佛教带来很大的影响，其中源于径山寺的茶宴，被日本留学的僧人带回，发展为今天的日本茶道。

说南宋杭州的文化，又怎么能不说到杭州的诗文呢？不说别的，就说关于西湖的诗文吧，杨万里的"毕竟西湖六月中，风光不与四时同"是一种风格，林升的"山外青山楼外楼，西湖歌舞几时休"是一种风格，陆游的"小楼一夜听春雨，深巷明朝卖杏花"是一种风格，汪元量的"渔父生来载歌舞，满头白发见兵来"是一种风格。南宋关于杭州的诗词中有一种盛唐不会有的压抑与愤懑，那是偏安带来的心痛。与此同时，南宋的杭州人是很喜欢在集市中说话或者听人说话的。听说书，就成了当时杭州人主要的娱乐项目。当时的娱乐中心、夜总会、游艺场、歌舞厅，集中在一起，形成一个中心，也是一个文化产业，杭州城里有十七处，当时人称"瓦子"。人们就在瓦子里听说话人说书，像《错斩崔宁》《十五贯》这些名篇，都是从宋人词话中而来的呢。

当然瓦子里决不仅仅是说书，还有杂剧，还有歌舞，还有杂技，还有种种民间技艺娱乐。这些都是俗的，通俗文化，大众艺术，下里巴人。但也有阳春白雪，雅到家了，比如清逸淡远的浙派古琴艺术。南宋于古琴而言是划时代的，因为传至南宋已有2000多年历史的古琴艺术，正是在这时候才开始有了浙派。行家议论说：京师过于刚劲，江南失于轻浮，唯两浙质而不野，文而不直……这是对浙派琴韵的充分肯定，而浙派琴师中，有不少人就是在杭州活动的。比如汪元量，他就是钱塘人，宫中的琴师，宋亡时被掳往北方，因文天祥被押，还到狱中为其弹奏《拘幽十操》，又弹奏《胡笳十八拍》以慰之。

南宋王朝消亡800年了，南宋的某些精神特质却随着这些文化现象流传到了今天。我们当然不能完全继承它，但我们又怎么能够完全抛弃它呢！

南宋王朝消亡800年了，南宋的某些精神特质却随着这些文化现象流传到了今天。我们当然不能完全继承它，但我们又怎么能够完全抛弃它呢！

红颜薄命的大诗词家

南宋时的中国，产生了两位中国历史上最伟大的女诗人和女词人，她们都是和杭州有关的旷世才女。

大词人李清照（公元1084—1155年）原本并不是杭州人，她是山东人氏，18岁出嫁赵明诚，在北宋末年的短暂岁月中，曾经度过美好甜蜜的青春时代。可惜生逢乱世，丈夫在南宋初年到湖州任知州的路上生病而亡，那年，李清照才46岁，就在国破家亡之中，开始了她后半生的悲苦历程。

公元1132年，在经历了一系列的逃亡生涯之后，李清照终于定居在了杭州。真正的文人从来就是不世故的，那年夏天，49岁的李清照在感情上被一个姓张的小无赖所骗，她嫁给了这个牙商掮客一般的小人后不久，张姓小人就骗取了李清照剩余的钱财，并开始虐待起她来，甚至对她拳打脚踢。这样的生活虽然只过了不到百天，但对李清照的晚年生活，却几乎可以说是致命的打击。离婚之后，按照宋朝的法律，她还被判刑两年，虽然只关了九天就被营救出来，然而此后她不但被社会白眼相加，更被当时的文人圈子里传为讥谈。以后的几十年，她寓居杭州清波门，只能在孤苦寂寞中苦度时光，直到离开人世。

现在我们知道了，那寻寻觅觅、冷冷清清、凄凄惨惨戚戚的乍暖还寒季节，正是八百年前的杭州的早春啊。她流传至今的六十余首词，奠定了她在宋词领域里婉约派词人第一把交椅的地位。后人称她为"词家一大宗"，是非常恰当的。但她并不仅仅一味沉浸在婉约之中，那"生当作人杰，死亦为鬼雄"的千古诗章，不也出自这样一位红颜口中吗？

另一位当时几乎与李清照齐名的女词人朱淑真，却是地地道道的杭州才女，她的生活时期与李清照一样，也处在两宋交替时期，但要略比李清照早一些，只是她的生卒年代，已经不可考了。据说朱家就在今天的吴山脚下，

寻寻觅觅，冷冷清清，凄凄惨惨戚戚。乍暖还寒时候，最难将息。
——李清照《声声慢》

八咏楼

也有人说她就住在今天的官巷口一带。朱淑真的少女时代，过得还是比较快乐和幸福的。可惜后来的命运比李清照还不如，李清照的第一次婚姻，应该说是相当美满的，而朱淑真嫁的丈夫，却是一个粗鄙的小官吏。那个时代婚姻不自由，嫁鸡随鸡，嫁狗随狗，朱淑真这朵鲜花，是无可奈何地插在了牛粪上了。这一时期她写的诗词是非常凄凉的，比如她的《减字木兰花》："独行独坐，独唱独酬还独卧……"读上去不是和李清照的"寻寻觅觅，冷冷清清……"有异曲同工之妙吗？

大概她实在无法忍受那个粗鄙丈夫了，最后还是一个人回到了娘家，从此再也没有回去。在娘家的日子里，她并不是没有遇到过心仪之人，从她的作品中我们可以看出来，那时候她曾经是有过一个情人的。她的《生查子·元夕》写的就是与情人在西湖边约会的情景。这首名作有人以为是欧阳修的，但我却相信是朱淑真的，此诗流传至今，已经可以作为西湖边情人相会的经典之作了："去年元夜时，花市灯如昼。月上柳梢头，人约黄昏后。"

但这种人约黄昏后的好事并没有持续多久，大概年把时间，他们之间就断绝了关系。没过多久，她就因忧伤过度而离开了人世。

朱淑真的诗稿被她的父母一把火烧掉。直到死后约五十多年，一个名叫魏仲康的有心人才收集了她的残稿，编成了一部《断肠集》。他还为这部诗集写了一个序，说：我以往到杭州去的时候，常常看到住在旅舍中来来往往的人们在传诵着朱淑真的词，我悄悄地听了，发现她写得真是好，能道意中人之事，平常之人根本不能及，未尝不一唱而三叹也。

正是因为有了这个五十多年之后的知音，朱淑真这位红颜薄命的才女，才不至于被埋没，终于在文坛上发出了她耀眼的光芒。

去年元夜时，花市灯如昼。月上柳梢头，人约黄昏后。
——朱淑真《生查子·元夕》

浙江儒者

这真是一件奇异的事情，就像亡国的君主偏偏写出了千古诗章一样，羸弱的南宋小朝廷却产生了一群思想大师，这当然与南宋繁荣的经济有关。当时的世风就是以好学为荣，不文为咎，不学为辱。浙江的州县学，从北宋时期的48所增加到了74所。《宋元学案》中记载的浙江学者有527人，其中南宋学者竟有北宋的四倍之多，所以才有"宋之南也，浙东儒者极盛"的说法。

在重文的宋王朝，文人比武士更容易得到朝廷的重视，文化的浙江文人地位也相应就高，不说别的，就说当宰相吧，北宋只有4个浙江人，而南宋涨到20个人。我们已经知道，北宋时的浙江就已经是学术思想的重镇，到了南宋，顺理成章地就成了学术思想的中心。

浙东学派发展出了各具特色的支派，他们分别可以总结成以下四支思想锐军：以吕祖谦为首的金华学派、以叶适为首的永嘉学派、以陈亮为首的永康学派和以"甬上四先生"为首的心学。

金华人吕祖谦（公元1137—1181年）在中国思想史上名气很大，但他活的年限并不长，才45岁就过世了。我们可以说他度过的是一个标准的学术生涯，26岁那年他考上进士之后，就一直在从事着讲学著述及参政等活动。他年纪不大但著作等身，共有五百多卷。他的学问冠以其姓，号称"吕学"，他本人也与朱熹和张栻一起，被称之为南宋理学三大师，被学人尊为东南三贤之一。

吕祖谦的哲学思想，可以用四个字来总结——道与心一，这四个字听上去实在是有点玄，听明白了实际上也并不玄，无非是说客观法则和内心的法则应该是一致的。而吕祖谦的政治思想，也可以用"惠民图强"来总结，这当然包括了因革弊政，雪耻图强，取民有政、勤政廉政等要素，这些思想都是积极的，也是可以操作的，不是经院的玄学。吕祖谦也形成了自己的伦理思想，那

浙东学派四支思想锐军：吕祖谦的金华学派、叶适的永嘉学派、陈亮的永康学派和"甬上四先生"的心学。

就是"以仁为体"。

我们还必须提到吕祖谦的"明理求实"的教育思想和"文明向前"的历史观。所有这些思想形成了吕学的体系，深深影响了浙东诸学派。

另一个重要的学派是以叶适（公元1150—1223年）为代表的永嘉学派，他是以"事功之学"著称的永嘉学派的主要代表人物。

永嘉，也就是今天的温州地区，这是一片神奇的土地，叶氏家族是从处州龙泉县搬迁过来的，叶适随父亲定居到了永嘉城郊的水心村，所以叶适还有一个雅号：水心先生。

和吕祖谦出自世家子弟、书香门第不一样，叶适是个家境贫寒的教书先生的子弟，他自述说他家贫匮三代，穷居如是二十余年。

公元1208年，即嘉定元年，59岁的叶适终于回到故乡水心村，开始专心从事著述和讲学。以"事功之学"为特色的永嘉学派，到了叶适手里，才完全理论化系统化了。他的哲学思想和史学思想，一在对道统说的评析，二在朴素的唯物论和辩证法，三在古为今用的史学思想。而叶适的政治思想与经济思想，其一在于明夷夏之辨，谋恢复之行；其二在扬民本之说，施宽仁之政；其三在论宋政之弊，开疗复之方；其四在斥"厚本抑末"之说，赞"通商惠工"之策；其五在重理材之道，斥聚敛之资。

说到叶适的伦理思想与教育思想，也可归纳出以下几条：一、修实政，行实德，建实功；二、以利和义，不以义抑利；三、性者习之一焉，礼者学之始也；四、取士而用，必先养之。

叶适永嘉学派对后世的影响之大，实在是不可估量，而且，还将随着现代化的演进越来越展现出这一学说的生命力。温州人之所以敢为天下先，温州的文化氛围之所以进取事功，当然和温州人长期在这样的文化浸润下不可分割。在中国面向世界进行现代化的进程中，这一学说还将有着绵延的生命力。

说到永康学派，和大名鼎鼎的陈亮分不开。比起吕祖谦和叶适，陈亮在中国历史上似乎是个名声更为显赫的人物。原因在于陈亮的诗名和他富有传奇色彩的一生，更可以被人口口传颂。

永嘉学派的核心：事功，修实政，行实德，以利和义，不以义抑利。

南宋学术史上，陈亮、朱熹和陆九渊，分别代表了浙学、闽学和江西之学，并形成了学术史上的三足鼎立。其中陈亮又可以说是最激进的一位。

永康人陈亮（公元1143—1194年），只活了51年，人称龙川先生，著有《龙川文集》。他的出生绝不比叶适显赫到哪里去，只是一个"散落为民、谱不可系"的破落地主家庭。而他生活的时代，也正是南宋王朝偏安东南、妥协外辱的时代，而陈亮的一生，正是在抗战的奔走呼号声中度过的，他研究学问，也是围绕着这一家国大事主题进行的。

陈亮和前面提到的两位大师不同的地方，是他没有专门的哲学著作，但从散见于各类政论和文稿中的言论，还是可以看到他的思想面貌，比如，朴素的唯物论和辩证法倾向，以及力主"中兴"的政治、军事主张。他一再提到，要明夷夏之辨，雪国之大耻；要振天下之气，动中原之心；他的雄才大略，重兵机利害，主张王霸并用，义利双行。他尤其重视人才且不以为人的才智是天生的，他主张用人，用人才能知其能否用，而坐而论道的人是不足重视的。

陈亮的事功思想，最集中反映在他的伦理道德观方面。他明确反对程朱理学的"天道"，主张讲"人道"。在他们的思想对立中，主要围绕着两个方面展开：一是论理与欲的统一。陈亮认为物质追求是人性内容，但物欲是要节制的，道德就是对物欲的限制和规定。二是论功利与道德的统一。陈亮认为功利和道德是完全可以统一的，道德和法制不应该对立，而应该相辅相成起来。而这些见解，和程朱理学的观点是完全对立的。

陈亮这些观点，与当时流行的理学道德观是所去甚远的，在中国伦理学说史上，有着极大意义，是非常值得今天的人们加以深入研讨的。

叶适永嘉学派对后世的影响之大，实在是不可估量，而且，还将随着现代化的演进越来越展现出这一学说的生命力。温州人之所以敢为天下先，温州的文化氛围之所以进取事功，当然和温州人长期在这样的文化浸润下不可分割。在中国面向世界进行现代化的进程中，这一学说还将有着绵延的生命力。

金嗓铜声的陆游

要说现存中国文学史上谁的诗最多，恐怕可以说非浙江绍兴人陆游（公元1125—1210年）莫属了，现存的陆游诗集中就有诗九千多首，这相当于苏东坡诗的两倍，白居易诗的三倍。他本人也说："六十年间万首诗。"有学者估算，在陆游的一生中写下近三万首诗。

陆游在今天依旧有着广泛的知名度，那其中不乏因为他与表妹唐婉之间的爱情故事。沈园的爱情诗断肠伤心，不知赢得了多少后人的眼泪。

陆游像

一个大文豪的出现不是偶然的。从文化发展的角度来说，早在北宋时浙江的文化就大有北超中原之势，随着南宋定都临安，浙江士人更是空前地崛起，两浙迅速成了南宋的文化中心，这在前朝是谁也不敢想的事，无怪朱熹慨然叹道："岂非天旋地转，闽浙反为天地之中。"

公元1125年，也就是北宋的宣和七年，陆游出生在浙江绍兴一个书香门第，父亲为一文官。两年之后遇"靖康之难"，战火很快蔓延至浙江，陆游从小随父亲逃难，七年之后才回到家乡。这种国破家亡的经历，不能不对陆游的一生产生重大的影响。

陆游19岁时曾赴临安赶考，不料名落孙山。十年寒窗，29岁那年陆游第二次赴考，这一回不仅金榜高中，而且名列第一。陆游踌躇满志地返回乡里，等来年的礼部的复试。万万没想到，因为秦桧的孙子秦埙名列第二，陆游正好压他一头，惹怒秦桧，不仅把主考官撤了职，还将陆游的复试资格也剥夺了。

> 陆游是中国文学史上写诗最多的诗人，现存有诗九千多首，相当于苏东坡诗的两倍，白居易诗的三倍。

幸好第二年秦桧就一命呜呼了，不然陆游还不知要被压到哪年哪月。

即使陆游写了万首诗，但他仍不是一个"职业"诗人。他一生呼号抗金，在宦海浮沉。他34岁时开始做官，在这以后的十多年里，做过县里的主簿，也就是相当于县长助理吧，接着又调

绍兴沈园

到京城当起草文件的文书，还在枢密院，也就是国防部做过秘书。官虽然当得不大，诗名却已经不小。当朝天子孝宗对陆游颇有好感，一次问周必大，说当今还有没有像李白这样的诗人。周必大当即答道，唯有陆游。从此"小李白"陆游声名不胫而走。

虽然这时陆游已经是盛有诗名了，但真正能使他诗作成熟起来，并大发异彩的，还是在他"当兵"的岁月里。

乾道六年，46岁的陆游已近"天命"，但他却没有丝毫"廉颇老矣"的感觉，这是陆游人生的"柳暗花明又一村"。从这年起，陆游走马上任川陕前线，在夔州待了两年之后，又来四川宣抚史王炎帐下，陆游算是正式从军了。

关中是南宋与金王朝对峙的最前线，南宋军队离金人占领的地区往往只有一岭之隔，陆游在这里曾跃马横刀，涉过渭河与金兵交锋。边塞的戎马生涯，使陆游的诗境大开，陆游的诗作进入了一个新的境界。

可是这样精神抖擞、意气风发的战斗生活仅仅只有一年，朝中的投降派很快将王炎支走，他手下的幕僚们自然也就各奔东西。陆游在川中也任过几个地方的参议官，对陆游来说，这种"将军不战空临边"的日子是苦闷的，这样的心情也体现在他的一首诗中：

> 当年万里觅封侯，匹马戍梁州。关河梦断何处，尘暗旧貂裘。
> 胡未灭，鬓先秋……
> ——陆游《诉衷情》

衣上征尘杂酒痕，远游无处不销魂。

此身合是诗人未？细雨骑驴入剑门。

参议官本是个可有可无的虚职，所以陆游常去借酒浇愁。此事传到临安，有人就以"燕饮颓放"奏了他一本，陆游得知后，干脆自号"放翁"，这就是陆放翁这个号的来历。

川陕七年之后，陆游又回到了浙江，以后还是在浙江、福建、江西等地为官。但这样一个时刻不忘抗金的志士，难免是要在苟且偷安的南宋小朝廷里碰壁的，果然被当权者套上一顶"嘲咏风月"的罪名而被罢黜，是年陆游已是65岁的老人了。

陆游回到老家山阴，以后20年中，陆游有一次勉强的复出，也不过一年时间。可以说从这时起，陆游的"政治生命"算是完结了。"诸公尚守和戎策，志士虚捐少壮年。""公卿有党排宗泽，帷幄无人用岳飞。"陆游始终没有实现他"一生报国有万死""手枭逆贼清旧京"的抱负。尽管他82岁时还认为"一闻战鼓意气生，犹能为国来燕赵"。冷酷的现实使陆游只能把"铁马横戈""气吞残虏"的理想寄托在梦境中，于是"三更抚枕忽大叫，梦中夺得松亭关"，这对一个热血男儿来说，是多么沉痛啊！

死去元知万事空，但悲不见九州同。

王师北定中原日，家祭无忘告乃翁。

这是陆游在去世前写下的绝笔诗，在生命的最后一息，仍念念不忘国家的统一，陆游崇高的气节无愧于爱国诗人的伟大称号。江山沉沦，国耻难雪，壮士扼腕，但陆游以金嗓铜声唱出的时代强音，却永远成为后人宝贵的精神财富。

死去元知万事空，但悲不见九州同。
王师北定中原日，家祭无忘告乃翁。
——陆游《示儿》

王朝是怎样覆灭的

南宋国土只有北宋的三分之二，财政收入却远远超过北宋，又不乏军事人才，但政治腐败，权奸当道，覆灭是在所难免的。

说起南宋中国历史上有名的大奸臣当数秦桧了，其人可算南宋"开国"宰相，遗臭万年，人皆厌之；另一位南宋末年宰相，就是贾似道，同样臭名昭著。

台州人贾似道家世并不显赫，只是因为他的姐姐成了理宗宠妃，凭裙带关系，他才飞黄腾达，成为宋代末期最著名的权臣。

但贾似道在民间的出名，应该说是与明代传奇中的《红梅阁》有关。后来孟超先生根据《红梅阁》改编成京戏《李慧娘》。李慧娘是贾似道的妾，又在红梅阁里闹了鬼，这红梅阁，如今就和葛岭抱朴道院依墙而筑，入葛岭山门而登其山腰，有四角方亭一座，石柱上镌有一副楹联，云："孤隐对邀林处士，半闲坐论宋平章。"

这个半闲堂，便是贾似道建的，倒也有几分来历。原来那一群南宋末年的佞人们，见贾似道凭借裙带关系爬得如此之高，又见他荒淫无耻，胡作非为，人刺为"闻道朝中无丞相，果然湖上有平章"，便也来凑趣。有个家伙写了首词曰："轩冕傥来间，人生闲最难，算真闲，不到人间。一半神仙光占取，留一半，与公闲。"贾似道听了高兴，人间之闲一半归了他，不是活神仙吗——他的别墅，便成了半闲堂。

贾似道这个人，《宋史》上说他是"人有物，求不予，辄得罪"。比如，他听说同僚余玠有一根玉带，千方百计地就想要得到，听说玉带已经殉葬，竟然就挖墓取之，令人瞠目结舌。他这个人又好色好游，张岱对他有一段评价，说："贾秋壑为误国奸人，其于山水书画古董，凡经其鉴赏，无不精妙。"

爱好文艺，这一点倒是继承了徽宗的衣钵，只是又多出一分，特爱斗蟋蟀，专门著有《蟋蟀经》一部，其人用紫砂泥和猪肝及木屑特制的蟋蟀罐底特厚，蟋蟀能在其间过冬。元兵围攻湖北的襄阳与樊城时，羽书告急，他可不急，和他的姬妾们窝在这半闲堂斗蟋蟀玩。国家危如累卵，他却安如泰山。致使襄樊守将降敌，元兵长驱直入。当时杭州的老百姓就有民谣传云：满头青，都是假（贾），这回来，不作耍。

皇帝与他本是同道中人。一次，理宗见湖上一片灯火，说："肯定是贾似道。"一问果然，急忙打点了绫罗绸缎送去，以资鼓励。

宰相对皇帝却大不以为然。一次，位居南山的宋室皇宫起火了，他正在相距20里的半闲堂中斗蟋蟀。报告火情的人十万火急，贾似道可不急，说："烧到皇帝祖庙时再报。"俄顷，来人报曰："大火就要烧到祖庙了。"贾宰相这才抖起精神，乘坐轻便的小轿子，走一里多路就换人，四个卫士手执军器跟着。到了皇宫，说："祖庙被烧了，我就斩掉殿师的脑袋。"殿师为了活命，拼死扑灭了大火，贾宰相便很威严地回到了半闲堂，继续斗秋虫去也。

贾似道的残忍，最典型的，便是杀害李慧娘。一日，他凭楼与姬妾们闲眺湖上，突然看见，有两个书生从湖边弃船上岸，倜傥风流，身形翩翩。有一姬委实胆大，不觉赞了一句：美哉少年！

这还了得，贾似道这个人毒辣之极。从前他的姬中有个兄长到葛岭，在贾府门前停了一停，被贾府中人看见了，立刻捆起来扔进火中，吓得再没人敢在他门前停留。如今竟有人敢在他面前说别的男人漂亮，真正罪该万死了。

可是贾似道却说："如果你愿意的话，我可以把他们留下来纳聘你。"那姬笑而不答。过了一会儿，贾似道便令人捧了一个匣子，又把众姬妾唤到匣子面前："这是我给刚才那个姬受的聘。"

打开匣子一看，众人不禁魂飞魄散，这正是刚才那个姬的头颅啊。悲剧传到了民间，便有了戏曲《红梅阁》。姬为李慧娘，书生为裴舜卿。20世纪60年代孟超先生改编为京剧《李慧娘》，复仇女神的形象光彩照人。川剧《红梅

满头青，都是假（贾），这回来，不作耍。
——南宋末年民谣

红梅阁

阁》中那变脸的技巧，真正是用到家了。西子湖多情缠绵，美丽动人，但如此刚烈大胆的复仇女性形象，真还只有李慧娘这独此一家呢。

多行不义必自毙。贾似道最后还是因为误国毁国，被发配到高州，走到福建漳州的木棉庵，想此命休矣，不如自杀，便服了毒。不料又死不速，押送使臣郑虎臣拿个大锤把他砸死了。人们都说，这是报应。民间立刻又传开了民谣：

去年秋，今年秋，湖上人家乐复忧，西湖依旧流。吴循州，贾循州，十五年间一转头，人生放不休。

回溯南宋史——公元1126年，金兵攻占开封，北宋亡。次年，1127年，赵构在南京（也就是今天的河南商丘）称帝，是为宋高宗，后建都临安（今天的杭州），史称南宋。

南宋共历九帝，153年，其疆域北以淮河、秦岭为界，与金、元先后对峙。祥兴二年（公元1279年），南宋灭亡。

> 去年秋，今年秋，湖上人家乐复忧，西湖依旧流。
> 吴循州，贾循州，十五年间一转头，人生放不休。
> ——南宋末年民谣

皋亭山的丹心

对这个王朝的叙述，我们终于接近尾声了。当年宋高宗赵构从河南逃到浙江，将杭州更名为临安，其意就是临时安居罢了。但在这"临时的安居地"一待就是一百五十年，摇摇晃晃维持了一个半世纪，比起吞灭六国的秦王朝、扫荡南北的隋王朝还是长得多了。

中国历史上一位伟大的爱国主义者出现在我们面前。

"人生自古谁无死，留取丹心照汗青。"每逢读到这两句诗，就会想起那一个让人肃然起敬的名字——文天祥。而杭州的皋亭山，正是文天祥丹心照汗青的地方。

文天祥（公元1236—1283年），字宋瑞，号文山，吉州庐陵（今江西吉安）人。自幼苦读圣贤之书，20岁那年考中了状元。据有关史料记载，文天祥还做过临安知府，也就是杭州市的市长，虽然任期只是一天。

文天祥在朝中做官，马上发现丞相贾似道和一批宦官都是些祸国殃民的奸臣。元军出动大军南下，宦官董宋臣竟劝宋理宗放弃临安，文天祥闻之拍案而起，给宋理宗上了一道奏章，要求杀掉董宋臣，以免动摇军心。不料董宋臣毛发无损，他自己倒丢了一回乌纱帽。后来，他回到朝廷担任起草诏书的工作，但贾似道哪里容得下他，37岁那年文天祥就早早退休了。在家做了两年员外后，才又被起用到赣州做州官，这时的南宋王朝，已是大厦将倾了。

公元1275年，元军兵临平江（今苏州），平江一失，临安势必难保。是时宋恭帝才四岁，权力都在谢太后手中。谢太后和大臣们一商量，还是赶紧下诏书要救兵来保驾。但这时各地州官自顾不暇，哪还管什么皇上啊，只有赣州文天祥和郢州（今湖北钟祥）张世杰两人立刻起兵。

天地有正气，杂然赋流形。下则为河岳，上则为日星。
于人曰浩然，沛乎塞苍冥。皇路当清夷，含和吐明庭。
——文天祥《正气歌》

文天祥接诏书后,立刻招兵买马,准备赶赴临安。有人对他说:"元军已势不可挡,你乌合之众不满三万,不是鸡蛋碰石头吗?"

文天祥泰然答道:"话虽如此,但养兵千日,用兵一时。现在京师告急,正是为臣者为国出力的时候。我宁愿以死殉国,但愿天下忠义之士,能闻风而起,齐心协力,保我大宋江山。"

文天祥带兵匆匆赶到临安。右丞相陈宜中又让他到平江防务。这时候,元军统帅伯颜已分兵三路进攻临安,其中一路越过平江后,直取独松关(今浙江余杭)。这时陈宜中又命令文天祥火速退守独松关。文天祥刚离开平江,独松关就被元军攻破,这时平江也相继失守。

文天祥只好又赶回临安,这时元军已经三面包围了临安,统帅伯颜就驻扎在皋亭山上,离临安城不过十几里路。在此危急关头,文天祥和张世杰联名上书,请移三宫入海。为寻求战略转机,这一权宜之计本来是可以实行的,但都被谢太后和陈宜中给否定了。

南宋王朝对付外侮的策略,骨子里始终只是两个字:投降。当初,元军攻破常州的时候,工部侍郎柳岳到无锡去见伯颜,边哭边求,说:我们刚刚死了皇帝,新帝又那么小,自古礼不伐丧,你们为什么还要打我们啊。如果说我们有什么做得不好的地方,那也是贾似道误国,他不是已经受到了惩罚吗?伯颜听得不耐烦,说:那是你们自己的事情,和我们有什么关系。天道轮回,何必多言。柳岳只好哭着又回去了。

元兵攻破了苏州后,陈宜中又派柳岳等人去救和,这一次愿意称侄纳币,伯颜却不要这个侄儿。再派柳岳去,又降了一级,愿奉表求封小国,柳岳还没到地方呢,就在途中被人杀死了。

1276年元旦刚过,惊耗传来,嘉兴府全城降元了,安吉州也被元军占去了。谢太后如坐针毡,表示要向元称臣,派使臣到元军中去乞和。伯颜不肯,一定要南宋的君臣亲自出降。

辛苦遭逢起一经,干戈寥落四周星。山河破碎风飘絮,身世浮沉雨打萍。惶恐滩头说惶恐,零丁洋里叹零丁。人生自古谁无死,留取丹心照汗青。
——文天祥《过零丁洋》

此时，朝中重臣看大厦已倾，大势已去，竟然纷纷逃命而去。谢皇后下诏戒禁，榜示贴在朝堂上，说：我朝三百余年，待士大夫以礼，吾与嗣君，遭家多难，尔大小臣工，未尝有出一言以救国者。……平时读圣贤书，自许谓何，乃于此时作此举措，生何面目对人，死亦何以见先帝？……

如此训斥，也算是呼天抢地了，但还是没有用，朝廷官员照逃不误。到最后，连左右丞相陈宜中和留梦炎也逃之夭夭了。有一次朝议，文班只到了六个人，其余大臣通通逃光。国家危难之际，竟有这么多的逃臣，历史上恐怕也是没有过的吧。

危难见忠臣，直到这时候，朝廷才任命文天祥做了右丞相，让他来主持最高行政机构和参与军事决策，可惜，一切都已经晚了。

1276年元月，谢太后紧急诏命文天祥到皋亭山元营与元主帅伯颜谈判。他只身带着两个副使，就去了元营。伯颜已经见多了那些奴颜婢膝的南宋大臣，对铁骨铮铮的文天祥的到来，心理上完全没有准备。文天祥大义凛然地斥责伯颜，说：我朝承帝王之正统，在临安建都已经有140多年了，你们北朝妄动干戈，攻城掠夺，杀害百姓，如今又要侵我大宋的社稷，是什么道理！

伯颜对这个被誉为南朝第一忠臣的文天祥早有所闻，今日一见，果然有英雄气，倒也不由得生出几分敬佩，表示一定不杀百姓，一定不动社稷。文天祥立刻提出，既然如此，就请先退兵。伯颜无言以对，文天祥当场就在这皋亭山上说：作为大宋状元丞相的我文天祥，所欠的就是一死以报国了。宋存我也存，宋亡我必亡，刀锯在前，鼎镬在后，又怎么吓得倒我呢。伯颜拿他没办法，只好把他扣留在皋亭山的元营当中，让两个副史回临安复命。

吴坚、贾余庆回到临安，把文天祥拒绝投降一事回奏谢太后。这时谢太后已经是只要能保命就行，就让贾余庆以右丞相身份，再去元营去求降。气得文天祥痛骂贾余庆，但是投降的事已是无力回天了。

一边是忠诚的朝臣，一边却是卑委的朝廷，二月初五，宋恭帝正式拜表投降了。一群南朝的"祈请使"又到了皋亭山，跪在元营外面献降表，文天祥目

1276年元月，谢太后紧急诏命文天祥到杭州皋亭山元营与元主帅伯颜谈判，伯颜被文天祥的英雄气概折服，又不敢放了文天祥，这是文天祥的第一次被捕。

睹了这一幕丑剧，义愤填膺，当面就痛骂这些卖国贼和侵略者，以一个人的气概，骂倒了两个皇朝的贪婪与苟且。

二月初八，文天祥和宋恭帝、谢太后一起被押解往大都。一路上文天祥一直在想如何脱逃。在路过镇江时，终于有了机会，文天祥与杜浒等12个人乘元军不备，悄悄逃出了元营，然后又坐小船到了真州。

文天祥这一逃又回到了浙江。当然临安是不能去了，一行人改名换姓，日行夜宿，这一路文天祥历尽千难万险，曾在浙江三门县方前村张和孙家落脚驻足。文天祥就在张家与杜浒、吕武、胡文可等人计议复宋大事，还以仙岩洞为联络据点，筹集粮饷，训练义勇，伺机出击，收复失地。仙岩洞在三门县三岩乡仙岩村以北的仙岩山，离县城有四十多里路。后来文天祥又听到张世杰和陈宜中在福州拥立益王宋瑞宗的消息后，就决定到福州去。在农民的帮助下，先坐船到了温州，然后又从温州到了福州。

毛泽东手书文天祥诗

文天祥这一走就再也没回浙江，后来他在抗元战斗中又被捕，押至元大都土牢长达三年，誓不投降，最后英勇就义。死后人们发现了他衣带中的绝笔，表达了成仁成义的决心。

孔曰成仁，孟曰取义，
唯其义尽，所以仁至。
读圣贤书，所学何事，
而今而后，庶几无愧。

浙江与文天祥有关的风景名胜还有一处，那就是富春江七里泷的严子陵钓台。郭沫若有诗云："西传皋羽伤心处，东是严光垂钓台。"钓台有东西两台，相传南宋爱国志士谢翱听到文天祥就义的消息后，满怀悲愤，独上西台，在这里写下了悲壮的《登西台恸哭记》。今天若登临西台，山青水碧，日朗风清，仿佛耳边又响起了文天祥的《正气歌》。

天地有正气，杂然赋流形。
下则为河岳，上则为日星。
于人曰浩然，沛乎塞苍冥。
皇路当清夷，含和吐明庭。

孔曰成仁，孟曰取义，
唯其义尽，所以仁至。
读圣贤书，所学何事，
而今而后，庶几无愧。
——文天祥绝笔

第十一章 元朝时期的浙江
（公元1206—1368年）

地上的天城

公元1276年，谢太后带着3岁小皇帝宋恭帝在临安城门外跪迎元朝骑兵，这时文天祥等一些忠臣还在苦苦支撑，但南宋实际上已经名存实亡了。以后的南宋小朝廷，与浙江发生着许多的关系，也涌现出许多可歌可泣的爱国人士，但总的来说，历史已经进入了下一个阶段。

元代，浙江从以往的王朝中心变成了一个边远行省的一部分。虽然政治地位一落千丈，但由于未受战火的严重破坏，经济在宋代基础上还是有所恢复和发展。比如农业，浙江省是当时全国最为发达的地方；而手工业，在全国占有举足轻重的地位；商业和海外贸易，从贸易口岸和贸易品种来看，甚至超过了宋代。当时的统治者在中国沿海七处设立市舶司，浙江就占了四处。而浙江元代最辉煌的象征，还是我们美丽的人间天堂——杭州。

在南宋覆亡整整十年之后，有个金发碧眼的意大利人来到了杭州，他就是当时的大旅行家马可·波罗。这个意大利人回国后，将他在东方的见闻写了一本书，那就是轰动世界的传世名作——《马可·波罗游记》。在这本书里，作者对杭州这座城市做了一番精彩的描述，从此，杭州——"世界上最美丽最华贵的天城"的美名漂洋过海，名传天下。

在马可·波罗眼里，杭州的"种种实物实在是非常值得描绘与介绍的"：

"杭州城之大，方圆达百英里，城内有桥一万二千座……有这么多的桥梁……没有一个人不为之惊奇……整个城市简直就好像矗立在水中……城的四周都是水……

> 元代，浙江农业是全国最为发达的地方；手工业，在全国占有举足轻重的地位；商业和海外贸易，从贸易口岸和贸易品种来看，甚至超过了宋代。当时的统治者在中国沿海七处设立市舶司，浙江就占了四处。

"城内各行各业有十二种行会……每一行会各有一万二千商家，每商家雇佣的人至少有十二人……此城商贾的人数与财富……没有人能做出精确估计……行业的主人，和他们的妻室是不从事劳作的，其生活之奢侈，犹如国王和皇后。妻妾们大都天生丽质，是天使般的尤物……

"城内有一大湖，周围约30英里。沿湖皆为宫殿与楼台亭阁，其富丽堂皇和极其别致的建筑格式当然属于城中权贵所有。沿湖还有许多信神拜佛的人的庙宇与庵堂。湖中有两岛，每座岛上有一富丽而讲究的建筑。"

马可·波罗书中有一些明显溢美之词也是不言而喻的，这里有他的偏爱，也是可以理解的。但对那些从草原上来的蒙古人来说，杭州于他们却有一种完全不同的感受。也许是游牧民族的粗犷，他们与江南的精致总是格格不入，所以对美如仙子的西湖也极为不屑，在他们看来，南宋之所以灭亡，就是因为有了这口"销金锅"。

正因为有这种文化上的差异，几乎使西湖这颗天堂里的明珠遭受灭顶之灾。元代始终没有对西湖进行治理，所以西湖荒湮严重，沿湖尽为菱荡，"侵塞湖面如野坡然"，真是"六桥之下，水流如线，孤山之南，芦荡俨然"。

杭州失去了国都的地位，从政治上说不能不是一种失落，但有元一代，杭州仍称得上全国经济上首屈一指的大都市。之所以在经济上继续得以昌盛，除了在宋元鼎革之际未受兵燹外，还有杭州水路交通的便利，人口的继续增长，手工业的发达，商业的繁荣，这些都有前朝的基础。

如果说杭州元代的经济发展上还有什么特点，那就是海外贸易。

海外贸易并非元朝独创，早在国威远震的唐朝，当时的广州、扬州、杭州就被并称为中国三大口岸。杜甫就有诗云："商胡离别下扬州，忆上西陵故驿楼。"西陵，便是从海上出入杭州的必经之地。到了五代十国时期，钱塘江上"舟楫辐辏，望之不见首尾"。北宋又在杭州设置了市舶司，专司海外贸易。南宋出于财政支出的需要，对海外贸易的关照更是有过之而无不及。但在南宋后期，杭州市舶务被废弃，杭州对外贸易活动由此中断。

杭州，世界上最华美的天城……
——马可·波罗《马可·波罗游记》

元朝横跨欧亚，地域辽阔，中断三百年之久的东西陆路得以打通，而从东南沿海出发，经南海，进入印度洋后到达北非的航线更加畅通，于是元代的海外贸易又空前地活跃起来。统一全国后，便立即恢复了杭州对海外的贸易，公元1284年在杭州和福建的泉州还专设了市舶都转运司。

元代的对外贸易比较灵活，经营有官营和私营之分。元代杭州的海外贸易，以私营为主。当时来杭做生意的多是来自南亚、西亚、北非等国的商人，他们通常在杭州设置货栈仓库。为了防火，这种货库用砖石砌于隔河之地。如此看来，早在元代，杭州就很重视对外开放的环境建设。

元代贸易口岸很多，市舶司最多时达7处，除一处在广州外，其余都在江浙行省，也就是说在今天的浙江、福建两地。其中杭州附近的澉浦港"乃一要冲之地，远涉诸番，近通福、广"，有如此天时地利，生意焉能不火！

元代从杭州进口的商品以珍宝和香料居多，珍宝这些奢侈物，当然只有达官贵人们去享受，故多转输大都；平民百姓受益的主要是香药，香药配中药用，虽然昂贵，也算是施惠黎民。

杭州当时的主要出口商品为纺织品。有个小故事很有意思，说的是一个高丽商人在市场上看货，这时店铺里有杭州、南京、苏州三地产的绸缎，他一眼相中的就是杭州货，店主问他为何这般，高丽人答道："南京的颜色好又光细，只是不耐穿，苏州的十分浅薄，又有粉饰不牢壮"，只有"杭州的经纬相等"。可见在元代，杭州的丝绸在朝鲜的知名度已是相当的高了。

是否可以这样说，尽管杭州国都的地位已"拱手相让"，但她风情万般的荣华仍在继续着；同时，我们也不得不承认，这种繁荣昌盛的气势已是强弩之末，尤其到了元末，杭州连遭大火和战乱，城区萎缩，人口锐减，百业萧条，杭州昔日"霸主地位"的繁盛时代一去不复返了。

国都的地位已"拱手相让"，风情万般的荣华仍在继续。

石佛故事多

"折戟沉沙铁未销，自将磨洗认前朝。"要在浙江寻觅元代遗踪，不用费力，到杭州走一走，去一趟灵隐飞来峰，您就闻到了元朝的气息。

灵隐一有灵隐寺，二有飞来峰。飞来峰传说从印度飞来，域中独孤。整座小山玲珑剔透，古木参天，洞壑相连，忽明忽暗，泉水叮咚，流水潺潺，有一种说不出的可爱。更让人流连忘返的是，飞来峰石窟满山，自五代以来，刻有佛像153龛，470余尊，其中元代佛像就有200多尊。

在这么多的佛像中，无论老老少少，都喜欢冷泉南侧的布袋弥勒。这长9米、高2.6米的石像，欢眉大眼，喜笑颜开，袒胸露腹，似能包容万物，一只手拿了个布袋，一只手捻着串佛珠，两边十八罗汉各具生态，相互关照，浑然一体。听说这个布袋和尚是五代十国时期的僧人，乃奉化人氏，终身荷一布袋云游四方，后来民间将其演绎变成了弥勒佛的化身而被顶礼膜拜。

这一尊造像，虽有人认为是元代开凿，但大多数专家觉得这应是一尊南宋造像。不过在前方不远处，过一小桥，倒有一处名副其实的元代造像，这就是

飞来峰多闻天王（又称多宝天王）石像

飞来峰石窟：佛像153龛，470余尊，其中元代佛像200多尊。

南宋一朝，有六位皇帝葬在绍兴上皇村宝山下，公元1285年，六陵遭到了杨琏真伽的掘盗。

南宋绍兴六陵遗址

多闻天王。多闻天王就是人们俗称的四大金刚中的北方守护神，神灵中"风、调、雨、顺"中的顺。在大殿的彩塑像中，他肤色呈黄，一只手持宝幢，一只手握神鸟，面目和悦，因赐人福禄而福德于四方。而在这石雕造像中，他可是个威风凛凛的大将军了。你看他身披盔甲，骑坐雄狮，手持宝幢，气派雄伟，身下那坐骑，也是瞪目张嘴，似乎就要奔突而出。由此看来，这尊元代石刻的佛像艺术特点是非常鲜明的。

元代石刻风格：一、造型生动，接近写实；二、留有密宗的影子；三、在服饰上常是袒胸露背，有明显的藏蒙色彩。

造像一侧有一篇题记，文中说的是此像乃元"行宣政院使杨修"。这个行宣政院使，便是番僧杨琏真伽。

公元1277年，正是这个名叫杨琏真伽的西藏僧人，被元世祖忽必烈任命为江南释教总统，也就是管江南佛教的最高一级长官。既是佛门出身，本应慈悲为怀，但杨琏真伽却与朝中掌管佛教事务的总制院使桑哥勾结在一起，狼狈为奸，在浙江飞扬跋扈，无恶不作。

南宋一朝，连头带尾150余年，从高宗起，前后有六位皇帝葬在绍兴县皋埠镇上皇村宝山下，这样在这片方圆五里之内就形成了一个庞大的皇陵区。杨琏真伽虽是僧人，却贪得无厌，为敛钱财，竟做起盗墓勾当。杨琏真伽做这伤天害理之事，是从盗掘孝宗第二子魏惠宪王赵恺之墓开始的，赵恺的墓在绍兴天衣寺的后面，杨琏真伽与天衣寺奸僧福闻沆瀣一气，从赵恺墓中窃得一批金玉珠宝，由此引发了盗掘宋六陵的念头。

开掘皇陵并不是那种想干就能干的事。元世祖至元二十二年（公元1285年），杨琏真伽终于等到了一个时机。那年南宋六陵附近的泰宁寺恶僧宗恺、宗允恣意砍伐陵区的树木，被守陵人阻止。宗恺等僧竟然恶人先告状，反诬六陵侵占寺院地产。早已急红了眼的杨琏真伽见这是一个开棺掘墓的时机，就以调解纠纷为名，带着元兵气势汹汹地直奔南宋六陵。

在这次掘墓中，理宗的永穆陵最惨不忍睹。恶僧们从理宗陵墓中窃得伏虎枕、穿云琴、金猫眼等宝物之后，又用斧头劈开理宗的棺盖，撬开理宗的牙齿，取出理宗含在口中的夜明珠，又把理宗尸体倒悬在一棵大树上，这是要把肚子里的水银全部倒出来。杨琏真伽更是残忍地用刀子割下了理宗遗体的头颅，剔下头盖骨，把它当作了饮器。

这一次恶僧劫得大量金银珠宝。杨琏真伽接着又先后盗掘了徽宗赵佶的永佑陵、高宗赵构的永思陵、孝宗的永阜陵、光宗的永崇陵和昭慈皇后、显仁皇后、显肃皇后等一批帝后及大臣的陵墓，窃得珍宝不计其数。

当时这些皇帝的骸骨撒满荒野，几天后，杨琏真伽又将这些骨殖收集起来，杨琏真伽虽然无恶不作，但也怕这些皇帝们阴魂不散，招致报应，于是将这些骨头集中深埋在杭州凤凰山东麓南宋故宫里，并在上方"筑一塔压之，名曰镇南"。不过，这一回杨琏真伽是枉费心机了。原来早有义士将六陵帝后遗骸偷运出来，替之以牛羊等牲畜骨头。

六年后，当年杨琏真伽的后台老板、这时身为元朝丞相的桑哥，因东窗事发，被处死刑，杨琏真伽也同时进了大狱。

杨琏真伽，一直是杭人痛恨的对象，这就殃及了多闻天王，不少人误以为多闻天王就是杨琏真伽，常用木棍击打，又用石块击之，僧人怕佛像被毁，只好用铁蒺藜把像蒙围起来，这才保留到了今天。

不过，这个番僧的确有过让自己"光辉形象"永存的念头，在飞来峰上雕刻了他的造像。明末时，山阴大才子张岱来飞来峰玩，突见石像中一胡人坐龙上，有裸女献花果，张岱一看，是杨琏真伽，便用石头砸之。砸下的头像，被他扔到厕所里去了。灵隐的僧人听了，都说砸了好。

元代石刻风格：一、造型生动，接近写实；二、留有密宗的影子；三、在服饰上常是袒胸露背，有明显的藏蒙色彩。

朱丹溪的滋阴说

中药文化是一种极为实用又充满了审美精神的文化现象，元代在中国中医发展史上最大的成果，就是中医药学在这个时候发展成了"金元四大家"——刘河间、朱丹溪、张子和、李东垣。

金元四大家，都有理学训练的经历，他们的知识背景，都来源于"道德性命"，尤其是李东垣和朱丹溪，一直以"理学弟子"自居。朱丹溪本名朱震亨，乃浙江义乌人氏，不过他的成名大器，却是在杭州。杭州是一个中医药学很发达的地方，他在杭州遇见高人，经其指点，自创一家学说。所以杭州在这方面的成就，还是值得一说。

作为古城的杭州，老字号店铺也是比比皆是了，但其中资金最雄厚、历史最悠久、建筑又最华丽者，药店算得上挂头牌。说到药店，便先想到中药，杭州的中医药传统，可以从北宋起说。苏东坡第二次到杭州来的时候，杭州先是旱后是涝，然后就是旱涝之后的瘟疫。苏东坡拨了专款，又自己掏腰包，捐款筹钱，在今天的众安桥边，建了一座病坊，叫安乐坊。有专家说，这个安乐坊，就是中国最早的公立医院的雏形。后来，这个安乐坊搬到西湖边去了，改了一个名字，叫安济坊。苏东坡离杭之后，这个安济坊由懂医道的僧侣主持，还开了很多年呢。

苏东坡不但开医院，还亲自制药，试制了一种丸子，叫"圣散子"，这种药很便宜，一帖只要一文钱，疗效很好，苏东坡自己也说：去年春，杭之民病，得此药全活者不可胜数。与苏东坡同时代的大科学家、杭州人沈括，除了写《梦溪笔谈》，也会制药，救了许多人的性命。后人就把他和苏东坡的验方药方合在一起，编了一本书，叫《苏沈药方》。

> 中药文化是一种极为实用又充满了审美精神的文化现象，元代在中国中医发展史上最大的成果，就是中医药学在这个时候发展成了"金元四大家"——刘河间、朱丹溪、张子和、李东垣。

到南宋绍兴年间，杭州创建了一个医药机构，名叫太平惠民药局。今天杭州有一条街叫惠民街，其名字的起源，不知是不是就从那里来。说到地名，清河坊新宫桥一带，有一座桥，名字非常奇怪，叫嵇接骨桥，这样古怪的桥名的确很难在别的城市里听说。原来南宋时这里有一个姓嵇的医生，专治跌打损伤，他家门前就是中河，往来百姓找他看病多有不便。有一次他治好了皇帝的骨伤，皇帝要奖赏他，他不要金银财宝，只要求在门口建一座桥，让百姓看病方便，皇帝允许了，于是便有了嵇接骨桥。试想，嵇大夫要治病，必定家里有药备着，这些药要出售，这桥下，也就兼营着一个小药铺子吧。

元代杭州名医不少，其中有家中药铺子，名叫寿安堂，就建在今天的官巷口一带，离今天的胡庆余堂也不远，这是史书上记载的杭州第一家药店。店主是个退休的官僚，名叫夏应祥，他原来当过杭州行诸路总管府杂造局大使，后来又升任军器局的提举司同提举。此人颇有救死扶伤的精神，因病离职之后，就把全部精力放到治病救人上。他省吃俭用，不惜千金到处采办药材，药剂也堪称精良，对穷苦人还无偿发放，说：药品关系到人命，不可忽也。所以百姓很信任他，当地的人，生了病，往往非夏氏药不用。他的儿子叫夏仁寿，后来继承了他的事业，一辈子不当官，专心开他的药店，还把店名拿来做了自己的号，自称寿安居士。

元朝时杭州城里还有一个名医，是皇宫里出来的御医，从前专门给理宗看病的，名字叫罗知悌，元初时就隐居在杭州。他就是朱丹溪的老师。

朱丹溪并非一开始就以医为生，他起初也是想走仕途的，所以36岁之前在东阳的八华山学习程朱理学，但因为母亲久病不愈，自己又两次应乡试而不中，40岁之后，他才开始专心致志地学医。他曾说："医为吾儒格物致知一事。"可见学医在他心目中乃是达到儒的一种方式。以后他离开家乡义乌，四处遍访名医名方。到杭州之后，他听说了罗知悌的名声，前往拜师，谁知十次

朱丹溪研求刘、张、李三家学说，推衍其义，创阳常有余、阴常不足的学说，主重滋阴。因为当时是承平的时候，丹溪是南方人，他看见南方一般的人，身体柔弱好食者多，所以用清滋之品，颇能见效，这是丹溪偏重养的原因。
——陈邦贤《中国医学史》

求见，都被拒绝了。好在心诚，石头也会开花，他四十而不惑的年龄了，每天就拱手站在罗家的大门口，大风大雨天也不稍懈。皇帝的御医到底被朱丹溪的精神所感动了，将他收下，做了自己的门徒，把他自己所有的经验都传给了朱丹溪。也正是在这样的基础之上，滋阴说终于创立了。

滋阴说的核心就是补阴。因为南宋以往的中医理论，多强调补阳，所以药方往往偏于温燥，而他却认为人生病时，常常是一水不能胜五火，阴常不足而阳常有余。当然他也不是一味地强调阴，而是对症下药，因此往往有神效。后人认为，儒之门户分于宋，医之门户分于元，足见朱丹溪滋阴说在中医学上的划时代意义。

杭州正因为有了这样的医药传统，才有了明清之降的中药事业的发达，才出现譬如胡庆余堂这样的江南药王。

丹青浙江

我们永远将面对着历史发展上的一些神秘的现象。比如元代，一般以为是一个在文化上倒退的历史时期，但细细一想又觉得并非如此。元曲、元杂剧不去说，就拿最能体现中国知识分子精神的文人画吧，正是在元代，进入了它辉煌的历史时期。确切地说，中国文人画，也就是在这个时代在中国画坛上占领了统治地位，成为一种高雅的艺术。元代大画家有赵孟頫一家，以及"元四家"，这四家中黄公望、王蒙和吴镇都是浙江人。这些大师级人物，都是必须在这里专门说一说的。

赵孟頫（公元1254—1322年）是一个在书画史上被人反复提起的经历颇为微妙的人物。他原本是宋室的公子王孙，12岁那年父亲死在杭州，他则在湖州长大。南宋灭亡，他已经30岁出头了，却应召到了京城做官，宦海三十余载，他的官从从五品当到了从一品。但他心里却不快活，就把自己的心绪都寄托在了书画上。他的马画得极好，画竹则用了书法的笔意，一股士人的气息扑面而来。画山水大有董源、王维之意境，《水村图》是他的文人画代表作。

赵孟頫的书法就更不用说了，他是一位全面发展的大书画家，他很喜欢杭州，常常到杭州来，据说他与他的妻子画家管道昇也是在杭州结婚度的蜜月。他的书法丰姿多态，人称赵体。他写的一块碑铭直到今天还保存在杭州碑林中。这就是著名的《佑圣观重修玄武殿记》。

赵孟頫书法，本来就史称大家，此碑又为他的书法精品，是浙江省保存下来的少有的赵氏真迹碑之一。它就矗立在今碑林大成殿的东南侧一新修的碑亭中。楷书，字体流畅清丽，柔中寓刚。赵孟頫这个艺术家原来是宋朝的皇室后裔，却出仕当了元朝大官，他的内心一直是羞愧的，曾伤叹曰："在山为远志，出山为小草……昔为水上鸥，今如笼中鸟。"但他忠于艺术之心一生不竭，亲笔真迹至今尚留人间，也算是赵孟頫留给杭州的一份珍贵的手泽吧。

元文人画四大家，其中三家为浙江人，他们分别是黄公望、王蒙和吴镇。

富春山居图

赵孟頫一家三代中有七口人是画家，而且个个有大成就，其中妻子管夫人、外孙王蒙，都是中国美术史上大师级的人物。

现在，我们把目光放在元四家中的黄公望（公元1269—1354年）身上。注视他，不仅仅因为他画了《富春山居图》这样有关故乡山水的传世之作，还因为黄公望是个大画家，是中国山水画代表人物，他的画，可以作为元代山水画的最高水平。

关于黄公望是哪里人，有过很多考证，有人以为他是浙江人，也有人以为他是江苏人。年轻的时候，黄公望也是当过官吏的，但快到半百的岁数，他却坐了一次牢，正是这一次入狱，改变了他的一生。出狱之后，他就再也不做官了，开始了他入道隐居和遨游的生涯。他的隐居地之一，正是浙江杭州南山的筲箕泉。这个地方，就在今天的筲箕湾，西湖的南面，赤山埠的北面。这是一个坡地，泉水丰溢，元时这里有古松参天，很适合隐居生活。

黄公望人住在杭州，往来于三吴之间，那时他就常常到富春江畔去，也在富阳一带的山中隐居。黄公望画《富春山居图》的初衷，是赠送给无用禅师的，他用了7年时间，才完成了这幅高31.8厘米、长860厘米的艺术长卷，时间大约在1353年间。

这幅传世之作在无用禅师圆寂后不久就开始在辗转流传了，关于它流传的过程，本身就是一个传奇。明代成化年间之前，此画在大画家沈周的手里，到弘治年间，已经到了苏州一个姓樊的人家中了。又过了80多年，此画到了无锡的谈思重家，再过了26年，终于到了松江的大书法家画家董其昌手里。然而此后不久，画又到了宜兴的吴之矩家，吴又把画传给了他的儿子吴洪裕。这吴家父子二人，把此画藏在云起楼的"富春轩"手中，收藏了有六七十年吧。1650年，吴洪裕知道自己要死了，因为太喜欢这幅画，竟然要此画为他火葬。也真是天佑神助，正点着火烧画呢，侄子吴静安赶到了，连忙从火中取出刚刚点燃的画，画已经被烧成了两段，幸运的是基本上还没有破坏原貌。

《富春山居图》就这样变成两段，小段留在吴静安手里，后来为吴寄谷收藏。1669年之时，让给了一个在扬州做官的姓王的人，以后七转八转，又不知转过多少人的手，直到1938年，终于到了近代上海大画家吴湖帆的手里。到1956的10月时，上海搞了一个画展，把这一小段给展了出来，另起了个名字，叫《剩山图》。这段画，今天就保存在西湖边的浙江博物馆里，称得上是镇馆之宝。

至于那吴静安抢救下来的一丈八尺余长的大段呢，说起来也是一段故事。原来它先是到了丹阳的张范我家，后来又到了江苏秦兴的季家，又到了王家，然后转入大收藏家安岐手里。安家败落之后，才又转入了清宫。谁知到了乾隆皇帝手里，不但没有当宝贝，还看走了眼，把先前收的伪本当了真迹，反把这真迹当了伪本，称其为"无用本"。朝中不是没有识货的人，但没人敢说真话，所以直到今天，此画上还有乾隆皇帝失误的御识。嘉庆年间，这个案才被翻了过来，"无用本"才真正成了真迹。谁知清室推翻，此画到了故宫博物院，1949年前夕，被运到了台湾。从此国宝被分成两半，直到今天，还没有能够彻底统一起来。

吴镇（公元1280—1354年）是以梅花道人之名传世的，浙江嘉善人氏。他的家世原本也是非常显赫的，但入元以后，他作为宋代望族后裔，就坚持了一种出世的生活方式，以至于贫困潦倒，独守一生。后人评价他通儒、释、道三家，而诗、书、画亦称三绝。他很喜欢中国文化中的"渔父"意境，一生中画过多幅《渔父图》，寄寓自己向往自然和隐遁出世的志向。他特别善于使用湿墨，笔力之沉郁过于另三家。

王蒙（公元1308—1385年）之家学，是元四家中首屈一指的，其人号香光

黄公望：公元1269—1354年，字子久，号一峰、大痴道人，本姓陆，名坚。出继永嘉黄氏。博学强记，工书法，善散曲，通音律，又精绘事。画山水，宗法董巨，而自成一家。后隐居富春。与吴镇、王蒙、倪瓒并称"元末四大家"。传世画作有《富春山居图》《九峰雪霁》《天池石壁》等。论著有《山诀》《论画山水》。诗文有《大痴山人集》。

居士，湖州人氏。他是赵孟𫖯的外孙，但已经是元末时代的人了。明初时他还当过一段时间的地方官，后来为胡惟庸案所累，死于狱中，和他外公的命运截然不同。他的画自成面目，蔚然成家。人称其晚年所画如写篆书，功力老到。他的《青卞隐居图》，写的就是他的故乡湖州，那吴兴县西北卞山，林木苍苍，千崖万壑，被后人董其昌誉为天下第一。

除此之外的浙江大画家，屈指数来还有不少，但一般人们会以画梅的王冕为代表性人物，其人被称为元代墨梅第一大家。正是这些大师，绘出了中国文人画的一片辉煌天地。

话说南戏与高明

　　唐诗、宋词、元曲，有点中国传统文化常识的人都知道，有戏必有曲，南曲戏文简称南戏。南戏，南戏，南方之戏也。说得再具体些，还是"产"自浙江温州，相对于元代北方的杂剧，又可称它为温州杂剧，总之一句话，地道的家乡戏。

　　北宋末年至南宋初年，南戏已经是有一定影响的戏曲了。之所以能在温州出现，首先是因为自南朝以来，温州就是对外贸易的港口，商业的繁荣，带来经济的发展，城市的人口不断增加，都促使市井文化的发展，既然百姓喜欢，就很快向外地传播开来了。但要说南戏是当时一个很有影响的剧种，还是因为南戏中出现了一部无论在文学史上或戏曲史上都值得一书的大戏——《琵琶记》。

　　　　斜阳古柳赵家庄，负鼓盲翁正作场。
　　　　死后是非谁管得，满村听说蔡中郎。

　　南宋陆游诗中的这个蔡中郎，就是《琵琶记》中的主人公蔡伯喈。严格地说，在那会儿，还不能称之为戏，这在诗中也说得非常明白；这是盲人在为村里人说书，充其量只是一种走街串巷的说唱艺术。故事是说有个叫蔡伯喈的读书人，中举当官后，不仅抛弃了发妻，连自己的父母也不要了，但恶有恶报，最后遭天打雷劈。

　　可是这个故事在《琵琶记》中就面目全非了，蔡伯喈成了全忠全孝的"高大全"，说到这里，我们就要请出那位青史留名的编剧了。

　　南戏出于宣和之后，南渡之际，谓之"温州杂剧"。
　　　　——祝允明

走读浙江

温州戏，温州人写，《琵琶记》的作者高明，温州瑞安人，字则诚，号菜根道人，出身书香门第。史书上说他从小聪颖过人，博学多才，但他中举时已到了不惑之年，难道又是一个屡试不第的"范进"？非也，这是因为蒙古人入主中原后，整整60年没有科举，直到元顺帝至元六年才又恢复开科取士，但这时对高明来说已经是韶华已逝了。韶华已逝，赤心犹在，公元1344年，高明登进士第。

"几回欲挽银河水，好与苍生洗汗颜。"这是他在年轻时写的诗，诗言志，可见高明本来是想在政治上有一番作为的。开始高明在处州做录事，但由于他的名声在外，很快又被调到杭州。虽然如此，高明作为一个正直的知识分子，在那个时代是很难找到出路的。

高明铁下一条心，做成了一件事，那就是写了一部《琵琶记》。故事的梗概是这样的：

陈留郡有个叫蔡伯喈的书生新婚不久，恰好赶上朝廷黄榜招贤，因双亲老迈，蔡伯喈本无意取这功名，只是不敢违背父意，才赴京赶考。不料蔡伯喈鸿运高照，不仅考中状元，还被牛丞相看中了，要招为女婿，蔡伯喈推辞不得，又上书皇帝要求辞官。皇帝不仅不准，反命他与牛丞相女儿完婚。

正当蔡伯喈与牛小姐洞房花烛夜之时，他家乡遭了大饥荒，妻子赵五娘把嫁妆首饰都典当了，换来几口淡饭供奉公婆，她自己悄悄吃糠。公婆死后，无钱下葬，赵五娘又割下青丝卖钱为二老送终。以后她又千辛万苦去京城，一路卖唱，弹着一把琵琶，《琵琶记》由此而得名。

赵五娘到京城后，又被牛小姐当作女佣招进府里。赵五娘道出真情，牛小姐亦通情达理，不仅让他们夫妻团聚，自己还甘愿做小，三人一起回乡守孝。皇帝闻之，大为感动，于是旌表孝子门闾，蔡伯喈加官晋爵，两位夫人也各有封号，总之是皆大欢喜，大幕遂落。

南戏《琵琶记》的主题，有人以为不言而喻，这就是戏中副末开宗明义的"不关风化体，纵好也枉然"。高明要的就是"有贞有烈赵贞女，全忠全孝蔡

《琵琶记》的艺术成就：一是语言善用口语，二是结构以复线交错推进，造成鲜明对比。

伯喈"。高明宣扬这种"贞烈"和"忠孝"的封建道德观念，今天看来无疑是腐朽的了，但我们站在历史唯物主义的立场上来看，实在又是很正常的。

同时，在戏中也折射了那个时代的影子，如百姓的痛苦，官场的黑暗，皇帝的昏聩，这也许就是高明自己仕途蹭蹬之中的痛苦感受，所以也有人认为这部戏"纯是一部笑骂谱"。

这部寄托高明理想情怀的《琵琶记》是高明倾尽全力完成的。据传说，高明在写唱词的时候，常用脚来合拍，时间长了，竟把楼板都磨穿了，可见这功夫之深。

不管怎么说，《琵琶记》确实极大地提高了南戏的艺术水平。自从北方杂剧进入江南后，南戏一度陷入低谷，正是这部《琵琶记》的出现，南戏舞台又开始活跃起来。可以说《琵琶记》是南戏发展史上的一个高峰，因此高明被后人誉为"南戏中兴之祖"，从这个意义上来说，高明弃官从文，的确是"高明"！

《琵琶记》，南戏发展史上的一个高峰；
高明，南戏中兴之祖。

怒涛起浙江

虽然元朝大军将南宋王朝葬送在南海的波涛里，但对浙江这块前朝的"大本营"始终是心怀戒备的，在元朝统治者想来，南宋一朝在这块土地上苦心经营了150年，不能不严加提防。

元朝曾是一个横跨欧亚大陆的强盛帝国，但寿命并不长，其中一个重要原因，就是这个游牧民族当政的王朝一直实行民族压迫的政策，所以元朝在浙江一直驻有重兵。可以说浙江是当时民族矛盾最尖锐的地区之一，从元初开始，直到元末，浙江人民对元朝的反抗就一直没有停歇过。有压迫就有反抗，至正元年起，浙江一带灾荒频频，百姓忍无可忍，在浙江的台州、温州、处州等地的乡村里，就公然树起大旗，上面写着：天高皇帝远，民少相公多，一日三遍打，不反待如何？山雨欲来风满楼，一场农民革命的风暴要来临了。

公元1351年，终于爆发了刘福通领导的"红巾军"起义，这场起义波及全国，浙江地区的农民也纷纷投入到了这股洪流中，真可谓"东南无处不红巾"。其实在红巾军起义的三年前，也就是元顺帝至正八年，一个叫方国珍的台州佃农已经率众起义了。虽然此人以后投降了元朝，还在浙江做了大官，但当时起义的农民先后攻克了明州（宁波）、台州、温州三路，占据浙东，而元朝的"海漕之利，唯浙中之粟独多"，起义军斩断了元朝北运的粮道，在经济上给了元朝政府以沉重打击。

方国珍起义是元末发生在浙江的人民反抗的一次大规模行动。方国珍乃浙江台州人，当时还有一个元末农民起义领袖叫张士诚，张士诚是江苏泰州人，他活动的范围主要在江苏南部，但他的部队也有好几次进入过浙江，公元1363年攻取杭州后，又打下了浙西北广大地区，自称吴王。虽然方国珍和张士诚先

天高皇帝远，民少相公多，一日三遍打，不反待如何？
——元末浙西南民谣

后都投降变节，最后都被朱元璋所灭，但农民起义军在浙江的行动，加速了元朝帝国的土崩瓦解，这是无疑的。

在元末的农民起义中，安徽凤阳人朱元璋最后脱颖而出，平定东南，浙江早已在他的谋划之中。

公元1358年3月，朱元璋感到自己已是羽翼丰满，万事俱备，就命部将李文忠、邓愈、胡大海分兵三路攻打建德路。这时的元兵早就没有当年铁蹄南下时的气势了，义军所到之处，元军无不望风披靡，朱元璋拿下建德路后，更名严州府。出师告捷，同年12月，朱元璋亲点十万大军，将士举着的大旗上挂着一块金牌，上面刻着"奉天都统中华"六个大字，看来朱元璋不一统华夏是不会罢休了。起义军很快就攻占了婺州，朱元璋在这里设置了浙东行省，在衙门行署大门两边各竖一面大黄旗，上面写着："山河奄有中华地，日月重开大宋天。"不仅有大旗呼啦啦招展，大旗下面还插着两块大木牌，上面写的"标语"同样是气势不凡，"九天日月开黄道，宋国江山复宝图"。第二年，部将常遇春攻下衢州，胡大海攻下处州，朱元璋经略东南的计划进展得非常顺利。

朱元璋在浙江摧城拔寨，攻无不克，捷报频频。其实他在浙江最大的收获还不在这些军功。由于当时朱元璋正是用人之际，所以颇有"周公吐哺"之心，浙江本是藏龙卧虎之地，一些贤才这时纷纷出山，最有名的就是所谓"浙东四先生"。

这四人来到南京时，朱元璋大喜过望，全让他们住进宾馆，这就是朱元璋专为人才盖的礼贤馆。尽管这样，朱元璋还非常客气地说："我为天下屈四先生。"意思就是：我这里条件有限，招待不周，但为天下黎民苍生，我还是要委屈各位了。此四人分别如下：

浙东四先生

浙东四先生：宋濂、章溢、叶琛、刘基。朱元璋有言：我为天下屈四先生。

宋濂，金华人，在中国文学史上，我们可以看到他的名字，称得上一个有才气的散文家。他的文章如《送东阳马生序》，想必许多朋友也是读过的，这样一个大文豪来到朱元璋麾下，朱元璋自然人尽其才，凡舞文弄墨之事就由他来操办。当时，朱元璋北伐的檄文就是由宋濂执笔，虽不敢与唐时骆宾王《讨武曌檄》一争高下，但也是一文既出，天下震撼，推波助澜，反元狂涛更呈风卷残云之势。

章溢，龙泉人，当时他对朱元璋说过一句话，朱元璋大为赏识。这话是这样说的："天道无常，唯德是辅，唯不嗜杀人者能一之耳。"既提纲挈领，又推心置腹，朱元璋怎能不感动。实际上，朱元璋杀人如麻，对他们这些有功之臣也不例外，这当然是他坐稳了天下以后的事。

叶琛，丽水人，曾在元朝做过官，朱元璋用人不疑，征召后照样委以重任，以后在江西洪都（今南昌市）做知府。

四先生中有三位算是亮相了，最后没说的就是刘基。刘基就是在民间大名鼎鼎的刘伯温。这位先生，上知天文，下知地理，呼风唤雨，鬼神让路。朱元璋更是不敢怠慢，作为有明一代开国宗师，这个跨时代的大人物，是要我们专门在另一个时代的开端处叙述的。那么现在，就让我们翻开历史的又一页，进入新的篇章吧。

山河奄有中华地，日月重开大宋天；九天日月开黄道，宋国江山复宝图。
——朱元璋军队进入浙江后的口号

第十二章　明朝时期的浙江
(公元1368—1644年)

国师刘伯温

　　刘伯温（公元1311—1375年）作为朱元璋的军师，为明王朝的建立立下开国奇功。但在民间刘伯温又是一个传奇人物，他的神奇色彩莫过于他知阴阳，晓风水，精卜巫，通星象的传说。

　　有一年江南大旱，朱元璋把刘伯温叫到跟前说："天怎么不下雨啊？"刘伯温看了看天答道："雨下不来，地上有一股怨气顶着，可能是有人吃了官司。"于是朱元璋让他到监狱里去看一下，刘伯温一查，果然冤案还不少，他向朱元璋奏明后，就把这些人都给放了。几天后，乌云密布，接着就是一场透雨。

刘基：（公元1311—1375年）字伯温，青田（今属文成）人。元元统元年进士，官高安丞，累迁江浙儒学提举，被劾归。朱元璋定括苍，基陈时务十八策及灭元方略，受上宾之礼。佐元璋灭陈友谅、执张士诚、降方国珍，北伐中原，帝业遂成。累迁太史令，御史中丞。参定开国诸大典制，封诚意伯。以弘文馆学士致仕。性刚疾恶，后为胡惟庸所构，忧愤卒。正德间追谥文成。博通经史天文、深具谋略。其诗雄浑，其文奔放，著有《诚意伯文集》，另有《天文秘略》等。

刘伯温像

看来民间的传说也并不是空穴来风，刘伯温能当太史令，证明他在这方面确实是有研究的。

刘伯温也做过御史中丞。御史掌管的是司法，有一次，丞相的一个亲信犯了法，犯的还是死罪。可丞相就是被朱元璋比作萧何的李善长，他是朱元璋的老乡，又是明王朝开国功臣，谁敢招惹他呢。但这回犯在了刘伯温手里，就没那么好过了，奏明圣上后，便开刀问斩了。

刘伯温铁面无私，执法如山，但因此也招来了李善长的怨恨，给他带来了不少麻烦。

刘伯温庙

刘伯温上知天文，下知地理。打仗，运筹帷幄；治国，亦为治世良臣。但他不仅是一个军事家，政治家，还是一个文学家。当年他引退回乡，在隐居的一年多时间里，写了不少著作，其中最有名的就是《郁离子》。这是一部寓言体散文集，书名既是刘伯温隐居时的别号，又隐含着他所向往的政治理想。除此之外，他在杭州时写的《卖柑者言》也很有名，文章深刻揭露了封建官僚"金玉其外，败絮其中"的本质。文章虽短，但构思巧妙，笔锋犀利，直到今天还是我们学习古文的范文。兔死狗烹，鸟尽弓藏，这个道理刘伯温不会不懂。连宋濂这样的元勋也逃不过去，像朱元璋这样滥杀功臣的皇帝在历史上也是不多的，功成身退，这无疑是最好的选择。刘伯温在洪武四年，即告老还乡，但两年之后，又被召回，刘伯温战战兢兢度日如年，直到洪武八年，朱元璋总算同意重病在身的刘伯温"乞骸骨"还乡。一个月之后，刘伯温死在了病榻上，在外人看来，刘伯温还算是"寿终正寝"的。

杭有卖果者，善藏柑，涉寒暑不溃，出之烨然，玉质而金色，剖其中，干若败絮……
——刘基《卖柑者言》

杭嘉湖的机杼声

  中国的封建社会到了明代，已绵延两千余年了。此时，15世纪的欧洲正处在文艺复兴的前夜，欧洲大陆一场社会大变革的序幕徐徐拉开，难道在古老的东方，真的平静如一潭死水吗？社会有社会发展的法则，在古老中国的深潭里也不时地荡起涟漪，这涟漪就出现在浙江的杭嘉湖平原上。

  明代商品经济的发展超过了以往任何一个时期。到中叶，农民和手工业者所生产的粮食、棉花、生丝、食盐、烟草、绸缎、棉布、瓷器都成了主要商品。松江的棉布"衣被天下"，苏州的绸缎"转贸四方"，景德镇的瓷器"无所不至"。商品经济的繁荣主要表现在江南地区，而江南地区主要表现在苏、松、嘉、湖、杭五府，而这五府的商品生产又集中在丝织业上。

  早在南宋，浙江地区的丝织业就很有声望了。到了明代，尤其是废除了徭役制后，江南民间的丝织业发展得非常迅速，杭、嘉、湖的丝织业在全国更是首屈一指，杭州西溪一带，到处是"陌头翠压五叠肥，男勤耕稼女勤织"的景象。在浙北的嘉兴、湖州两地，蚕桑业更是兴旺，"以蚕代耕者什之七"，几乎是人人皆桑麻了。至于蚕桑业的兴旺，究其原因当然离不开价值的规律，不外乎"蚕桑之利，厚于稼穑"，难怪"尺寸之地，必树之桑"。在这样一派蚕桑业的热潮中，在明代的杭、嘉、湖三府出现了许多以经营丝绸商品为主的城镇，是不足为奇的了。

  嘉兴濮院镇，在南宋建炎以前还只是一个无名草市，靖康之变后，一个叫濮凤的北人来此居住，以后子孙繁衍，到理宗时代就有濮院镇的名字了。淳熙年间，这里已是"机杼之利，日生万金，四方商贾，负资云集"。而今天颇有名声的江南古镇南浔，自南宋以来，也是以产丝著称，这里出产的辑里丝与日俱增，有口皆碑，因质量上乘，所以比一般的丝价格上要贵一些。当时的明王朝有两个"国有企业"——苏、杭织造局，他们每年都要到这里来采购新丝。

> 古老中国的深潭涟漪，在杭嘉湖平原上漾起。

明东阳卢宅

　　还有嘉兴的王江泾镇，湖州的菱湖镇、双林镇，这类市镇在明嘉靖以后，跻身在浙江的杭州、嘉兴、湖州一带，如雨后春笋般兴起，"小者数千家，大者万家，即其所聚，当亦不下中州郡县之饶者"。由于这些小城镇逐渐脱离了农业，取而代之的就是手工业生产，手工业的发展又意味着什么呢？明代有个叫张瀚的杭州人在他所著的《松窗梦语》中记述了祖上发家致富的经过，说他祖上先人在经营酿酒业失败后，购进织绸机一部，因织工精良，只要绸缎一下机，人们就一抢而空，算来一下就可以获利二成，时间不过两旬，就又添得织机一部，后来增至二十多部，但还是供不应求。于是家业很快富了起来，子孙们都成了家有数万金的富豪。

　　有老板，就有伙计，伙计就是替他织布的人，又可叫作机工。这些机工给老板干活，如果老板看他不顺眼，随时可炒他鱿鱼。而如果他有技术，也不妨向老板讨价还价，让老板"倍其值而佣之"。再不，干脆拍拍屁股走人，另攀高枝，可奈我何？

　　不过，机户与机工确实是一种雇佣关系，这种关系的出现，当然是随着生产力的发展而出现的，当年在杭嘉湖平原上忙忙碌碌的那些织机，今天看来是原始得有些可笑，但在15世纪的欧洲大陆，也不见得拿得出更先进的织机来。是的，我们的故土曾经的确是很先进的。他们的落后，却也就在这时开始了。

　　机杼之利，日生万金，四方商贾，负资云集。

缑城先生——方孝孺

　　方孝孺（公元1357—1402年），浙江宁波人，字希直，又字希古，号逊志，时人称"缑城先生"。又因在蜀任教时，蜀献王名其读书处为"正学"，亦称"正学先生"。

　　方孝孺幼聪慧，6岁能诗，人奇其才。15岁随父兄北上济宁，励志攻读。及长，承学于宋濂，深受器重。洪武十五年（公元1382年），东阁大学士吴沉等起荐方孝孺，应征至京，在奉天门奉旨作《灵芝》《甘露》二诗，甚合上意。赐宴时，太祖朱元璋有意使人欹斜几具，试其为人，方孝孺正之而后坐。朱喜其举止端庄，学问渊博，有期待日后辅佐子孙之意，厚礼遣回乡。此后十年，居家读书写作，著《周易考次》《宋史要言》等篇。31岁时，他遇到了一桩官司。原来是有一仇家与他的叔叔争讼，牵连到了方孝孺，结果把他也带铐械押至京问罪。朱元璋见到了方孝孺的名，特名释放。洪武二十五年，他再次受荐，授汉中府学教授，深为蜀献王赏识，聘为世子师。洪武三十一年，朱允炆继位，召方孝孺入京，任翰林侍讲学士，次年，值文渊阁，尊师以礼。皇帝读书有疑，即召讲解。凡国家大事，常命方孝孺就座前批答，当时宫中纂修《太祖实录》及《类要》，方孝孺任总裁。后调文学博士，奉命与董伦、高逊志等主持京考。

方孝孺像

南方有方孝孺者，素有学行，武成之日，必不降附，请勿杀，杀之则天下读书种子绝矣。
　　　　　　　　——姚广孝

建文三年（公元1401年），燕王朱棣反。时朝廷征讨檄文，均出自方孝孺之手，且为朝廷多方策划，抵御燕兵。建文四年，燕兵入京师，宫中大火，惠帝焚死，孝孺日夜恸哭于殿前。他的行为不禁让人想起当初有人说过的话来。原来朱棣自北平起兵南下时军师姚广孝就曾说："南方有方孝孺者，素有学行，武成之日，必不降附，请勿杀，杀之则天下读书种子绝矣。"

这时候，朱棣偏偏要孝孺起草即位诏书，孝孺披麻戴孝，来到殿下，痛骂不绝，拒草诏。朱棣起初倒还宽容，为孝孺设座，并起身劝慰说："先生何自苦，余欲学周公辅佐成王耳。"孝孺反问："成王安在？"朱棣说："渠自焚死。"再问："保不立成王之子？"朱棣说："国赖长君。"又问："何不立成王之弟？"朱棣搪塞说："此朕家事耳，先生无过劳苦。"即示左右强行授笔，并说："诏天下，非先生不可。"孝孺执笔，疾书"燕贼篡位"数字，掷笔于地，且哭且骂："死即死耳，诏不可草。"朱棣发怒说："你难道不怕我灭了你的九族吗？"孝孺愤然作答："便十族奈我何？"骂声益厉。朱棣大怒，命人剐孝孺嘴，孝孺血涕纵横，仍喷血痛骂，朱棣厉声道："汝焉能遽死。当灭十族！"于是，一面将关至狱中，一面搜捕其家属，逮解至京，当其面一一杀戮。方孝孺强忍悲痛，始终不屈。胞弟孝友临刑时，孝孺泪如雨下，孝友从容吟诗："阿兄何必泪潸潸，取义成仁在此间。华表柱头千载后，旅魂依旧回家山。"孝孺亦作绝命诗一首："天将乱离兮孰知其由，奸臣得计兮谋国用猷，忠臣发贲兮血泪交流，以此殉君兮抑又何求，呜呼哀哉兮庶不我尤。"最后，朱棣将孝孺处死。所灭十族（九族及学生），达873人，入狱及充军流放者数千。孝孺死后，其门人德庆侯廖永忠之孙镛、铭等人捡其遗骸，葬于聚宝门山上，死于宁波县城之方氏族人，有义子马子同收其残骸，投于井中，后称此井为义井。

孝孺死后，朝廷起初禁甚严，所幸有弟子王徐私藏了孝孺遗稿，辑为《缑城集》，后来文禁渐弛，这才有了《逊志斋集》行世。

> 天将乱离兮孰知其由，奸臣得计兮谋国用猷，
> 忠臣发贲兮血泪交流，以此殉君兮抑又何求，
> 呜呼哀哉兮庶不我尤。
> ——方孝孺《绝命诗》

会讲故事的浙江人

　　明代人的故事，往往是从民间说唱开始的，而浙江的民间说唱艺术非常发达，因为它是有来路、有继承的，它从两宋的说话技艺而来，在发展中又产生了一种适合时尚的形式，发展成了话本。实际上，就是那时候的可以演说的通俗小说文本吧。

　　我们可以看到许多古代话本里的故事，都是反映当时杭州市民生活的。比如中国最早的话本刊本《京本通俗小说》，其中有一篇著名的小说，叫《碾玉观音》，写的就是南宋时候杭州城里一个绣花女秀秀的故事。这个秀秀住在钱塘门内，大概也就是今天六公园一带吧，被招到今天井亭桥附近的郡王府里去做工，认识了玉匠崔宁，崔宁家住在石灰桥，就是今天的之江饭店附近，两个古代的年轻人演出了一场惊心动魄的爱情悲剧。

　　这样类型的故事很多。到了明代，中国的通俗小说，一方面经过宋元话本的发展，出现了《三国演义》《水浒》等长篇章回小说；另一方面，明末是浙江白话小说创作的又一高峰——凌濛初的"二拍"，是拟话本小说的双峰之一，与"三言"并驾齐驱。无论长篇还是短篇，都有大量篇幅是反映杭州人的，也有不少作品是在杭州这块土地上诞生的。比如《水浒传》的孕育，就是从南宋时开始，在明代问世的，并且它始终都是和杭州发生着紧密的关系的。

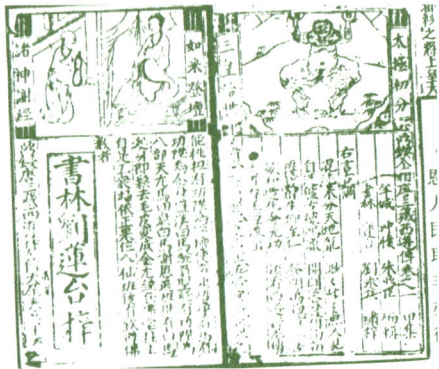

明话本

凌濛初：公元1580—1644年，字玄房，号初成，别号"即空观主人"，今湖州人，曾任上海县丞、徐州通判，与李自成军队战，呕血死。他著作繁富，除"二拍"，还有戏曲《虬髯翁》等，精曲学，编元明曲为《南音三籁》。

我们先从一个名叫李嵩的杭州人说起。他是南宋晚期宫廷里一个著名的大画家，一生都在杭州度过，是他首先把宋江等人的故事传写了下来，这些故事主要来源于街谈巷议，可以说，他是第一个参与《水浒》创作的文人。

到南宋末期时，另一个名叫龚开的江苏人介入了进来，他经历了国破家亡的全部过程，常常往来于杭州，穷困到家里来了客人，连能坐的地方都没有，但他依然不出去事新朝。正是他继承了李嵩的文本，写下了"宋江三十六赞"与"序"。

第三个介入的文人是元代的周密。他生于湖州，中年之后长住杭州，就住在当时的癸辛街上，是他为龚开的文本又写了"跋"。

第四个介入者就是明代的罗贯中了。明、清两朝的人，大多以为罗贯中是杭州人，所以各类稗史书中说到他，常常说：杭人罗本贯中。

第五个介入的文人，就是大名鼎鼎的施耐庵了，他是《水浒传》的定稿者。专家研究说，施耐庵必定是一个长期生活在杭州的人，否则他不可能对杭州的地理习俗风物名胜会有如此翔实的了解和描写。一句话，中国四大古典名著的《水浒传》，从故事的发生、流传、编辑、润色和出版，都离不开杭州。如此说来，评价杭州是一座对中国文学有重大贡献的城市，应该是毫不过分的吧。

明代人的故事从民间说唱开始，浙江的民间说唱非常发达，发展成话本，也就是那个时代的通俗小说文本。

两袖清风说于谦

今天人们所知的于谦，大多与他所写的一首诗有关。那是他少年时代在杭州吴山三茅观读书，在富阳观看石灰窑烧窑所吟的《石灰吟》：

千锤万凿出深山，烈火焚烧若等闲。

粉骨碎身全不怕，要留清白在人间。

西湖三英烈中，岳飞是河南人，张苍水是浙江鄞县人，倒是明代人于谦（公元1398—1457年），虽然祖籍河南，但几代定居杭州，是个真正的杭州人。

常人眼里，杭州人风流倜傥，多为江南才子，于谦不然，慷慨悲怀，大有燕赵男儿之风。

在杭州人的老传说中，于谦是一个神童式的人物，家住今日的杭州上城区清河坊祠堂巷42号，有于谦祠堂在。

六岁时的于谦便在庆春门附近的私塾读书了，这个私塾经过六百年的演变，已经是今天的庆春路小学。

因为是神童，便有了他的许多传说演绎，比如说他头上梳着两个小髻在外散步，遇到一个名叫兰古春的和尚。和尚听说此童早慧，有意试之，曰："牛头且喜生龙角。"于谦听了，立刻对道："狗嘴焉能出象牙。"

于谦：公元1398—1457年，字廷益，号节庵。钱塘（今属杭州）人。明永乐十九年进士。历任监察御史、兵部侍郎。"土木之变"、瓦剌入侵，英宗被俘，敌军兵临城下，明廷混乱无主，于谦力主抵抗。郕王（后为景帝）监国，提升他为兵部尚书（后加少保）指挥军事，迫使瓦剌言和。英宗复辟，有"夺门之变"，于谦被诬"谋逆"而处死。于谦有惠政，卫国功高，人咸冤之。成化元年平反昭雪。弘治、万历年间谥肃愍、忠肃，并在西湖墓地、京师旧宅立祠祭祀。

千锤万凿出深山，烈火焚烧若等闲。
粉骨碎身全不怕，要留清白在人间。
——于谦《石灰吟》

于谦故居

这样的故事，倒也见于谦的性格，一是极其聪慧，二是极有反抗精神，没有书呆子气。

古来多少读书人，虽有满腹经纶，终无所用。于谦不一样，在封建社会，他也该算一个少年得志仕途通达的人了。15岁就中了秀才，20岁以第一名成绩考取廪生。23岁，获全省乡试第六名举人，24岁进京会考得第一名。这个翩翩的杭州才子可谓轰动京城。但是最后于谦因为指出朝廷腐败，还是被贬压下来。

于谦那"于青天"的美名，来自他33岁出任兵部侍郎之职以后。作为皇帝的钦差大臣，他巡抚河南、山西等地十余年。做封建社会的地方官而要做得清，无非关注吏治的得失、百姓的疾苦、农业的丰歉、水利的兴废等等。于谦把妻儿留在京城，自己长年累月在州府奔波，照今天的话说，就是深入群众，调查研究，战斗在第一线。

他下了一条指令，准许百姓直接到巡抚衙门告状。他的部下认为此作有伤尊严，于谦说：如果做官被百姓咒骂，这才有伤尊严。他做官是真清廉，每次进京，除了简单行李，再无别物，有人就代他出主意，说："不带金银财宝去攀求富贵，倒也罢了，不过你带点土特产，什么线香、香菇和手帕之类的小玩意儿，作个人情，不也是很正常吗？"于谦笑着说："谁说我没带东西，我不是带着两袖清风吗？"真正是两袖清风朝天去，免得闾阎话短长。我们今天歌颂一个官员廉政，就送他一个成语"两袖清风"，殊不知这个成语，却是杭州人清官于谦送给后人的啊！

于谦清官，百姓拥戴，朝贵们就忌恨他了，竟然诬陷他于死地。幸有忠臣百姓作保，才从狱中放出，不过却将他的二品官降到四品官了。于谦为官的时代，仅做清官是不够的，那个时代，和平中潜伏着严重的战争危机，边境打打谈谈，为正常事，甚至直接威胁中央政府的生存，于谦受命于危急存亡之际，大起大落，大开大合，临危不乱，果决勇断，称得上是个非凡的政治家了。

1449年，英宗受太监王振挑动，带了50万大军去河北怀来县的土木堡迎战北方的瓦剌部兵马，结果全军覆没，自己也当了俘虏，这就是历史是著名的"土木堡之变"。

皇帝被俘，这还了得。此时京城空虚，疲惫不堪的将士只剩下10万人左右，朝廷里就好比塌了天。在这岌岌可危大厦将倾之际，英宗之弟郕王出来监国，立刻就有人提出南逃，其中侍讲徐珵力主南迁。当了兵部左侍郎也就是国防部副部长的于谦坚决反对，厉声在庙堂上说：谁说往南逃者，就斩了谁！京城是天下的根本，一动则大事败了，难道你们没有想到当年宋王朝的南渡吗？

当时的明王朝大臣们因为考虑到国内不可一日无君，而太子又太小，就请皇太后同意让郕王为帝，于谦极力支持，说：这是为国家，不是为了一己的私利。

英宗的弟弟做了皇帝，是为代宗，代宗又让于谦当了兵部尚书。可以说杭州人于谦真正是受命于危难之际啊！保卫京城，就在此一战了。那年于谦已年过半百。深秋十月里，51岁的他披着盔甲，登上德胜门，流着眼泪，站在阵

千古痛钱塘，并楚国孤臣，
白马江边，怒卷千堆雪浪；
两朝冤少保，同岳家父子，
夕阳亭里，伤心两地风波。
　　　——于谦祠柱联

19世纪20年代的于谦墓道

于谦祠，后来成了杭州书生考试前后祈祷的专门场所，据说还灵验得很，这大概与于谦的高风亮节和少年才华有关吧。

于谦治河后的镇河铁犀

前，对守城官兵说："大片国土沦陷，京城被围，这是我们的耻辱，全军将士应以头颅热血，雪此奇耻大辱！为国存亡而战，有进无退。"

瓦剌军队押着英宗做人质，逼到城下，于谦毫不犹疑地派人宣布，你吓不倒我们！社稷为重，君为轻，我们已经另立国君了！五天五夜的激战，北京保住了，立下了卓越功勋的于谦，加官为少保。

明朝的强硬，使奇货可居的英宗也失去了人质的价值，便被无条件放回。这历史上空前未有的业绩，这明朝军事史上重大胜利和外交史上的辉煌成就，究竟给于谦带来了什么呢？

八年之后，英宗复辟了，杀于谦、王文等臣，史称"夺门之变"，罪名是谋反。于谦临死前笑着说："当年80万精兵凭我调遣我都不反，今日我一个秀才倒来谋反了？"旧时的于谦祠，有一副楹联，把于谦的冤案与春秋伍子胥遭谗以及岳飞屈死联系在一起：

千古痛钱塘，并楚国孤臣，白马江边，怒卷千堆雪浪；

两朝冤少保，同岳家父子，夕阳亭里，伤心两地风波。

于谦死前，按明刑律被抄家产，他当了三十年京官，除了几本书，家中什么值钱东西也没有。他为官显赫的时候，口不言功，赏他双俸和华屋，他都力辞不要。他死后真正实现了他生前的志向：两袖清风。他的灵柩，第二年才由女婿运回故乡杭州，葬于西湖三台山。又过了八年，他被平反了，于是北京的住宅改为"节忠祠"，杭州的故居被改名为"怜忠祠"，他生后的英名也被不断地追加，直至万历年间，被谥为"忠肃"。

于谦的祠，后来成了杭州书生考试前后祈祷的专门场所。据说还灵验得很，大概与于谦的高风亮节和少年才华有关吧。忠烈成为神佑，也是中国人一般的思路，杭州书生们，有了清清白白的于谦少保的保佑，亦是一方土地的福气呢。

戚家军

明代的皇帝，比以往时代的皇帝又多了一道心病，那就是除了要抵挡来自大草原的蒙古人外，还有人不断从海上来中国"打家劫舍"，这些人越聚越多，几百人，几千人，甚至一两万人，这就是来自日本的倭寇。

"倭"是当时中国对日本的蔑称，中国与日本虽有大海阻隔，但相距并不遥远，所以才有一衣带水之称。明朝初年，日本正处在南北朝军阀混战时期，一些武士、浪人、商人在诸侯的支持下，结成武装团伙，在中国沿海地区进行抢劫和骚扰，这就是史书上所称的"倭寇"。

明初国力强盛，这时倭寇还不敢大肆来犯，但到了明世宗嘉靖年间情况就不同了。由于朝纲腐败，海防松弛，东南沿海一些豪商巨富与倭寇勾结，经常引导倭寇登陆抢劫，这样在浙江的倭患就严重起来了。

嘉靖二十九年（公元1550年），明王朝派朱纨来浙江任巡抚。对浙江的倭患，朱纨认为根源是有闽浙大姓通倭，于是抓了一些豪富和奸商，并积极整顿海防。但朱纨的这些措施却触动一些"通天"之人的利益，他的一些措施不仅受到在朝的闽、浙官吏的百般阻挠而不能实施，最后还落得个"落职按问"、被迫自杀的下场，于是倭寇更加猖獗。

公元1552年，倭寇在浙江登陆后，在台州、黄岩、定海、象山等地大肆劫掠，浙东震动。公元1553年，在汉奸汪直、徐海的勾结下，倭寇集结了几百艘海船，在浙江、江苏沿海登陆。滨海千里，同时告警。倭寇在浙江一路杀来，先后攻陷慈溪、海盐后，又攻陷乍浦、澉浦等地，倭寇烧杀掳掠，无恶不作。

面对愈演愈烈的倭患，远在北京深宫里的明世宗也被搅得心神不宁。要知道浙江可是明王朝财赋之地，不能让外人再这样糟蹋下去。但明世宗能有什

倭寇：明朝初年，日本正处在南北朝军阀混战时期，一些武士、浪人、商人在诸侯的支持下，结成武装团伙，在中国沿海地区进行抢劫和骚扰，被称为倭寇。

么办法，还不是又交给奸臣严嵩去办。严嵩本是误国奸相，他的一个叫赵文华的同党给明世宗出了一个主意，说要退倭寇可兵不血刃，只要虔心求海龙王保佑，即可平安无事。明世宗居然相信赵文华的鬼话，让赵文华做了钦差大臣，让他去浙江祭拜海龙王。

敬给海神的这炷高香还没烧完呢，第二年倭寇又卷土重来。这一来更变本加厉，连克我嘉善、嘉兴、平湖、余姚等19座县城。看来还得是兵来将挡。这回朝廷从各地调遣军队，说来这还是一支"民族联军"，这支军队由西南的苗、瑶、壮的少数民族组成，抗倭名将俞大猷也带着湖南永顺兵出征浙江。明军在嘉兴北面的王家泾镇与倭寇大战一场，这一仗打得倭寇一败涂地，溃不成军。被明军斩首的有近两千人，焚溺而亡的倭寇更是不计其数。这是明朝抗击倭寇的第一次重大胜利。

可惜的是这大好局面并没有发展下去，没过多久，在浙江主持军政事务的张经被赵文华陷害，连带俞大猷也被牵连进了大狱。浙江沿海的防务又处在瘫痪状态，倭寇一看有机可乘，又开始大举入侵浙江。

这时又有一个将领从山东来浙江赴任，从此浙江的抗倭局面才算有了起色，他就是明代抗倭名将戚继光。

戚继光任浙江都司参将，担任宁波、绍兴、台州三府的防务，在与倭寇最初几次交手后，尤其是在定海西北的岑港大战中，戚继光发现明军的战斗力存在问题，"卫所军不习战"，"兵非所练，船非专业"，这样一支队伍想打胜仗怎么可能，于是建设一支新军就成了当务之急。

公元1559年9月，戚继光发出征兵告示后，在浙江立刻引起巨大反响，浙江人民对屡屡来犯的倭寇早已是恨之入骨，东阳、义乌等地的一批矿工和农民自愿参军，还有一些民间抗倭武装也加入进来，很快这支队伍就发展到了四千多人。这支队伍的纪律非常严格，在一次校阅中，突然大雨滂沱，但数千将士在风雨中纹丝不动，从此"戚家军"名声就传开了。

戚家军的赫赫威名是在战场上确立的。嘉靖四十年四月，又有两万倭寇大举入侵台州和温州，戚家军在宁海挡住从桃渚窜入的倭寇。

戚家军：由戚继光为抗击倭寇，在浙江招募的新兵，纪律严明，战斗力强，人称戚家军。

台州之役是戚家军第一次与倭寇交手，九战九捷，戚家军威名大震，以后大小八十余战，战无不胜，倭寇无不闻风丧胆，浙江的倭患得以基本消除。

浙江有戚继光率领的戚家军镇守，倭寇见无机可乘，便把矛头对准了福建。第二年，倭寇分两路侵袭福建，一路从温州向南，盘踞宁德；一路自广东向北，占领牛田。两路倭寇互为掎角，呈南北夹攻之势，福州的明军受不了了，向朝廷连连告急，戚家军受命后，立刻带着浙江子弟兵星夜驰援宁德。一场激战后，倭寇全巢覆灭。

攻下了横屿岛后，戚家军又马不停蹄直奔牛田，将士们正准备一鼓作气拿下牛田之际，戚继光却发来一道命令：一路奔袭，人困马乏，就地休整。将士们颇为不解。戚继光的这个命令被倭寇的探子得知后，立即报告给了倭寇的头目，既然明军要养精蓄锐，他们何不以逸待劳，倭寇的防备也松懈了下来。倭寇们哪里知道这是明军演给他们看的好戏，当天晚上，戚继光一声令下，戚家军如同猛虎出山。从梦中惊醒的倭兵心无斗志，在戚家军的猛攻下纷纷败退。一部分残兵逃往兴化，英勇的戚家军趁着夜色，连拔倭寇营寨六十多个，这股倭寇又被戚家军全歼。这一仗打得实在神速，第二天的黎明，当戚家军开进了兴化城，百姓们才得知倭寇已经被消灭了，于是纷纷杀猪宰羊，兴高采烈地前来慰劳戚家军。

严嵩倒台后，俞大猷重新出山，来福建任总兵，戚继光也任总兵。公元1565年，两总兵又在福建大败倭寇。在戚继光的率领下，戚家军转战闽浙，歼倭寇万余。倭寇对中国大陆沿海两百多年骚扰侵犯，最终得到平息。

戚继光和戚家军的故事在浙江民间家喻户晓，他率领的由浙江子弟所组成的戚家军，也成了浙江人民永远的骄傲。

雷峰塔嘉靖年间为倭寇焚烧

戚继光和戚家军的故事在浙江民间家喻户晓，他率领的戚家军，也成了浙江人民永远的骄傲。

阳明先生

　　明代的浙江余姚，有两位世界级的思想家：王守仁，黄宗羲。但王守仁这个名字，远远不如王阳明（公元1472—1528年）来得知名度广，这就有点像苏轼不如苏东坡来得家喻户晓一样。王守仁字伯安，因为他筑室于故乡的阳明洞，又创办过阳明书院，故人称王阳明。

　　从他的仕途生涯来说，这位明中期的大儒，应该说是一个忠诚的封建王朝的政府官员，从他28岁中进士之后，他一路当官，从知县、刑部主事、兵部主事、吏部主事、左佥都御史，最后当到南京兵部尚书。但后来的人们，没有人会把他和他的职位放在一起，他的名字，牢牢地和中国哲学史上的一个专有名词——"心学"，紧密地联系在一起。

　　心学，实际上也很好解释，就是那种把"心"作为天下第一的世界观。"天地之所以位，由此心也；万物之所以育，由此心也。""天下之物孰为大？曰：心为大。"

　　这种把主观世界放在第一性的认识论，早在南宋时期就在浙江发展起来，到明中叶的王阳明时代，那就到了登峰造极的地步。可以说，王阳明是明朝中叶主观唯心主义哲学的集大成者。他身后一百多年，其学说一直就统治着思想界，他与他的弟子创立的这个学派，被人们称之为姚江学派。

　　可以用那么几句话来归纳他的思想：一是心外无物、心外无理的世界观；二是知行合一的认识论；三是致良知的道德修养论；四是五经亦史、随时变易的文化史观。

　　朋友问：天下无心外之物，如此，花树在深山中自开自落，于我心亦何相关？

　　阳明答：你未看此花时，此花与汝同归于寂；你来看此花时，则此花颜色一时明白起来，便知此花不在你的心外。

我们自然不能简单地否定王阳明的主观唯心主义思想，而事实上，作为中国思想发展史上的一个重要阶段，王阳明的学说，无疑是对程朱理学一种巨大的挑战与叛逆。他的那种偏离正统、另类于传统儒学的思想因素，对后世思想界的影响，无论是积极的，还是消极的，都确实是深远的。

天一阁

　　自晋宋以降，浙江文化之邦的地位应该说已是确立无疑了。拿藏书来说，民间更是自古有之。据载，汉末大学者蔡邕，就是在江南发现了王充《论衡》的缣帛钞本，然后才学业大进的。以后会稽太守王朗，在民间得到《论衡》后更是如获至宝，日日习之。

　　民间藏书，中国首屈一指的，当属宁波天一阁。

　　天一阁位于今天宁波月湖西面的天一街中，建于明嘉靖四十年（公元1561年），主人乃家乡人范钦。范钦，字尧卿，号东明，进士出身，因抗倭有功，一路升迁，官至兵部右侍郎，相当于今天国防部副部长，人称"范司马"。

　　范钦为官多年所有积蓄都花在书上。又在各地购买了数万善本书籍，终于回到故乡宁波。

　　读书人爱书，若有财力，往往筑楼藏之，指望永久。但藏书家的麻烦多在身后，现实常常有悖于美好的愿望。眼看它兴起，眼看它鼎盛，又眼看它焚成了废墟。

　　火，让多少藏书家有了梦魇般的回忆。明初杭州藏书家张翰，将书楼造在一个四面环水的地方。这总可以让人放心了吧，但事与愿违，天长日久，人们稍一闪失，楼内藏书还是让火夺去大半。离范钦家不远的书法大师丰坊也是个"发烧"藏书家。丰氏访书藏书都颇有眼力，却偏偏不知藏书楼大忌，在书楼内亦不禁火烛。一场绝非偶然的大火过后，万卷藏书所剩无几。

　　至此，丰坊心如死灰，索性将剩下部分一股脑儿让给了好友范钦。前辈和同代的藏书家的悲剧，似乎无一例外地向他昭示，藏书会给你带来莫大的快乐，但最终也可能使你悲痛欲绝。

　　天一生水，地六成之。
　　——《易经》

能威胁藏书楼的因素很多，有人为的毁坏，如战乱、盗卖、焚书、禁书、污损等等；也有自然的侵害，诸如水、火、虫等给予藏书的损害。所以中国很早就从四个方面总结出了藏书的经验：染纸避蠹、装帧保护、药物防害和建筑保护。

但藏书家们痛定思痛，第一忧患仍是火灾。范钦这时已经有一处读书楼，名叫"东明草堂"。他自27岁考中进士后，就开始在各地为官，宦迹踏遍半个中国，这为范钦藏书提供了天时地利。每到一地，他总是留心搜集当地的公私刻本，对不可能购买的书，就雇人抄录。他的藏书心理很健康，不薄古人爱今人，像明代地方志、政书、实录、时人诗文集及历科试士录，在他的藏书中占了较大的比重。

经过一番慎重的思考之后，范钦决定就在他家的东面建一藏书楼。建好之后，取名又让范钦颇费思量。一天，范钦突然想起《易经》中不是有"天一生水，地六成之"之说吗？于是范钦豁然开朗：天一生水，水可制火——书楼名叫"天一阁"是再合适不过了。

范钦的构想还不限于名称，他要的是楼上藏书处一大通间，中间用书橱分隔，楼下六间，正象征"天一地六"。尽管远离厨灶，还是修筑了围墙，来隔绝火种。楼的东西两侧墙壁，用砖砌筑，俗称"封火墙"。

范钦是个极其认真的人，做官也罢，做人也罢，事事都不肯敷衍马虎。在京师任工部员外郎，竟顶撞权倾朝野的皇亲郭勋，因此受迁杖之罚，打入黑牢。后在袁州任内，因秉公执法，又冒犯权臣严世蕃。严世蕃要罗织罪名加害于他，其父严嵩却连说不可："范钦是连郭勋也敢顶的人，你参了他，岂不是让他名声更大了？"

这样一个人，有一天终于可以为自己心爱的书籍建造藏身之所的时候，理所当然也把严谨的作风发挥到了极致。1566年，天一阁落成。在此以前，范钦就已经和他的子孙们"约法三章"了，他亲自逐条宣读了《藏书楼禁约》：

烟酒切忌登楼；子孙无故开门入阁者，罚不与祭三次；擅将藏书借出外房及他姓者，罚不与祭三年……
——范家《藏书楼禁约》

烟酒切忌登楼；子孙无故开门入阁者，罚不与祭三次；擅将藏书借出外房及他姓者，罚不与祭三年；因而典押事故者，除追惩外，永行摈逐，不得与祭……最后一条，藏书由子孙共同管理，阁门和书橱钥匙分房掌管，任何人无法擅自打开。

范钦83岁那年，自知不久于人世，他把大儿子大冲和守寡的二儿媳叫到榻前，把遗产分成两份。一是白银万两，一是全部藏书。范大冲二话没有就选择了藏书，他流着眼泪，向老父亲发誓"代不分书，书不出阁"。天一阁的创建者带着满意的神情走了，留下一楼藏书，也留下了沉甸甸的责任。

17年后，范大冲也走到了生命的尽头，可以告慰的是，天一阁除藏书日益丰富之外，一切安然无恙。

今天，这座历尽沧桑的天一阁里，一批风华正茂的年轻人也埋头在故纸堆中，他们为保护和研究祖国丰厚的文化遗产而默默工作着，范老先生若九泉有知，这该是他最为欣慰的吧！

青藤与老莲

对中国美术史略通一二的人们，就知道青藤与老莲是两位怎么样的艺术大师。

青藤为徐渭（公元1521—1593年），字文长，号天池山人，晚称青藤道人，山阴人士。这是一位有着深刻的人世痛苦、又有着伟大艺术成就的大天才，一生境遇坎坷，晚年曾发狂入狱。他的诗作、剧作、书法与绘画，堪称当世一流，他对自己却有着这样一个评价：吾书第一，诗次之，文次之，画又次之。后来的人们读他的作品，却读出顶尖级大师的感受，故而齐白石（一说是郑板桥）曾刻章曰：青藤门下走狗。现存作品，有《墨葡萄》《芭蕉雪梅图》等。

另一位大师陈洪绶（公元1598—1652年），字章侯，号老莲，诸暨人。他也是一位承受着时代大悲剧大苦难的大画家，生活在晚明清初的士人。年轻时他曾经师从武林画派盟主蓝瑛，又从大理学家刘宗周，还进过晚明宫廷作画，最终因不满朝政而南归。他特别擅长人物画，尤其擅长版画，可以说在版画这个领域里，他是有着卓越的贡献的。他的绣像插图，真可以说是驰誉中外。他的书法造诣极深。明亡之后，他的老师刘宗周绝食而死，而他自己也出家绍兴云门寺，剃发为僧。他的传世之作中《水浒叶子》和《西厢记》绣像图，都是绝世珍品。

半生落魄已成翁，独立书斋啸晚风。
笔底明珠无卖处，闲抛闲掷野藤中。
——徐渭《墨葡萄》

徐渭《墨葡萄》

张苍水

有明一代历史，尤其明末清初之史，若大手笔道来，不知如何的惊天地而泣鬼神。

从前有一种错误的认识，以为北人强悍，南人孱弱；北人憨厚，南人机敏；北人忠诚，南人灵活；北人可靠，南人善变。这是偏见。仁者乐山，智者乐水，江南多水，人多机智灵活，这倒有可能，但从品德上说，都是汉文化圈内受儒家文化影响巨深的区域。尤其是江南文化之邦，读书人众多，当官的也多。在国家危机存亡之际，是有许多南国伟男儿挺身而出，扶大厦于将倾之际的。晚明时，江南就出现许多这样的文化人。

因为其中一个人的壮烈人生，我们也不免走进那段岁月。这个人毕生抗清，四入长江，三下闽海，二遭舟覆，而仍百折不挠。其人又钟天地造化之灵气，学识渊博，才华横溢，忠烈而又有圣贤风，诗曰："国破家亡欲何之，西子湖头有我师。"他生前就对为国捐躯的人生心往神驰，欲与岳飞、于谦，分西湖荣光三席。孰料有一天，后人真的遂了他的伟愿，南屏山荔枝峰下其人有墓有祠，姓张名煌言，号苍水，鄞县人氏，真正民族英雄，万世楷模。

张煌言（公元1620—1664年），字玄箸，号苍水，鄞县人，世家子弟，祖上有当过宰相的，本来是个衣袖书香儒生，却尚武。16岁便文武双全，以第一名中秀才，23岁又中了举人。

国破山河在，张苍水的仕途被外族的侵略打断，却燃起他为国杀敌之心，他变卖家产，组织义军，形成浙东抗清中心，开始一生的戎马生涯。

> 国亡家破欲何之，西子湖头有我师。
> 日月双悬于氏墓，乾坤半壁岳家祠。
> 惭将赤手分三席，拟为丹心借一枝。
> 他日素车东浙路，怒涛届必属鸱夷。
> ——张煌言《入武林》

纵观张苍水一生抗清史，方知其人哪里是单纯地抗击外族，本族中万千矛盾纠缠在一起，有朝廷的，有义军的，有绿林好汉的，还有自己家族的。意志稍薄弱者必退缩，性情稍投机者必变通，苟且者忠也有理，叛也有理，忠时说大丈夫可杀不可辱，叛时说大丈夫能屈能伸。张苍水绝无那个崩溃时代的崩溃和分裂，他是屡败屡战，对故国从一而终，他是那个天崩地裂的岁月中特殊材料铸成的人。

公元1646年，鲁王兵败，出逃舟山群岛，张苍水回家跟父亲说："儿今日将追随鲁王而去，不能在家侍奉您老了，望父亲自己保重，等儿打退敌人，再来尽孝。"从此永诀。

第二年遇战被捕，他夹在降清士卒中，七天七夜而脱险，回来重整旗鼓，转战四明山。清军无奈，迫其父写信劝降。张苍水回信说："儿不孝，宁为赵苞，不为徐庶，大人善自为计。"又过三年，张苍水和福王在舟山会了师，闽浙总督陈锦恐惧万分，首先便是劝降，总是拿高官厚禄诱劝罢了。恰逢张父亡故，陈锦劝他回来奔丧，封建社会，忠孝礼义，是读书人头等大事，从前再大的官父母死了也要"丁忧"，就是解官回来服孝三年，况张苍水一真正儒家文化继承者！张苍水痛哭尽夜的同时，却严辞拒降，这才叫"忠孝不得两全"。

不降便只有死战，舟山失，张苍水忠君，绝不丢了福王，与郑成功尽力斡旋，郑氏终于接纳福王于金门、厦门，此间心血，常人难测。又三年，张苍水部驻扎在浙东台州，招兵买马，休养生息，人又壮大到了6000。拟举兵会师南京，义兵一举攻克金山，远望南京依稀，张苍水缓缓而道："那就是有名的石头城，我们的开国皇帝，就葬在那里啊！"

想象当年三军服孝设香遥祭的悲壮场景吧。哭声震天，撼动江宁，滔滔江水，流不尽英雄泪。然而，二取南京又告败——呜呼，数也！是天亡我英雄也！

又二年，已是1655年的冬天了，张苍水抗清已整整十个年头，患难与共的战友去世，鲁王的旧部分崩离析，与郑成功的部队又时有摩擦，张苍水困厄之

父死不能葬，国亡不能救，死有余辜，今日之事，速死而已。
——张煌言被捕后语

极。那后来五年的惨淡经营，潮涨潮落，又是几度的死里逃生。直到1662年，东南沿海的抗清力量，仅剩孤立无援的张苍水部。1664年，也就是张苍水举义旗近20年之际，他才被迫解散了义军，带了几个亲信，隐居在浙东海中的悬岙岛上，著书立说，等待时机。

同年7月，张苍水因叛徒出卖被捕，方巾葛衣，解之宁波，慷慨陈词曰："父死不能葬，国亡不能救，死有余辜，今日之事，速死而已。"

被押杭州那日，几千百姓挥泪送别，舟行钱塘江畔，有一解押兵士，夜坐船头，高唱苏武牧羊歌。张苍水披衣而起，手扣船舷和之，慷慨悲歌，天地为之动容。

正是在把他从宁波押解往杭州的途中，他写了千古流芳的伟大诗篇，把一颗英雄的灵魂从此和西子湖血肉交融在了一起。

> 国亡家破欲何之，西子湖头有我师。
> 日月双悬于氏墓，乾坤半壁岳家祠。
> 惭将赤手分三席，拟为丹心借一枝。
> 他日素车东浙路，怒涛届必属鸱夷。

张苍水只肯死，不肯降，生比鸿毛犹负国，死留碧血欲支天。清朝大臣意见不一致起来。有的主张押到京城杀了，以震天下，有的主张长期监禁浙江，也有的主张尽量优待，以招降纳叛，最后还是刑部裁决说："不如杀之。"

9月7日一大早，今日的官巷口，也就是当年的江口刑场，出现了一片白帽素缟的杭州人，他们携带着糕点水酒，香烛黄纸，专程来送张苍水就义。

45岁的张苍水是乘坐着竹轿来到刑场的。他镣铐叮当，高颧骨，长髯须，目光炯炯，拱手拜别父老乡亲。午时三刻，行刑的时刻到了，张苍水站着，高声地朗诵了他的绝命词，然后，他喝下诀别酒，面向北方挺立，最后望了一眼杭城起伏的山河，坦然道来："好山色！"

从慷慨激昂到柔美陶醉，死得如此有气节，有豪情，又是何等的从容不迫！

从慷慨激昂到柔美陶醉，死得如此有气节，有豪情，又是何等的从容不迫！与岳飞死前"天日昭昭"形成怎样相同而又不同的千古风采。

与张苍水同时殉难的还有罗子木、杨冠玉以及舟人。杨冠玉还是个一脸稚气的15岁的少年，却高呼：公爷我跟您来了！我亦不跪，学我公爷的勇气！而在三天以前，张苍水的妻儿已被杀害。

张苍水死后，遗体曾悬挂街头示众，据说是他的故交黄宗羲及他的亲友买出首级，收其遗骨，棺木暂厝宝石山，后得人资助，葬在南屏山下。有个叫胡克木的人送一端砚，刻张煌言等数人的名字，埋入墓中，以做记号。当时又不敢公开，便称之为王先生墓。这才叫"青山有幸埋忠骨"呢！张苍水赞叹好山色时，有否要埋其骨于好山色之中的意愿呢！其墓与岳飞、于谦遥望，终于实现他"惭将赤手分三席，拟为丹心借一枝"的夙愿了。

从1664到1776年，100多年过去，民族英雄张苍水却一天也没有被人们忘却过。连统治者也不敢再小觑这种深刻的民族感情了。乾隆四十一年，清廷已稳，便来褒谥张苍水为"忠烈"。这之后的300年间，张苍水墓被修了八次，1993年，又修了张苍水先生祠，与墓合一。祠内有碑、像、匾、画、楹联，又有几门明代铁炮，以染气氛。三米高的张苍水塑像，葛衣方巾，扶石而坐，上挂名家所书大匾，曰"好山色"，曰"忠烈千秋"，曰"碧血支天"。又有八幅壁画，刻画张苍水一生。

驻足伫立，再眺西湖，方知什么才是英雄的那一声赞叹——好山色！此三字若非字字千钧，怎么会成为烈士的遗言呢。

我年适五九，复逢九月七，
大厦已不支，成仁万事毕。
——张煌言《绝命词》

张苍水墓

第十三章 清朝时期的浙江
（公元1616—1911年）

黄宗羲和他的弟子们

黄宗羲（公元1610—1695年），字大冲，号南雷，浙江余姚人。人称梨洲先生，浙东史学开山祖师爷。

黄宗羲是明末清初的著名学者，父亲黄尊素原为山东道监察御史，是明朝天启年间被阉党许显纯害死的"七君子"之一。19岁那年，黄宗羲只身去北京为父申雪冤屈。是时已是崇祯即位，魏忠贤垮台，许显纯亦被推上刑部大堂。但许显纯依仗自己是孝宗皇后外甥，在铁证面前仍是百般狡赖。这时正在一边旁听的黄宗羲怒从心头起，大吼一声："逆党！你害死我父，岂容狡辩！"说罢，从袖中抽出一把利刃猛刺过去。有传说许显纯一命呜呼，也有的说血流满面的许显纯吓得连说："愿招！愿招！"

说这个"文化人"有几分侠气是一点不过分的，当年一些"重气节，轻生死，严操守，辨是非"的士人成立了一个组织，这就是人们常说的"复社"。崇祯十一年七月，一张声讨阮大铖的檄文《留都防乱公揭》声震朝野，这就是黄宗羲和复社成员共同发起的一场揭发阉党余孽的斗争。

如果一张檄文还只是"纸上谈兵"的话，那么，在大明江山日薄西山之际，黄宗羲还真的成了马上将军。在清兵大举南下的时候，他带着他的"忠世营"，毅然渡过钱塘江。可惜这时大势已去，他只剩得五百残兵深入四明山，据险结寨。当山寨被清兵攻破后，黄宗羲又渡海舟山，坚持抗清，直到最后真的到了无力回天之际，他才又捡起笔来，重启他学术研究的生涯。

> 为天下之大害者，君而已矣。为天下之治乱，不在一姓之兴亡，而在万民之忧乐。
> ——黄宗羲

黄宗羲在青少年时代就受业于当时著名的哲学家刘宗周，刘宗周的哲学思想和民族气节给了黄宗羲以很大影响。改朝换代的腥风血雨过后，黄宗羲的哲学思想也不断深化。最为可贵的是，早在三百多年前，黄宗羲就提出了具有民主主义色彩的观点，他的这些进步观点集中反映在《明夷待访录》这本书里，这时他已经将矛头直指封建社会最大的统治者——皇帝。他公然宣称："为天下之大害者，君而已矣。"黄宗羲还进一步认为"为天下之治乱，不在一姓之兴亡，而在万民之忧乐。"这些民主思想在中国思想史上是空前的，以后到来的资产阶级改良主义就是从黄宗羲这里受到了启蒙。

　　黄宗羲在治学上不愧为一代宗师，他悉心探求明代灭亡的历史原因和教训，通过大量明代社会风尚、历史掌故和学术文化的文献资料，对明代历史和学术文化做了卓有成效的研究，编成了《明史案》《明文案》等一批重要历史著作。在他的发动下，让史学界为之瞩目的浙东史学流派终于在浙江这块大地建立起来。

　　浙东史学流派中，多为黄宗羲的弟子。他们继承发展了黄宗羲的史学观。万斯同，浙江鄞县人，与兄长斯年、斯程、斯祯、斯昌、斯选、斯大同师黄宗羲门下，弟兄七人中万斯同年纪最小，却是黄宗羲的高足，成为老师最得意的门生。万斯同对恩师的教诲可谓矢志不移，他多次宣称："吾辈既出于姚江之门，当分任吾师之学。"

　　人们常说盛世修志，康熙十八年，虽还不是清王朝的鼎盛时代，但打下的江山是谁也搬不走了。这个时候，清廷开了明史馆，为此还网罗天下有识之士。对研究明史的黄宗羲来说，确实是一个难得的好机会，但以他这样的身份是坚决不能去的。于是，这副担子落在了万斯同肩上。

　　这次编写明史是官方的"政府行为"，自然凡来做此事的人非官即吏。但万斯同却遵从师教，不仅不要这顶花翎帽，就连开的工资也是分文不取。诚如万斯同所言："吾此行无他志，显亲扬名非吾愿也，但愿纂成一代之史，可借乎以报先朝矣。"

　　吾辈既出于姚江之门，当分任吾师之学。
　　　　——万斯同

浙东学派中与这位"布衣史官"同为一个时代的重要成员还有邵廷采，他不仅亲承黄宗羲史学精髓，并先后主讲姚江书院达17年之久。他继承发扬黄宗羲"经世致用"的史学观点，并把这种学术精神与民族意识结合起来。所以他主张："文章无关世道者可以不作，有关世道者不可不作。"他所著的《东南记事》和《西南记事》，后人梁启超曾有很高的评价，赞"有永久价值"。

邵廷采之后，就是浙东史学流派的第三代大师全祖望。他在搜集、整理和研究明末清初的历史文献上做出了更大成绩，尤其是在记述抗清忠烈上，他是冒了杀头的风险的。我们知道，清代的文字狱骇人听闻，但全祖望在撰写这些人物传记时，却始终坚持春秋写法，秉笔直书。正如刘光汉在《全祖望传》中所云："说者谓雍、乾以降，文网森严，偶表前朝，即膺杀戮，致朝多佞臣，野无信史，其有直言无隐者，仅祖望一人，直笔昭垂，争光日月……"以全祖望之胆识，不愧为当时"史学大柱"。

说浙东史学流派个个不屑与满人为伍，其实也不尽然，邵晋涵就是一个跻身于官场的学者。邵晋涵出身于史学世家，是邵廷采的重孙，虽然在清廷四库馆任编修官，以后又任翰林院编修和国史馆提调等职，但他的史学研究始终保持了浙东史学流派的治学精神，不仅没有被风靡一时的考据学风左右，还对史学理论非常重视，他提出的"文质因时，记载从实"，这在当时都是卓然不群的观点。

如果说一个学术流派和江河一样有头有尾，那么浙东史学流派的殿军就是章学诚，他称得上是浙东史学流派的集大成者。章学诚虽是进士出身，但一生不曾为官。他之所以能扛上殿军这面大旗，不仅因为他是会稽（绍兴）人，与这些前辈大师们生活在同一地区，也不仅因为在学术上和他们有着极为密切的师生关系，甚至也不是因为他为弘扬浙东史学流派的治学精神而在史学上取得的高度成就。简而言之，就是因为他清醒地始终以浙东史学流派一员自居，他晚年所著的《浙东学术》，可以说是对整个浙东史学流派进行了最后的反思和总结。

> 说者谓雍、乾以降，文网森严，偶表前朝，即膺杀戮，致朝多佞臣，野无信史，其有直言无隐者，仅祖望一人，直笔昭垂，争光日月……
> ——刘光汉《全祖望传》

由此可见，产生在清代的这个学术流派，是由黄宗羲开山，经万斯同、邵廷采传承，再由全祖望、邵晋涵光大，最后才是由章学诚集大成，这是一个有源有流、脉络清晰的史学流派。虽然在清王朝残酷的文化压制下，在整个学术研究的低谷中，浙东史学流派的确也不可能扭转乾坤，但它毕竟是学术进步潮流的代表，对我们后人来说，这已经是足够了。

文字狱

　　浙江自古就是人文荟萃之地，文化发达，学术先进，思想活跃，又加上这里是南明王苦心经营过的地区，在明末清初的时候，浙江反抗清朝的活动一直此起彼伏，雍正就这样说过："朕向来谓浙江风俗浇漓，人怀不逞……谤讪悖逆，甚至民间氓庶，亦喜造言生事。"这些君临天下的帝王一直对浙江这块思想文化的沃土深怀戒心，甚至一度停止过浙江的乡试、会试。所以清代三起最大的文字狱即庄廷鑨案、吕留良案、《南山集》案，前两起都发生在浙江，看来实在也是有着渊源的。

　　清代的文字狱不下七八十起，最著名的文字狱首先发生在康熙一朝，先后有两起，其中一起就是发生在浙江的庄廷鑨明史案。康熙年间，在乌程（今湖州）南浔庄有个财主叫庄廷鑨，此人虽是两眼一抹黑的盲人，但也闻司马迁"左丘失明，厥有国语"，因而颇想学一点左丘之风。明朝大学士朱国祯与他同乡。庄廷鑨花钱买下朱国祯《明史》遗稿后，请来一批"名士"修订，又增补了崇祯一朝，然后按他的旨意将书稿更名为《明书》。虽然庄廷鑨本人费劲不小，其实他并没有等到这本书稿刊印，便撒手西去了。可是庄廷鑨的父亲庄允诚却还是将此书刊行，因书中有直书清朝先人的名字，并把一些降清的明将斥为叛逆，书中标的年号也不是用清朝的年号，而是用南明永历的年号，还记下不少明末抗清的情况。此书被人告发后，康熙龙颜大怒，庄允诚立刻被押往北京，后死在狱中。庄廷鑨虽已在九泉之下，但仍不得安宁，掘墓后开棺焚烧。活着的人可就惨了，这本书稿的作序者、校阅者及刻书、卖书、藏书的人均被处以死刑。

清代三起最大的文字狱即庄廷鑨案、吕留良案、《南山集》案，前两起都发生在浙江。

此案越演越烈，被杀者达七十余人，连一些官员都不能幸免，身为礼部侍郎的李令晰，也因曾为此书作序而被处死，连他的四个儿子也都一一处斩。归安、乌程两县学官自然是脱不了干系，亦被处死。而湖州知府老爷谭希闵则应查办不力被送上了绞刑架。至于受此案牵连充军流放者更是数以百计。

如果说"庄廷鑨案"是康熙年间最大的一起文字狱，那么"吕留良案"可说是雍正年间最大的一起文字狱了。吕留良是浙江崇德（今桐乡境内）人，是当时有名的道学先生、反清义士。明亡后，清廷曾到处征辟士人，吕留良誓死不为清朝官吏，为表其心志，曾削发为僧隐居山林，著书立说强调"华夷之分"，鼓吹反清复明。不过此人在康熙年间即已过世，何以成为雍正一朝最大的文字狱呢？这话还得从一个叫曾静的人这里说起。

曾静本是湖南的一个教书先生，对清王朝一直心怀不满，又为吕留良反清思想所鼓动。但一介书生，手无缚鸡之力，如何复得大明江山呢？于是心生一计，让他的学生张熙给当时任川陕总督的岳钟琪写上一封"策反"的信件，信中一一列举雍正九大罪状，说雍正害父逼母，杀戮兄弟，贪财好色等，总之是十恶不赦。但岳钟琪非但没有被说动，还立刻将曾、张二人逮捕归案，并上报朝廷。

这一下又把吕留良一门搅得片瓦不存，这一回不仅吕留良被剖棺戮尸，连他的儿子吕葆中、他的学生严鸿逵也被剖棺戮尸。吕留良的儿子吕毅中、吕留良学生的学生沈在宽，连同一大批曾为吕留良建祠、刻书和藏有吕留良著作的人都被砍掉了脑袋。

雍正不仅亲自参与了此案的审讯，还想在此案中演一场"好戏"。吕留良一案杀了这么多人，唯独两个"首犯"却毫发不伤，雍正觉得"华夷之分"的口号对清王朝的统治十分不利，而这种思潮在广大民间又是普遍存在着，于是雍正想发动一次对反清思想的反宣传，他觉得吕留良案正是这样一个可以自用的机会。

浙江的读书人，是清政府的心腹之患，浙江是全国发生文字狱最惨烈的地方；为防浙江的读书人造反，浙江停止乡试、会试达六年之久。

于是雍正一方面亲自撰文对"华夷之分"进行反驳，一方面又引导曾静和张熙悔过。在恩威兼施下，曾、张二人又极力称颂雍正功德，并对吕留良学说反戈一击。以后清廷又将二人的供词、悔过书以及雍正的有关谕旨、命令、诏书合编成一本题为《大义觉迷录》的书，此书颁行全国各地，迫令士人必读。虽然如此，雍正对浙江的士人们还是心怀疑虑，在浙江停止了乡试、会试，时间长达六年之久。

　　清代到了乾隆当朝的时候，也是清代最繁盛的时期，即所谓乾隆盛世。但乾隆在位60年，文字狱也到了登峰造极的地步，有记载的大规模文字狱就有71次之多。这时发生的文字狱往往是望文生义、捕风捉影，许多人莫名其妙的就成了"文字狱"里的刀下之鬼，甚至一些精神错乱者也成了文化专制主义的牺牲品。

走读浙江
Zhejiang Panorama

剑气箫心

中国的男女老少，若经历十年"文革"，有不少人会背那首著名的诗：九州风气恃风雷，万马齐暗究可哀。我劝天公重抖擞，不拘一格降人才。然那首诗的主人究竟是谁？生活在什么年代？为什么要写这样的诗？在历史上究竟有怎样的地位？说到这些，就不得不提到清代的杭州人龚自珍（公元1792—1841年）了。

大凡文人都喜欢龚自珍，首先是喜欢他在文学，尤其是诗歌领域里的不可取代的地位。可以肯定地说，他是古典诗史的殿军，他的诗像一片落日时的余晖，又散作绮霞，给人以无限美感与遐思；像一曲最后的高歌，响遏行云；像一颗夜空中的陨星，打破了明清以来诗坛的沉寂；又像那颗东方拂晓时分的启明星，预示了新时代诗歌的诞生。

以柳亚子为首的南社诗人，是对龚自珍诗歌顶礼膜拜五体投地的崇拜者。柳亚子说："三百年来第一流，飞仙剑客古无俦。"然后他干脆以龚自珍自居了，说："我亦当年龚定庵"——他是以能够成为龚自珍而自豪的呢。

是的，当我们真正开始接触龚自珍之诗时，往往有一种如电如雷之感，立刻就和南社诗人一样，成了龚诗的狂热崇拜者。剑气箫心，奇诡瑰丽，幽思狂想，回肠荡气，歌泣无端……龚诗之魂，自此绕之不去。

虽然将诗说在前面了，但龚自珍的历史地位，首先，还在于他是中国近代思想的启蒙者。风雨如晦，鸡鸣不已，他是个醒得过早的独行侠。一切有志之士都是如此，走在时代前列，具有超越时代的意识。正是在那暮气夜色之中，他听到天地间隐伏着的大声音，他预先感到了山雨欲来的征兆，看到了潜伏升平之下的危机。衰世就要来临了，这是一个苦闷时代的大苦闷者，大预言家，

九州风气恃风雷，万马齐暗究可哀。
我劝天公重抖擞，不拘一格降人才。
——龚自珍《己亥杂诗》

但他预言的不是光明和希望，而是黑暗与忧愁。

从龚自珍的家庭出身来看，他应该算是一个繁华世家的大公子。祖父和父亲都在外地做官。他母亲段驯，是著名文字学家段玉裁之女，段玉裁又十分喜欢这个外孙。龚自珍21岁那年，外祖父做主，亲上加亲，把孙女嫁给了外孙，希望这个风发云逝又有不可一世之概的外孙，将来当个名臣名相，千万不要只当个名士。

此时的龚自珍，中顺天乡试副榜刚两年，青春奋发，踌躇满志，新婚宴尔，泛舟西子，忍不住一展胸襟。

"天风吹我，堕湖山一角，果然清丽。曾是东华生小客，回首苍茫无际，屠狗功名，雕龙文卷，岂是平生意？乡亲苏小小，定应笑我非计。才见一抹斜阳，半堤香草，顿惹清怨起。罗袜音尘何处觅？渺渺予怀孤寄。怨去吹箫，狂来说剑，两样销魂味。两般春梦，橹声荡入云水。"

他还是不稀罕"屠狗功名，雕龙文卷"，想要有力挽狂澜之大作为的。

然而，龚自珍参加科举考试很不顺利，19岁乡试中的是副榜二十八名，以后两次乡试均落第。27岁乡试，才中举人第五名。接着参加会试，连续五次考进士落第，38岁第六次会试才考中第九十五名进士，还因为楷书写得不好被抑置。在京都，也不过做个小官吏而已。

这叫一个封建时代的文人心理怎么平衡：一方面龚自珍诗文论述已天下闻名，冠盖华夏；另一方面，他一次又一次地落榜，被朝廷刷落。要知道龚自珍年轻时绝不是一个散淡无为者，相反，他是嘉道年间提倡"通经致用"的今文经学派的重要代表人物，最反对脱离社会实际的烦琐考据和空淡心性的宋明理学。一个儒学知识分子，在封建社会的政治抱负，没有舞台又如何施展？这是他个人命运的不幸，也是封建社会所有有抱负的知识分子的不幸。

龚自珍：公元1792—1841年，字瑟人，号定庵、羽岑山民，仁和（今属杭州）人。晚清变法维新先驱者。天资超绝，博览群书。受今文经学派、浙东史学熏陶，主张通经致用。道光九年进士。官内阁中书，礼部主事，仕途不利，晚就丹阳云阳书院讲席。工诗文，鼓吹更法改图。其《明良论》《古史钩沉论》《病梅馆记》《己亥杂诗》诸篇脍炙人口，开一代风气，精金石校雠之学，兼治西域、蒙古地理，亦通释典，间亦作画，善山水人物，有《龚自珍全集》。

龚自珍故居小米园

同时，龚自珍所经历的时代，封建社会已近尾声，政治上极端腐朽，生活上又骄奢淫逸，民族矛盾也日益尖锐。衰世就要来临了。极具才华又极具洞察力的龚自珍，是这个阶级少有的清醒者。

黄昏时分，龚自珍登京都陶然亭。那里地势低洼，芦苇丛生，深处似有大动，使人暗自心惊，茫然恐惧——那莽莽苍苍的中原大地，可怕的暮霭渐渐升起。

这是一个苦闷的时代，龚自珍是这个时代的大苦闷者。但他并没有一味沉溺于萧心，他的才华和主张便是他的"剑气"。

他的启蒙学说振聋发聩，梁启超惊呼他为"思想界之放光芒者"。读他的著作，若受电然，受到了强大的刺激，进而誉之为"中国的卢梭"。

在伦理思想上，龚自珍主张善恶都不是天生而是后起的，又以为人情怀私才是人性。他主张个性解放，冲出罗网。他把三百病梅盆砸了，把病梅种在地上，要把这些扭曲的灵魂疗之纵之顺之。在治学上，他开诵史经，考掌故，慷慨论天下事风气，引用古文，讥议的却是时政，诋诽的则是专制。在政治主张上，他更是惊世骇俗，他公开提出更法，并预言，若不更法，乱将不远。他那君臣共治和贫富平均的思想，被康梁继承发展，成了戊戌变法的理论基础。在外交政策上龚自珍又鼓吹知耻振邦，大力支持他的好朋友林则徐禁烟，并用武力抵抗外国侵略……

作为中国近代社会前驱的思想家、文学家和学者，龚自珍在经济学、文学、哲学、佛学等等各方面无不成家，从而成为近代具有重要地位和深远影响的开风气人物。

龚自珍一生都处于剑气箫心的矛盾之中。既有济世救民之抱负，又有逃禅避世之偏念。"我欲收狂渐向禅"，但又摆脱不了尘缘，激荡的诗情冲动不已。"我生受之天，哀乐恒过人。"晚年他好赌，游冶，参禅，千方百计要从惨烈的精神苦闷中挣脱而出。1838年，他终于摆脱官场辞官南归，一路写诗三百一十五首，题名《己亥杂诗》。

龚自珍死得很神秘，1841年暴病殁于丹阳书院。死前一年，鸦片战争爆发。死后一年，中英《南京条约》签订。人们对他的死做过种种猜测，细想却又不以为怪。一个长时期处于精神激烈抗争中的人，张力和敛力两面夹攻，实在是自己对自己的精神火并。深刻的预言和瑰丽的诗章乃命运煎熬的火花，一旦耗尽精神，溘然而逝，又复何疑哉。

这是一个苦闷的时代，龚自珍是这个时代的大苦闷者，是一个在精神上醒得过早的独行侠。

定海之战

公元1840年6月，在离广州不远的虎门的海面上，出现了一支英国舰队，炮舰留下的那道浑浊航迹，将有着五千年文明的古老国度划出一道清晰的分野——中国近代史开始了。

不用说，这是当时世界上一支装备最精良的舰队。虽然英军气势汹汹，但钦差大臣林则徐早已胸有成竹。在壁垒森严的虎门要塞面前，英国人一筹莫展，只能退避三舍。军舰蒸汽机留下的黑烟渐渐在地平线上消失了，道光皇帝似乎松了口气。

这支英国舰队在坚决抵抗的虎门炮台面前退却了，但并没有在中国的海面上消失，很快它就掉头北上。英国人想，偌大的中国，像林则徐这样的人能有几个呢？他们失算了，一个月后，同样在早有准备的闽浙总督邓廷桢面前，这支舰队又灰溜溜地退出厦门。

英国人并没有善罢甘休，他们的下一个目标，就是我们浙江的舟山。

对于浙江沿海的舟山群岛，英国人早已熟门熟路，尤其是舟山定海。这里水深港阔，离大陆又近，对英国人来说是一个十分理想的贸易口岸。从18世纪初起，英国商船就开始频频光顾定海了，仅1710年来定海的英国船只就有十艘之多。乾隆二十年以后，更是"外洋番船收泊定海，舍粤就浙，岁岁来宁"，定海成了英国人的重要港口。

对于英国人无视中国主权的行为，清廷早已不满，贪得无厌却又得寸进尺的英国殖民主义者，也终于惹恼了乾隆皇帝。

那一年，一艘"红毛夷船"又驶进镇海，与以往不同的是，这艘船上还带着火枪八支，火炮六门。没过多久，又一艘叫"荷特奈斯"号的英国船来了。它更是肆无忌惮，船上有大炮二十门，火枪四十支，火药四担，铁弹二百发。

1840年7月2日，侵华英国军舰二十六艘驶进舟山洋面，图犯定海，浙江遂成为鸦片战争的主战场之一。

这是来做生意，还是想来寻衅？这些情况的出现，使清政府不得不采取断然措施。乾隆下令封闭海关，严禁英国商船来浙江贸易。

以后英国船还是屡屡来浙，但都被逐回广东。最后英国政府两次照会清廷，提出在浙江贸易的要求。第一次是1793年，英国专使马戛尔尼来北京朝见乾隆，提出开放宁波、舟山口岸的要求，并还想要一个小岛来堆放货物。当时正是清朝盛世，乾隆皇帝哪里把英国人放在眼里，一口回绝了马戛尔尼。嘉庆二十一年，英国又派出以阿美士德为团长的使团，重申了上次被乾隆驳回的要求，但仍未能如愿。

英国人连吃闭门羹后，就干脆开始走私。以后走私的英国商船在浙江的活动一直没有停息过。就在这支英国舰队来到之前，还有英国船只驶入定海。据《明州系录》记载，这些英国人在定海"踞民房，肆淫掠，开列廛市，公售鸦片"。但这次由懿律为总司令的英国舰队的胃口就更大了，他们这回要用大炮来轰开中国市场的大门。

由于疏于防范，定海很快就陷落了，英军一路北上，很快就逼近了天津，这可把道光吓坏了，连忙让直隶总督琦善前去求和，战事暂告一段落。

第二次定海之战发生在1841年的夏秋之间。当时靖逆将军奕山已经和英军签订了《广州和约》，但英国政府获悉后，大为不满，认为完全可以在中国得到更大的利益，于是更换义律，由璞鼎查来担任全权代表，璞鼎查来中国后，战火又起，8月下旬厦门陷落后，9月英军又兵临定海。

葛云飞：公元1789—1841年，字鹏起，雨田，号凌台。山阴（今属绍兴，一作萧山）人。清道光三年武进士。官守备，五擢至定海镇总兵。嘉庆二十一年，英军再犯定海，云飞身先士卒，率部英勇抗击。激战六昼夜，阵地失守，壮烈牺牲，谥曰壮节。

定海三总兵塑像

这一次定海争夺战的惨烈，是英军万万没想到的。战后一个英国士兵曾这样回忆："葛云飞的僚属和我们的军队短兵接战，都英勇地与他同时殉节。高地上的旗手选了一个最显著的地位，站着摇旗，丝毫不怕落在他四周的从轮船上打来的炮弹。最后'弗来吉森'号的一颗炮弹把他打倒，另一个人赶快取其位而代之。"从这个士兵的回忆中可以看出，中国军人前仆后继的精神，就是敌手也不能不感到敬佩。

定海保卫战激战六昼夜，先后有三位总兵相继殉国，他们是葛云飞、王锡朋、郑国鸿。1841年10月1日，定海再度失守，有了舟山这块跳板，英军进攻镇海就方便多了。当时负责防守镇海的是两江总督裕谦和浙江提督余步云，两江总督裕谦是蒙古人，在开战前，他率部起誓，表示誓与镇海共存亡，最后在城破之时，毅然自尽，义不偷生。而余步云在战斗最激烈的时候，却临阵脱逃，留下千古骂名。

接着英军又攻下宁波，浙东连失三城，消息传来，朝野震动。浙江可是江南首富的地区，决不能这样拱手相让，于是道光皇帝急令重战。10月18日，道光命奕经从各地抽调两万人马赶赴浙江前线。奕经原是个公子哥儿，哪顾什么社稷安危，一路游山玩水，寻欢作乐，从北京到浙江足足走了四个多月，到绍兴时已经是来年的正月了。但这个公子哥儿，不仅昏庸而且愚蠢，他以梦中出现的事由为根据，在3月下旬，分兵三路攻取宁波、镇海、定海三城，结果被早有准备的英军打得一败涂地，从这以后，奕经连绍兴也不敢待了，躲在杭州城里，再不敢与英军交手。

与这些贪生怕死的统治者相反，人民群众纷纷自发地起来反抗帝国主义的侵略，在浙东沿海一带，民间有一个叫"黑水党"组织就闹得英军不得安宁，他们常常在江河中设伏，伺机杀敌。两个月中，就有数百侵略者做了"黑水党"的刀下之鬼。

在英军重兵驻守的宁波，一份号召人民起来斗争的《众义民公启》就赫然出现在英军的眼皮子底下，仅在宁波一地，就有42名侵略者受到正义的制裁。

1844年1月1日，宁波正式开埠，指定江北为外国人通商居留地，英国派驻领事，取得领事裁判权。法、美、德、荷兰、瑞士、挪威等国亦设领事馆、副领事馆，日本派驻使者。宁波的开埠，结束了浙江闭关自守的局面，开始了它半殖民地半封建化的历史进程。

太平军打杭州城

清末的太平天国运动中，地处江南的浙江成了太平军与清军反复拉锯的战场，人称天堂的杭州还成了四战之地。太平军四度兵临城下，两次破城入关，这两次都是忠王李秀成打的。

1859年冬，南京城外枪炮轰鸣，杀声四起，天王洪秀全心头沉重。自从太平天国定都南京，清廷钦差大臣向荣就领大军尾随而来，屯兵南京城东孝陵卫，号称"江南大营"。而另一个钦差大臣琦善也不怠慢，又率马步军万余驻扎扬州，号称"江北大营"。这两个大营是洪秀全多年的心头之患。一直到1856年夏秋之际，太平军才拔掉了这两个眼中钉。但随之而来的却是一场自相残杀的动乱，"天京事变"之后，大好形势顿时化为乌有。眼下这两股清兵势力卷土重来，又对天京形成了合围之势，太平军浴血奋战，仍苦战未果。

这时洪仁玕深知事态严重，江北大营已攻破浦口，天京守卫已失江北一翼，江南如再有闪失，大事休矣。事不宜迟，洪仁玕向天王献上一计："此时京围难以力攻，必向湖、杭虚处，力攻其背，其必返救湖杭，俟其撤兵远去，即行返师自救，必获捷也。"洪仁玕本是洪秀全的族弟，此时他来天京虽不足一年，但已是天王洪秀全的心腹之人，天王听了颔首称是。

运筹帷幄，不等于决胜千里，事关天国安危，还须用英杰之才，担此重任者非李秀成莫属。

此乃用的是战国孙膑"围魏救赵"之计，作为太平天国后期的杰出将领，忠王李秀成深知此计的成败与否，全在于是否能调得江南大营南下。但要清兵南下驰援，必取杭州。"苏湖熟，天下足。"苏南及杭嘉湖乃天下粮仓，清廷决不会将这块肥肉轻易地拱手让人，于是拿下杭州就成了此役的关键。

> 江南大营：太平天国定都南京之后，清廷钦差大臣向荣率领大军尾随而来，屯兵南京城东孝陵卫，号称"江南大营"。
> 江北大营：清兵另一个屯兵之处扬州，由琦善统领，号称"江北大营"。

1860年2月，李秀成第一次攻入杭州；
1861年12月，李秀成第二次攻入杭州。

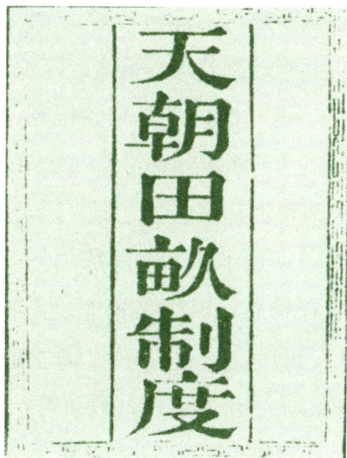

天朝田亩制度

要攻取杭州，又不能过早惊动清廷，不然清廷一有察觉，就会严加提防。太平军主力还不能沿长江顺流而下，这一次太平军攻取杭州，在军事上又被称之为奇袭。

李秀成在安徽芜湖完成部署后，1860年2月1日即发兵皖南，一路偃旗息鼓，日宿夜行，2月24日突然出现在安徽广德。清军猝不及防，太平军迅速攻克广德，这样通往浙江的大门洞开。29日又攻下安吉，清军这才觉得事情不妙，派总兵李定太率军增援，但此时太平军已势不可挡，在梅溪大败李定太，乘胜攻下泗安镇，接着，长兴也落到了李秀成的手里。

李秀成飞兵奇袭杭州，把杭州围得水泄不通，蒙在鼓里的清军仓皇布防，但为时已晚。太平军城墙下挖开了地道，填上炸药，然后炸开城门，在清波门、候潮门、望江门一带激战九日，终于从清波门突入。太平军又在涌金门击败杭州将军瑞昌率领的旗兵，杭州巡抚罗遵殿见大势已去，自杀身亡。

这位巡抚大人"成仁"好像也早了些，太平军攻破的还只是外城，清军退守内城后，李秀成即下达了停止攻城的命令，杀"回马枪"的时机到了。

李秀成与清军大战杭州，清廷震动，果然下谕江南大营主帅和春："杭州系全省领要，毗连苏省，为财赋之区，断不容该逆贼久踞，致误东南大局。"有圣旨驾到，和春慌忙点兵，即发大军前往杭州救援。

3月24日，李秀成撤出杭州，4月3日，李世贤也从湖州撤围，两路大军马不停蹄，直扑天京，接着英王陈玉成也从皖西赶来。各路大军猛攻江南大营，在南京东南的淳化与清兵大战一场，清军因分兵杭州终于不支而一败涂地，主帅和春逃到苏州后自缢，江南大营又被连根拔掉，天京解围。

这一次太平军攻克杭州，时间虽只有半月，但已圆满地达到了战略的目标。太平军退出杭州，咸丰还自以为得计，只有老辣的曾国藩却早已意识到"弃浙江而解金陵之围"，实在是太平军的"得意之笔"。

不过半年，也就是在公元1860年的7月下旬，陈玉成率军从江苏宜兴进入浙江长兴，以后又接连攻下临安、余杭，大军已经推进到了今天杭州的卖鱼桥。8月6日，正当要攻城之时，陈玉成突然得病，主帅不能上阵，三军也由此罢兵，这可以说是太平军第二次对杭州的军事行动。

陈玉成引兵退入安徽，但从安徽却又有一支太平军接踵而来，那就是太平天国的后起之秀侍王李世贤。前两次攻打杭州都是从西北而下，这次李世贤却是从杭州西南的富阳打起，攻克富阳的同时又攻取余杭。同年的11月26日从富阳和余杭两地攻打杭州，但这次清军也是拼死守城。李世贤是一个很有头脑的将领，既然一时难以攻下，也就不在此"奉陪"了，很快又撤兵北去。

至此为止，太平军已是三打杭州了，除李秀成在杭州"小住"了几日外，其余两次对清军可以说"有惊无险"。其实，太平军以上几次在浙江的军事行动还只是一个"过场"，公元1861年5月，太平军大规模向浙江进军开始了。

杭州虽既无雄关，又无险隘，但作为东南重镇，杭州也是高城壁垒，墙厚沟深，就是往日笙歌宴舞的西子湖，此时昼夜炮声隆隆。这一次来杭州，李秀成不再是上一次虚晃一枪了，而是堂堂正正摆开架势。11月17日太平军一夜筑垒数十座，杭州十座城门被围得水泄不通。浙江巡抚王有龄如坐针毡，连连哀叹："呜呼！大局已成破竹矣。"日日烧高香，求菩萨保佑。

咸丰得知杭州又被包围，又急令曾国藩、左宗棠"星速驰援，毋稍延缓"，但此时的曾国藩正在长江中游与太平军苦战，面对皇帝手谕，虽然愁得绕室达旦，夜不能寐，但也只能"遥望武林，鞭长莫及，忧灼如何"！

对被围困在城中的清兵来说，最担心的就是弹尽粮绝，对粮食的问题，王有龄也曾是抱有一丝希望的。据说王有龄曾有恩于富商胡雪岩，胡看到巡抚老

太平军三打杭州城，往日笙歌达旦的西子湖，此时昼夜炮声隆隆。

长毛到，讨饭佬，穿皮袍；
穷苦人家发元气，有钱人家活倒灶。
——太平天国民谣

太平天国侍王府

爷有难，这时自告奋勇挺身而出，从宁波运来两万石粮食，但此时杭州已被围得如铁桶一般，胡雪岩如何能进得城来。对于这批粮食的下落有两种说法，一说是被太平军截获，另一说是胡雪岩转手给了湘军左宗棠，总之王有龄是"颗粒无收"。

对这样旷日持久的攻城，不要说王有龄为粮草惶惶不可终日，就是太平军也为这数十万大军的给养所困，所以李秀成曾一度想退兵苏州，到来年春天再来攻打。这时有人对李秀成说："围军守军粮皆尽，而围军犹可运之于四方，不犹愈于城军乎？吾闻城中石米值百金，草根浮萍皆尽，乃至煮皮笼为食，纵不急攻，亦好开城降矣，奈何弃之？"忠王听了觉得很有道理，于是更加紧攻城。这人就是以后太平天国杭州"市长"——听王陈炳文。

12月28日早晨，长达两个月的厮杀终于见了分晓。太平军从杭州的望江门、候潮门、凤山门、清波门中破城而入，顿时杭州城里杀声四起，绝望的王有龄自缢身亡，和他一起归黄泉的还有署布政使麟趾、按察使宁曾纶、提督饶廷选、总兵文瑞等一批要员。

这时太平军虽已杀进城中，但就和上回一样，旗兵仍在内城坚守。这次李秀成不拿下内城是决不会甘休了，何况这孤立无援的内城，对太平军来说就如同是瓮中捉鳖。但李秀成还是给清军的杭州将军瑞昌发了一封劝降信，条件还是相当优厚的，只要放下武器，不仅不杀，还发放路费，派船送至镇江。但这位八旗兵的将领也是强硬，宁死不降。两天后，太平军攻破内城，瑞昌自杀身亡。

从此，杭州就落入太平军手中，两年多之后，太平军又撤出杭州，其时，太平天国大势已去了。

王锡桐造洋人反

王锡桐（公元1860—？）完全是有可能平平淡淡度过他乡村教师的一生的，但他最后却轰轰烈烈地活了一场，他的一生，完全和那个时代缚在了一起，和浙江历史上任何农民起义都不同，他造的是洋人的反，因此，他的行动深深刻下了半封建半殖民地社会的时代烙印。

王锡桐名守真，字凤梧，宁海北乡大里村人，是一个乡塾教师。由于痛恨宁海天主教的横行和八国联军的入侵，于1900年6月，在宁海组织了"伏虎会"，率众烧毁了大里和中胡的教堂。

宁海知县带兵前往镇压，王锡桐又率众转往了宁波、慈溪一带，继续进行斗争。1901年6月，王锡桐回到故乡大里，继续进行反洋教斗争。这一次被官府诱骗入城，监禁了起来。

王锡桐的妻子闻讯，连忙率大里的村民百余人，冲到城里营救。沿途一路有群众加入，到得城里，早已是一支浩浩荡荡的大军，达数千人之多，终于把王锡桐从牢里给救了出来。

隔了一年，是1903年的9月，官府和洋教都不会想到，王锡桐又开始造反了。这一次他回到了家乡大里，发动起群众举行武装的反教会斗争，这一回事情闹得更大了，不但烧了教堂，还干脆把作恶多端的神父也给处死了。

10月10日，清军把大里给围了起来。王锡桐抵抗失利，被迫放弃了大里，他神奇般地消失在清军的眼皮子底下，从此再也不见他的踪影。

王锡桐领导的反教会斗争，是义和团时期所发生的浙江各次反帝斗争中规模最大、历时最久的一次。

王锡桐起义：
浙江近代史上反帝斗争中规模最大、历时最久的一次。

花落春仍在

俞樾（公元1821—1907年）在浙江的影响，是和诂经精舍联系在一起的，而诂经精舍这所西湖边著名的书院，则是和另一个名字联系在一起的，所以，我们说俞樾，就必须先说到阮元（公元1764—1849年）。

江苏籍的大学者阮元，在浙江任学政、巡抚，前后加起来有12年。人们更多知道的是他疏浚西湖所建的阮公墩，其实他在教育上的贡献，一点也不比阮公墩的堆筑小。

诂经精舍，是他在1801年时创建的，地址在白沙堤。开学时，阮元曾题一联：公羊传经，司马记史；白虎德论，雕龙文心。六十多年之后的1868年，这所书院迎来了他们最著名的院长俞曲园。

俞樾，字荫甫，自号曲园居士。他在诂经精舍主讲了31年之久，在经、子、小学诸多方面成就卓著。他有许多大名鼎鼎的学生，比如章太炎、崔适、吴昌硕等。他还曾总办浙江书局，精刻了子书22种，海内称为善本。

有意思的是，他本人也是别人的大名鼎鼎的学生。应礼部试的时候，他写的诗题为"淡烟疏雨落花天"，其中有一句诗为"花落春仍在"，阅卷的正是曾国藩。这一句诗就把曾国藩给折服了，他大为欣赏。以后，俞樾在苏州的住处就命名为春在堂，他的撰著也总称为《春在堂全集》。

俞樾曾经当过一小段时间的官，后来受排挤陷害，就再也不当官了，拼命读书教书。"越水吴山随所适，布衣素食了余生。"曾国藩曾经说过这样的话，意思是：俞曲园拼命读书，李鸿章拼命做官。这两个人都算是他的学生。

俞樾在西湖边教了30年书，其实还是个穷书生。他的家原本安在苏州，但他又非常喜欢杭州。他的朋友和学生，不经他的同意，就凑钱在孤山下建了一所楼送给他，人称俞楼，出钱最多的是兵部尚书彭玉麟。俞楼现仍在孤山脚下，成了俞樾的纪念馆。他的墓地在三台山，近年来也修好了。

读书养气十年足，扫地焚香一事无。
——俞樾自撰对联

红顶商人胡雪岩

北有同仁堂，南有庆余堂，胡雪岩（公元1823—1885年）就是杭州胡庆余堂的老板。

胡雪岩本是安徽绩溪人。徽帮商人闻名遐迩，富贾巨商大有人在。那时，徽州人在杭经商做买卖的特别多，杭州人称之为"徽州朝奉"。胡雪岩初来杭州的时候还是个少年，离乡背井，惶惶凄凄。按时下的话来说，也就是个打工者。

那时，杭州城里已经有了许多钱庄。钱庄自然不是现代意义上的银行。钱庄老板不过是高利贷者。但能直接观察货币形态的变化，对于一个注定要在财富上大有作为的少年来说，不能不是一种启蒙。这种启蒙在当时社会正在慢慢演变的年代里，毫无疑问是深刻而又必要的。可以说，胡雪岩一踏进杭州，就一把抓住了一个历史的契机。

果然，胡雪岩一到阜康钱庄就表现出特有的机敏与勤勉，尤其善于应酬。在他看来，为商者眼观六路脚踩八方，来的都是客，和气生财。天长日久，胡雪岩深得老板器重，逐渐升为"跑街"，可能算是业务主管了吧。但胡雪岩不是一个那么容易满足的人，他的深心是要独自开辟一块天地，眼下至多是一个高级打工者，胡雪岩决不会到此为止。

胡雪岩是如何发迹的呢，众说纷纭。

北有同仁堂，南有庆余堂。
——民谣

胡雪岩像

胡雪岩的后世子孙胡亚光在《安定遗闻》中说：阜康钱庄老无后嗣，而胡雪岩又深得老板赏识，于是，老板在临终前就以钱庄相赠，对胡雪岩来说这比天上掉下个林妹妹还要高兴，不费吹灰之力，自己就成了老板。

而蔡冠洛在《清代七名人传》中又是这样说的：湘军一军官向钱庄筹军饷，老板恰好外出，胡雪岩擅自做主，借款2000元。老板得知此事大怒，将胡雪岩逐出店门。胡雪岩虽困顿一时，但终因祸得福，日后那军官发了大横财，一出手将10万银两借于胡雪岩开钱庄。此后，胡雪岩生意日盛一日。

还有一说法更为离奇。一日，胡雪岩在吴山遇上一个正在长吁短叹的书生，得知是因无钱上京求职而愁眉不展，胡雪岩观此人生有吉相，暗下决心欲助一臂之力，在讨得一笔欠款后，即将银两交给了书生，自己却谎称未能讨得欠款而瞒过主人。这落魄士人就是王有龄，以后王有龄官运亨通，青云直上，官至浙江巡抚。有如此知遇之恩焉能不报？王有龄自然重酬胡雪岩。

太平天国战争中，王有龄曾命胡雪岩筹办粮草，以供军需。是时，李秀成已将杭州团团围住，据说胡雪岩入城不得，就将粮草转送给了湘军，此湘军头领乃悍将左宗棠。1864年，左宗棠攻克杭州，令胡雪岩"主持善后诸事"，胡雪岩鞍前马后，竭尽犬马之劳。左宗棠以后又升任浙闽总督直至朝廷重臣，胡雪岩又有了左宗棠做靠山，成为当时最有名的一方士绅。

由此一来，胡雪岩自然是风光得很，但在百官眼里，胡雪岩更出彩的还是在以后的洋务运动中。1866年，左宗棠任浙闽总督期间，决心创办福建船政局，胡雪岩多方献策。从建厂择地，谈判签约，到购买进口轮机，"凡一切工料及延洋匠，雇华工，开艺局等船局事物"，也"均由胡一手经理"。左宗棠

鼎盛时期的胡雪岩，曾独资在沪开设阜康钱庄，在江浙、两湖开设典库23处，在杭开胡庆余堂，拥资白银两千万两以上。

胡雪岩故居

在上海办军装局，在兰州办甘肃织呢总局，在酒泉开采金矿，在平凉开发泾河，这些企业所用机器都由胡雪岩向德商购买，外国技术人员也是由胡雪岩邀请来的。左宗棠兴办洋务企业，胡雪岩可谓劳苦功高。

从此，左宗棠更把胡雪岩视为心腹中人。左宗棠挥师西北，平定新疆阿古柏叛乱，又将东南补给线的重任托付给了胡雪岩。胡雪岩不但要负责上海转运局，还要兼看福州船运局，同时又千方百计为左宗棠筹集军饷，购买新式武器，俨然是左宗棠的军需部长了。

有如此功绩，左宗棠岂能"委屈"胡雪岩。光绪四年，新疆平定，左宗棠回京上奏皇上，称赞胡雪岩主持后方补给，"援其功绩，实与前敌将领无殊"。有朝廷重臣的保举，胡雪岩由一个商人破天荒地被授予一品顶戴，甚至又赏赐黄马褂，红顶商人胡雪岩显赫一时。

胡雪岩有官府依托，阜康钱庄如同雪球越滚越大，不出十余年，29家分店遍布大江南北，拥有良田万亩，白银2000万两，顿时成为东南首富。不过，胡雪岩生财也并不是全靠这一顶乌纱帽，他毕竟是做生意出身，经营确实有他自己的特色，想日进斗金，当然要有自己的绝活。在胡庆余堂开办之初，他就以施药为名，派人在各地水陆码头赠送药品，当时中国也许还没有广告一说，但通过这类"善举"，胡雪岩确实取得了扩大影响的作用。据说，胡雪岩还常常到店里来站柜台，一次，有一位顾客对药品的质量稍有异议，胡雪岩二话不说即收回成药，表示歉意，并保证在一两日内赶制好药调换。此事一传十，十传百，胡雪岩不就做了一回活广告吗？这位大老板真是"身体力行"了。

胡庆余堂药具

红顶商人的来历：光绪四年，新疆平定，左宗棠回京上奏皇上，称赞胡雪岩主持后方补给，有重大功劳，被破天荒地授予一品顶戴。

胡雪岩还有两个远胜他人一筹的地方，一是他的药主要是具有专项治疗价值的成药，便于病家选购、携带和使用，这就比医生号脉后再来配方煎药方便快捷多了，此举大受病家欢迎。二是胡庆余堂资金雄厚非同一般药铺，不但可直接去全国各地收购药材，还自建药库，这就既保证了药材成色上的"地道"，还减少了批发环节。适销对路，货真价实又价格低廉，于是，胡庆余堂把杭州老字号药店叶种德堂和张同泰都压了下去，成了江南"第一药王"，声名鹊起，远播海外。

药为治病救人，君子取财有道，胡雪岩深谙其道，为此，胡雪岩煞费苦心。至今在胡庆余堂后厅的中堂上还悬挂着一块匾，上面写的"戒欺"二字，尤为引人注目。"戒欺"二字旁有胡氏亲自立下的戒条。

胡雪岩商场、官场左右逢源，游刃有余，飞黄腾达，财源滚滚。在生活中亦穷奢极侈，他在杭州望仙桥河下原南宋秦相府，南宋德寿宫遗址上营造私宅，房屋连亘数里。

盛极而衰。不久，胡雪岩陷入了一场经济危机，他在丝业中与外国洋行展开了一场激烈对抗，外商全力倾轧，封建官僚又趁火打劫，引起全国性的金融风潮。阜康钱庄在北京、上海、宁波、福州、镇江等地的分号全部倒闭，胡雪岩在破产困境中又挣扎了两年，这时，左宗棠已死，胡雪岩顿失靠山。

公元1883年胡雪岩彻底破产，清廷又一次下令：速将胡雪岩交刑部治罪。胡雪岩大祸临头。只是圣旨未到，胡雪岩就先走一步。当时的杭州知府与仁和、钱塘两县县令同去查核，真是悲凉到家。只见桐棺七尺，停放在堂前，灵幔垂地，烛光如豆。再对其家产一一细点，哪里还有什么东西，除了桌椅板凳，其余细软，早就抵了债务，人亡财尽，已无产可封。

红顶商人胡雪岩连同他挣下的万贯家财就这样一起烟消云散。

凡百贸易，均着不得欺字，药业关系性命，尤为万不可欺。余存心济世，誓不以劣品弋取厚利，唯愿诸君心余之心，采办务真，修制务精，不致欺余以欺世人，是则造福冥冥，谓诸君之善为余谋也可，谓诸君之善为自谋也可。

——胡雪岩戒条

杨乃武与小白菜

同治光绪年间，中国又出一桩奇案，这场官司，从县里一直打到北京，连"老佛爷"都惊动了，这就是发生在浙江的杨乃武、小白菜案。一百多年来，这个故事不仅纷纷被写进稗乘野史，还竞相编为戏剧、电影、小说、曲艺，流传至今。

杨乃武（公元1841—1914年），字书勋，浙江余杭人。20岁考取秀才，同治十二年八月又中举人，可以说是个已有功名的读书人。

小白菜姓毕，名秀姑，因面目娇艳，水灵似小白菜，故人称小白菜。对于小白菜的出身多有说法，我们只知道小白菜18岁时被继母嫁给了一个颇有武大郎风范的郎君。

本来杨乃武走他的"阳关道"，小白菜走她的"独木桥"，河水不犯井水，两人很难扯到一起。杨乃武之所以与小白菜相识，是因为杨乃武是小白菜的房东。

原来，小白菜的丈夫葛品连是个入赘的女婿，葛品连在县城一家豆腐店里当伙计，每天起早摸黑，有时还不回家，一些市井无赖便常上门调戏小白菜。继父胆小，怕惹事，就逼小白菜赶快搬家。恰好葛品连的父亲正给杨乃武修房，经他一恳求，杨乃武答应把房子借给小白菜，这事就这么定了。

小白菜虽然搬进杨家，但那些地痞还是纠缠不放，还在墙上张贴"羊（杨）吃白菜"的招贴。杨乃武乃正人君子，为避嫌又让小白菜搬了出去，这样，小白菜前后在他家不过住了两个月。

杨乃武：公元1841—1914年，字书勋，余杭人。与豆腐店伙计葛品连、葛毕氏（人称小白菜）夫妇为邻。清同治十二年，葛品连暴病身亡，葛母控杨与小白菜通奸，合谋杀人。余杭知县酷刑审讯，屈打成招，杨被判斩。不服上告，累被驳回，酿成惊动朝野之重大冤案。后经给事中边宝泉上奏，开棺验尸，案情始白。有《杨乃武与小白菜》戏剧流传。

以后小白菜又搬到继父表弟王心培的楼上住，小白菜虽然躲过市井无赖，却还是躲不过花花太子。原来县太爷的大儿子刘子翰是个好色之徒，在他和姘妇密谋下，奸污了小白菜。县里有个叫何春芳的粮官也常打小白菜的主意，一次正想施暴，正好葛品连下工回家，小白菜才算躲过一劫。

小白菜自从搬出杨家后，杨乃武与她再无往来，杨乃武吃的这场官司是从葛品连之死开始的。葛品连虽说面目丑陋，但小白菜并不是潘金莲，不仅没嫌怨，而且还很温顺。同治十二年十月初九，葛品连因病收工回家，他让小白菜取钱一千文，叫岳父去买些东洋参、桂圆，煎汤服下后，不料神情大变，口吐白沫，至申时便气绝身亡。

儿子突然死了，母亲做出些反应，哪怕是有些过头也好理解。其实，葛品连的死从医学上来看是很容易解释的。葛品连得的是流火疹，属热症，而桂圆性热，热上加热足以致死。葛母要告官也只是说死因不明，要求验尸而已。但此事一到官府，便是风云突变了。

这事首先坏在一个叫陈湖的绅士手里。此人也是个秀才，却非常巴结官府，一向与正直为人的杨乃武有隙。他一听说此事，便到大堂上告杨乃武与小白菜通奸。知县刘锡彤本来对杨乃武就抱有成见，这下更是一口断定是杨乃武与小白菜合谋毒死葛品连。人命关天，小白菜如何能兜下这人命案，审到半夜，还是一无所获，县太爷只好退堂。

这时杨乃武对此事还蒙在鼓里，但知县的儿子刘子翰和粮官何春芳却是坐卧不宁了，二人唯恐他们的丑事会由此败露，于是买通了一个衙役的姐姐，此人名叫阮桂金，让她进牢中恐吓小白菜，说如不招供是用杨乃武给的毒药，就要活活让三十六刀鱼鳞剐凌迟处死，如说出刘大公子之事，根本不会有人相信，那只能是罪上加罪。小白菜妇道人家，本来就已经吓得半死，再加上大堂连连用刑，只好按阮桂金说的招了。

正中下怀的刘锡彤，立刻拘捕了杨乃武，连审三次，都是大刑伺候，杨乃武双膝都让烧红的火砖烤焦，但杨乃武哪里肯招。虽然杨乃武拒不画供，

小白菜：本名毕秀姑，出嫁后姓名葛毕氏，因面貌白净秀气，身材轻盈苗条，喜爱绿色衣服，系白色围裙，人称"小白菜"。

但这位知县大人还是认定"犯妇"供认不讳，案情已明，上报给了杭州府"定谳"。

杭州知府陈鲁是个当兵出身的武夫，本来就轻慢读书人，过去也曾听说杨乃武"毁谤官府"之事，于是即下令送交案件，而知县刘锡彤又乘机篡改供词原件。陈鲁第一次提审，就滥施淫威，在杭州吓得小白菜不仅依旧是诬供，就是杨乃武也终受不住酷刑，屈打成招。陈鲁立即定下"葛毕氏（小白菜）凌迟处死，杨乃武斩立决"。接着就把卷宗往省里一送，在杭州府此案了结。

杨乃武最终没有走上断头台要感谢他的姐姐杨菊贞。听说弟弟被定下"夺妻谋夫"之罪的时候，她就决定要去省里鸣冤，所以浙江巡抚杨昌浚不得不派人前去察访。但派去的人收了刘锡彤不少贿赂，巡抚大人朱笔一勾，勘题上报，待"最后法院"批文下来，即可秋后问斩。

杨菊贞听说杨昌浚照旧定案后，决心上京城告状，当时连杨乃武本人都没有这个信心，还是在杨菊贞一再坚持下，才在狱中又写了诉状，杨菊贞身背"黄榜"，历尽艰辛，跋涉两个多月，才走到北京。但都察院根本不接受，还将杨菊贞押送回浙江，案子仍由省巡抚审理，而杨昌浚又退到杭州知府。知府陈鲁照例是一顿酷刑，杨乃武、小白菜照旧画供。于是陈鲁又按原判报给巡抚。

杨乃武绝望了，但杨菊贞没有绝望，她准备二上北京。这时，家里的资财已经变卖殆尽。好在胡雪岩不枉为一个治病救人的药店的老板，还是他送给杨菊贞二百两银子，并向回杭奔丧的翰林院编修夏同善讲了杨乃武这桩冤案，希望他能有所相助。

此案的转机也是从这里开始，杨菊贞到北京后，先是拜见了夏同善，在夏的引见下，跑遍在京的浙籍大小官员三十多人。夏同善也多次拜会大学士、户部侍郎、都察院左都御史翁同龢，这个翁同龢可不是等闲之辈，不仅身居高位，而且还是光绪帝的老师，在朝中是

小白菜墓

个有分量的人物。尽管是这样，由于朝中派系林立，也有不买他的账的人。当翁同龢想看一看此案的卷宗时，也是碰了一鼻子灰，刑部尚书桑春荣以无怨无私，即将入奏为由，一口回绝。但"县官不如现管"，恰好林则徐有个儿子叫林文忠在刑部为官，正好还是分管浙江司刑狱，他也觉得此案似有疑窦，就自作主张地把卷宗拿给了翁同龢。

翁同龢果然查出疑点，桑春荣这才无话可说。这时此案在朝中已是无人不晓了。两宫太后发出谕旨，要刑部"务提实情，毋枉毋纵"。桑春荣只好把此案又退回浙江。

虽然杨昌浚一百个不乐意，但表面的文章还是不能不做的，他把此案又交给了湖州知府许瑶光。这次他倒确实没有用刑，杨乃武还以为姐姐在北京鸣冤成功了，所以尽翻前供，小白菜也极口喊冤。审来审去，许瑶光确实感到此案蹊跷，原案难以成立，实情上报又难以交代，只能一拖再拖。

由于许瑶光迟迟不与断案，都察院有人又向慈禧太后奏了一本，于是又请出了钦差大臣。谁知这位钦差让杨乃武和小白菜吃尽了苦头。原来慈禧派去的这位钦差是个科班出身的庸臣，对刑法可以说是一窍不通，自己只审了一次，就交给杨昌浚的心腹宁波知府边保诚了。

边保诚每每坐堂，都是严刑逼供。杨乃武两腿全被夹断，但这次杨乃武却异常坚强，他觉得与其背上这样的黑锅去死，只能遗耻于士林，若死于重刑之下，尚可留一千古疑案。但小白菜乃一民间小女子，就没有杨乃武这等情操了，她不仅十指尽折，还被烧红的铜丝穿入双乳，小白菜受刑不过，只能再次诬告。这时，杨乃武在牢中作了这样一副对联："举人变犯人，斯文扫地；学台充刑台，乃武归天。"连皇上派来的钦差尚且如此，他必定难逃这一劫了。

钦差大臣胡瑞澜将审讯的结果上报北京，但监察御史边保泉又以复审草率为由，要求由刑部亲审。连慈禧都觉得没有必要这样长途劳作，还是让胡瑞澜再审，但"不得再用严刑逼供"。老佛爷有旨，这回胡瑞澜果然不敢再用刑了，但这案实在又让这位钦差老爷左右为难，这个庸才最后只好打了这样

举人变犯人，斯文扫地；
学台充刑台，乃武归天。
——杨乃武在狱中所作对联

一个报告："案情重大，人言纷纷，实非愚臣所敢专断，请特简大臣，另行复审。"

此案几经反复，迟迟未决，在京的那些浙籍要员也不耐烦了，翁同龢与夏同善又亲见两宫太后，要求将此案移北京刑部亲审，并奏，如此案冤情不平，只怕浙江将无人肯读书上进了。

话说到这个份上，已经是关乎社稷之大事了。慈禧终于在光绪元年十二月十五日下了谕旨，此案"着提交刑部秉公审讯，务得确情"。

以后此案在北京又是三司会审，又是开棺验尸，真相大白于天下。对这些贪赃枉法，玩忽职守的官员处置，无非是大事化小，小事化了。在这样一个官官相护的时代里，这样的结果本也是可以想象得到的，但不知杨乃武与小白菜对最终的这个"说法"是否满意。

杨乃武挨一百大板，剥夺举人功名终身，这是因为"不避嫌疑，与秀姑同桌吃饭"；而"不守妇道"的小白菜亦是八十大板。这就是杨乃武和小白菜的最后结果。

这桩轰动一时的奇案遂告落幕。

1877年3月30日，杨乃武与小白菜的冤案被平反。

咫尺金石江山无限

清末浙江对中国文化的最大贡献之一，就是西泠印社的创立。

印学是完全建立在中国传统文化基础上的一门学问。全中国乃至全世界大概都很难找到像西泠印社这样一种人文景观了——人们不知道应该称它为一个文化团体，一个经营组织，还是一处园林名胜。它是一个最最阳春白雪、也是最最下里巴人的地方。它的核心——印人，自然是中国传统文化中精粹部分的继承者，然而它面向与开放的，却是一切平民百姓。人们无论高低贵贱，满腹经纶也好，胸无点墨也罢，只管来此一游，艺术面前人人平等。这西湖孤山南麓的艺术园林，将给你提供任何地方也不会重复的精神享受。

浙派印学影响既大，印人便多聚西子湖畔，这也叫物以类聚，人以群分吧。光绪年间，杭州有几个金石家丁仁、王褆、叶为铭、吴隐等，常到孤山的数峰阁来探讨印学。时间长了，就想成立团体。1904年商定了成立印社。这个社前前后后筹备了十年，直到1913年暮春，恰逢王羲之兰亭修禊雅集第二十六癸丑年，这才正式召开成立大会，社址既在西泠桥畔，人以印集，社以地名，便叫"西泠印社"了。首任社长，公推著名金石书画家吴昌硕。

吴昌硕（1844—1927年）原本是浙江竹乡安吉乡间的一个农家子弟。家境贫寒，少时借书一读，要走几十里山路。又逢战火离乱，命运多舛。22岁那年中秀才，从此自绝仕途，潜心艺术。据说他少时常到溪边捡石头刻字，有一次不小心把食指指甲都削去一大半，后来这个手指就一直没有指甲了。他成人之后，便肩挑一担行李，开始他浪迹他乡的艺术生涯。

50岁那年，吴昌硕曾当过一个月的安东知县，立刻就吃不消，辞职不干了，还专门刻了一方足以自豪的印章，曰："弃官先彭泽令五十日"，他比陶

浙派印学：清代中国印学流派，以浙人为主，共同特点是在艺术趣味上都力追秦汉，讲究刀法，善用切刀，人们就把他们称之为浙派印学。浙派形成后在中国印坛称雄一百多年，是中国金石篆刻艺术的一个高峰。

渊明还不肯为五斗米折腰呢。

没有了"五斗米"的俸禄，只能以卖画为生。困顿时不得不靠典衣、卖书救急，于是老友也不来了，屠贩也笑他了，吴昌硕便自嘲"酸寒尉"，任伯年就为他画了一幅《饥看天图》。

吴昌硕说他自己是"三十学诗五十学画"，以为自己书法比画好，金石比书法好，所下功夫最深。他上溯古人又旁敲侧击，况他摹写石鼓文有基础，故穷极而变，别开天地，印面古朴苍劲，气魄雄伟，为印学界开清刚高浑一路，推其为印社首任社长，当之无愧矣。

印社以"保存金石，研究印学"为宗旨，清明重阳各聚会一次，十年一庆典，时至今日，已历百年。

西泠印社园林，分三个层次，第一个层次为下，以月洞门进去的那一大块平地为主，有唐代白乐天在杭州当刺史时建的竹阁和始建于北宋的柏堂，柏堂后面的斜坡口有石坊，坊有楹联，是印社创始人叶为铭所拟写。

第二个层次，中间部分，仰贤亭就在这个地方。

仰贤亭，1905年印社发起人筹资修建，镌刻了28位印学先人镶于壁间，当中一块刻有丁敬像，是由扬州八怪之一罗两峰所画，金石家吴石潜摹刻的。亭中共有17块碑27位印人画像。

印泉在宝印山房前，山川雨露图书室后，据说曾经是印社的旧界墙。1911年一场久雨之后墙塌了，掘地却涌出泉水来，1913年就干脆浚成一眼泉水，命名印泉。那两个斗大的题字还是日本印人长尾甲书勒于其上的。他是首批外籍社员，20世纪初，曾作为日本侨民，在杭州开过照相馆。

印泉旁边山岩上嵌有一小碑，细细一看，原来正是李叔同出家前在这里埋的印藏，上面有叶为铭碑文记曰："同社李君叔同将祝发入山出其印章移储社中……凿壁庋藏庶兴湖山并永云雨戊午夏叶舟识。"

诵印人传记，如龙泓之雄浑，鹤田之渊懿，完白之清奇，自子行铁笔后，各具丰裁，固不囿两浙专家，集同好讨论一堂，洵能绍秦汉先型，斯冰遗法；
考西湖志乘，若君复作水亭，嗣果作书楼，东坡作石室，于乐天竹阁侧，别开幽胜，更下筑数椽精舍，继往哲重联八社，允足助林泉逸兴，唐宋流风。
——仰贤亭长联

沿鸿雪径，春浓时有累累紫藤花可赏。径半有凉堂，传说中的南宋画家萧照就是在此画的四堵壁画。皇帝赐酒四斗，其人夜入，四鼓更落，四斗告罄，四堵以满，皇帝叹为观止。

如今的凉堂，是后人建的，堂壁嵌有岳飞草书洗马赋碑九块，自然是碑刻珍品。

山顶便是第三个层次，印社的上面部分了。站在这里远眺西湖，三岛呈现品字，尽在眼中，使人豁然开朗。

山顶还有一处纪念丁敬的地方，就是那可以通往后山的"小龙泓洞"。这个洞，是1922年人工凿的，龙泓是丁敬的号。洞口岩壁上镌文曰："东坡游赤壁后八百四十年，凿通岩洞，湖光山绿，呼吸靡间，登临涉览，遂为绝胜，纪印人雅，故名曰小龙泓。"

此洞前清水，游鱼可数，岩壁上凿出一个龛，名"缶亭"。缶是一种小口大肚的罐，吴昌硕的别号就叫缶庐，所以这缶亭里的坐像也就是吴昌硕了。有许多年这尊像都是无头的，浩劫时被砸了，后来再补上去，所以头像和身子颜色是完全不一样的。

池畔最显眼的一处，是手拿笠帽的皖派印家邓石如像。在浙派创始地为他派争风流，西泠诸公，是真印人也，也是真名士。

华严经塔，西泠印社的标志，西湖群塔之殿军。僧人弘伞于1924年造，其高20余米，八面十一级。最下层是《华严经》文，末尾有弘一法师之偈。中间两层是杭人扬州八怪领袖金农手写的《金刚经》经文。上面还有八级，全是佛像。每一层的亭檐上都挂着小铃。

连那小小的石桥也有来历，桥唤作锦带桥，和白堤上的那一座一样。当年丁仁得白堤上锦带桥的旧石栏，移到了这里的闲泉与文泉之间，那小心翼翼间的文化怜惜，今天我们这些后人想来，依旧感动不已。

塔旁有汉三老石室，它是中国印人精神操守的丰碑。原来这里主要藏的是一块汉三老讳字忌日碑。三老是汉代官职名，从师道自尊，后汉时，上自朝廷，下自郡县乡里，都有三老。

那份小心翼翼的文化怜惜，今天我们这些后人想来，依旧感动不已。

石藏东汉名三老，
社结西泠纪廿年。
——叶为铭石坊楹联

汉三老石屋

　　这块石碑，记载的就是一位掌管文化教育的乡级官吏。其人是专门负责掌管教化工作的。据考证，这位三老姓董，名通，而立碑人则是董通的九个孙子中的第七个孙子邯。他担心后世的人忘了爷爷的名讳和忌日，这才专门而立的。1852年，此石出土于余姚客星山，距今1900年历史，是浙江省迄今发现的最早的石碑，碑刻217字，字体介于篆隶书之间，海内视为珍宝。1921年，这块藏在余姚周家的石碑被卖到上海，入日人手。幸被西泠诸公获悉，吴昌硕等人奔走呼吁，义卖捐献，筹钱8000元赎回，又在印社内造石室，万世珍藏古碑。劫难从此结束。大幸！吴昌硕有《汉三老石记》一文记之，藏于石室。

　　石室旁有吴昌硕纪念室，从前叫观乐楼，吴昌硕来杭往往就住在这里，内有有关吴昌硕的生平、作品及吴昌硕半身铜像。说起来这铜像也有一番来历。原来是日本著名雕塑家朝启文夫于1921年时制作并赠予吴的。六七十年代时被毁坏。后来朝启之女西常雄根据父亲留下的模子重铸铜像送给印社，亦重铸中日印人间的一段佳话。

　　四照阁在山顶平地的西南，它原来就建在华严经塔矗立的地方，据说还是林和靖建的。现在的四照阁则是1914年重新移建的。它三面皆轩，一面为门。在此览山，绣屏锦障；在此瞰水，翡翠世界。青天碧洗，绿水明镜。登斯阁也，廓而忘言。"面面有情，环水抱山山抱水；心心相印，因人传地地传人。"

站在西泠印社的园林前，饱览西湖秀色，仿佛看一幅中国山水画长卷。突然，生出了这样的比喻：西泠印社，不正是西湖这幅锦绣图画上的一枚最精美无比的印章吗？没有这枚印章，西湖，就是一幅未完成的天然画图啊！

第十四章 辛亥革命前后的浙江
（公元1911年前后）

湖碧枫红

公元1877年11月8日，一个女婴在厦门的一个官宦之家降生，中国历来就有女子无才便是德之说，她的父母未必曾寄予这女孩多大的企望，更没有想到，中国近代史上的第一奇女子——秋瑾就这样诞生了。

和那个时代的许多女孩一样，秋瑾也是由父母做主，远嫁湖南，草草成婚。公公曾做过曾国藩的幕僚，丈夫王廷钧与秋瑾志趣相异。"知己不逢归俗子，终身长恨咽深闺"，这正是秋瑾当时痛苦心境的写照。

19世纪90年代，甲午战争惨败，《马关条约》签订，中华古国正面临空前的民族危机，一场变法图强的政治运动在一些有志之士中进行。康有为、梁启超、严复等人积极鼓吹变法，秋瑾深受影响，写下了"我欲只手援祖国""死生一事付鸿毛"等诗句。这时的秋瑾已从不幸的婚姻中超越，时代的痛苦，激起女侠一腔报国热血。

20世纪初叶前后，一场出国热就曾在神州大地上涌动，在这些走出国门的人流中，不乏真正的精英，直到今天他们的名字仍在熠熠闪光，鲁迅、陶成章、何香凝、宋教仁等，在日本，秋瑾先后都和他们有过交往。很多人看到过这样一张珍贵的照片，秋瑾身着和服，手持利剑。"誓将死里求生路，世界和平赖武装"，这是女侠向清王朝的宣战书。在日期间，秋瑾常在各种集会上演讲，据说，每当讲到激愤之时，就从靴子里拔出短剑，插在桌上，以表示与清王朝势不两立的决心，与会者无不震撼，女侠之号不翼而飞。

> 驱除鞑虏，恢复中华，创立民国，平均地权，矢信矢忠，
> 有始有卒，如或渝此，任众处罚。
> ——同盟会入会盟誓

老树扶疏夕照红，石台高耸近天风。
茫茫灏气连江海，一半青山是越中。
——秋瑾《登吴山》

秋瑾像

1905年初，秋瑾回国。在徐锡麟亲自介绍下，秋瑾参加了光复会，正式成为了革命党人。同年7月，秋瑾再赴日本，在船上得知日俄大战在东北辽东爆发，懦弱的清政府居然宣布中立。秋瑾愤怒之极，一首慷慨激昂的律诗在东海万顷波涛上回荡：

万里乘风去复来，只身东海挟春雷。

忍看画图移颜色，肯使江山付劫灰。

浊酒不销忧国泪，救时应仗出群才。

拼将十万头颅血，须把乾坤力挽回。

1905年8月21日，孙中山先生创建的同盟会在东京成立。秋瑾庄严宣誓，会上秋瑾又被推举为同盟会浙江主盟人，此后不久结束了在日本的留学，她要全力以赴地投入新的生活，做一个"职业造反者"。

20世纪初，中国几千年的封建社会已走到了尽头，戊戌变法的失败，意味着改良的道路已走进了死胡同。一场更猛烈的风暴正在酝酿，"山雨欲来风满楼"，清王朝风雨飘摇，离末日不远了。

1907年春，秋瑾接替徐锡麟任大通学堂督办后，一面宣讲革命，一边研习军事。她四处奔走联系各地会党。与好友徐子华为绘制军事地形图，多次登临西湖群山，走遍杭城大街小巷。一次他们来到岳庙，在岳飞墓前，秋瑾久久徘徊，不忍离去，秋瑾对徐子华说：我若能埋葬于此，那真是我的福分。

清王朝行将就木，但依然高悬屠刀。原定于1907年7月19日起义的计划，由于武义、金华光复军在6月下旬先后失败，而未能实施。在安庆的徐锡麟被迫提前刺杀巡抚恩铭，被捕后牺牲。7月13日，清兵以安徽徐案为名，突然包围了大通学堂，秋瑾被捕。

"秋雨秋风愁煞人"，这是秋瑾在衙门大堂"供状"上留下的名句，深切地流露了对起义未能成功的惋惜，面对腥风血雨，唱出了时代的痛苦。

1907年7月15日凌晨，秋瑾在绍兴轩亭口英勇就义。

四年后，革命志士的鲜血终于化作了武昌城头的朝霞，中国大地上延续数千年的封建王朝寿终正寝了。

女侠的遗体一开始被草草地葬在绍兴的卧龙山下，以后秋瑾之兄又雇人移厝到了一个叫严家潭的地方。1908年，秋瑾好友徐子华在另一好友吴芝瑛的资助下，将秋瑾灵柩运到了杭州，葬在了西泠桥畔，墓前还立下了吴芝瑛的手书"呜呼鉴湖女侠秋瑾之墓"和徐自华撰写的墓志，谁料没多久清政府就勒令把墓从西湖边迁走，这样，灵柩又被迁回了绍兴。没多久，秋瑾丈夫家就把秋瑾墓迁回了湖南湘潭。

辛亥革命胜利之后，1912年，秋瑾墓又从湖南被护送回来，重新葬在西泠桥下。1966年，被迁往杭州的鸡笼山中，直到1981年，才重新迁回原址。墓的形式以秋瑾立像为主，下有骨穴，正面刻有孙中山先生的手书：鉴湖女侠千古。

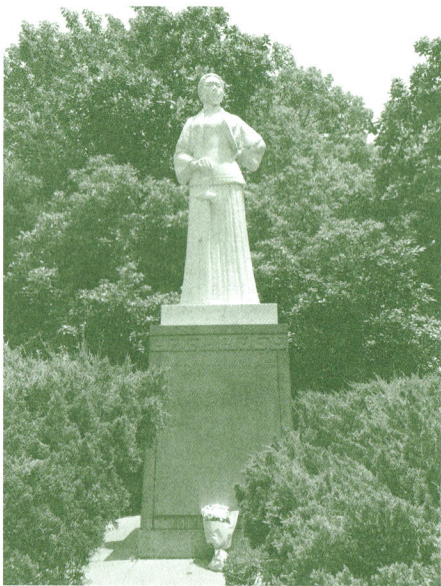

西泠桥畔的秋瑾雕像

1908年秋瑾第一次被下葬在杭州，墓碑刻吴芝瑛手书：呜呼鉴湖女侠秋瑾之墓。
1912年秋瑾墓从湖南迁回，第二次下葬杭州。墓上刻有孙中山先生手书：鉴湖女侠千古　巾帼英雄——孙文。

走读浙江 Zhejiang Panorama

铁路与都督

公元1911年11月5日深夜两点，杭州城突然枪声大作，在不时传来炸声中，紧一阵疏一阵的枪声持续到了黎明，红日高悬之时，已是满城飘着白旗。虽然清波门旗营里的八旗兵似乎还不相信杭州三百年大清统治由此完结，但也不过是多支撑了一天。杭州的光复，虽谈不上兵不血刃，但作为一场革命，还应该说是顺利的。

这时城站的革命党人临时总司令部里，人们个个神情飞扬，连清廷最后一任浙江巡抚增韫也被擒获，这意味着浙江光复了。于是，一张张安民告示立刻贴满了杭州的大街小巷，署名是临时都督童保喧。

非常有戏剧性的是，这位旧军人出身的临时都督也太"临时"了，当了不足一天，"正式"的浙江都督就上任了，他就是大名鼎鼎的汤寿潜。

汤寿潜（公元1856—1917年）居然坐上了浙江省第一把交椅，实事求是地说，他是立宪派，也就是保皇派，和革命党是两股道上跑的车——走的不是一条路。

汤寿潜：浙江最早的、影响最大的维新思想家，以后成为立宪派的领袖之一。

汤寿潜像

汤寿潜原名震，字蛰仙，萧山人。要说这位都督，却得从铁路说起，而要说铁路，便又得从他的生平说起了。

纵观其人一生，前三十年倒也是个规矩的读书郎，四书五经，滚瓜烂熟，敏有器识，声震乡里。只是读书人既已震了乡里，便也是陡生鸿鹄之志，年方弱冠，就赴杭沪作起经世致用的文章来。所以，水利、财政、交通等诸多方面的学问，那时他就打下了好基础。

有了这一身的知识武装，30岁的汤寿潜便决定出山走仕途。当时的萧山属山阴管辖，山阴也就是绍兴，读书人的出路大多是当幕僚，俗称做师爷。汤寿潜也继承传统，投奔了山东巡抚张曜。他倒不是靠什么诗文书画来打天下，正经靠的是他的经济文章，一篇阐述水利的论文《分河》让张曜拍案叫绝，汤寿潜为政的第一步踏稳了。

胸怀大志者，心在治国平天下，区区一小吏岂能为之。1890年的中国，人民流离失所，哀鸿遍野，汤寿潜夜半风雨茶饭无心，遂把历史研究所得，以《危言》为名汇印成篇，从此，便以中国早期资产阶级维新思想家而闻名于世了。越五年，其人"过五关斩六将"，一番考试中榜，在科举道路上攀完所有台阶，赴安徽做了三个月的青阳县知县，便辞官回乡，全力地投入了社会活动。

但在清政府眼里，汤寿潜显然不是一个激进党人。一方面，他是康梁维新运动的支持者；另一方面，义和团运动一来，他又是"东南互保"活动的发起人。"东南互保"加《危言》，使清王朝对他颇有好感，便授他一肥缺——两淮盐运使。这可是个升官发财的良机，难得汤寿潜可贵，竟辞了这份官职。而从1905年开始，他便全力投入了"以铁路见贤"的保路运动中去了。

保路运动：20世纪初年，中国人民为保护在自己国土上的铁路自主权，与列强展开的斗争。

1909年8月，沪杭铁路通车

说到中国近代史上的保路运动，恐有得多少本书来详写，在此长话短说，摄其要意，倒也简单——无非是外国人要在中国筑铁路，控制铁路权，而中国人民坚决不答应，便自发捐钱，造咱们中国人自己的铁路。汤寿潜便是江浙一带保路运动的发起人之一，他出任了"浙江全省铁路公司"的总理，清政府也还算客气，又给了一个四品京师的官，总理加四品官，只有那个时代才会有。

在那几年中，人称汤寿潜是"不授薪金，不支公费，芒鞋徒步忽杭忽沪者无论矣"。也难以想象，在自己的国土上，花自己的钱，造自己的一条铁路，竟会如此之难。一是英国人不答应，二是清政府出尔反尔。为此，汤寿潜这个为人臣者和清王朝斗争之激烈，简直可说是闹翻了天。清王朝先是拼命给他加官晋爵，好调虎离山，实在行不通，便把他革了职，不准他再管路事。而中国人的铁路，就在这样的激烈斗争中修成了。

1909年8月13日，杭州至浙苏交界处浙江境内段铁路修成。那日下午，骄阳如火，从清泰门外到艮山门车站，沿线空地挤满杭城市民。他们背着条凳，带着干粮和凉茶，头戴草帽，把收割前的络麻踩倒，就是想看一下火车这个他们从未见过的庞然大物。

这么看来，抛开政治立场不说，汤寿潜算得上是一个干实事的人。虽说立场也不是永远不变的，但立场也不是立马可变的。当时让他出山当浙江都督，汤寿潜一开始还是拒绝上任，两天后，浙江各界代表在杭州开会的时候，正式选举了汤寿潜为浙江都督。

不过，汤寿潜在都督任上只干了两个月就辞职了。他后来还曾被孙中山任命为交通总长，只是他未去到任罢了。1917年，汤寿潜殁于家中，终年亦不过61岁。

多年来，人们鲜提汤寿潜其人，多为汤参与秋瑾一案之故。比起革命志士秋瑾，汤寿潜固然算个保守派了，但说是他参与杀害秋瑾，据近年史学家论证是证据不足的，兹事体大，扑朔迷离，故新编县志中，作了回避处理。唉，真是千秋功罪，谁人曾与评说。

汤寿潜是江浙一带保路运动的发起人之一，他曾出任"江浙全省铁路公司"的总理。

杭州光复与金陵扬威

公元1911年10月，辛亥革命武昌首义成功，浙江革命党人决定乘势起义。11月4日夜，驻杭州新军、会党及从上海赶来的敢死队，开始出发进攻省城杭州，5日，杭州全城光复，不到一个月，全省光复。

如果说推翻清王朝的革命在浙江是"由上而下"的话，那么毗邻浙江的江苏却是"由下而上"了。在上海、杭州等地胜利的鼓舞下，江苏镇江、苏州也相继成立了军政府，然后革命党人又向南京进军。南京自古就是江南重镇，又是清朝的两江总督府所在地，清廷在南京一直驻有重兵。中国近代史上曾上演过一出复辟闹剧，1916年6月"辫子军"进京的张勋，此时正在南京城作困兽之斗。

进攻南京的新军，由于屡攻不克，又撤回到镇江。这时上海、浙江都收到要求增援的急电。既然革命，四海同为一家，焉能置之不理。浙江都督府立刻召开军事会议，组建了一支名为"浙军攻宁支队"的部队。由朱瑞任支队长，吕公望任参谋长，共有3000多人组成，卫生队中还有30多名女子先锋队队员，其中有光复杭州时带着敢死队冲锋的女杰尹维峻。

攻宁支队到达镇江后，上海等地的增援部队也陆续到达，可喜的是14艘从

吕公望：公元1879—1954年，浙江永康人，1905年加入光复会，1911年参与光复浙江的战斗。1916年5月被公举为浙江督军，兼任省长。抗战胜利后任浙江省参议会副议长。中华人民共和国成立后任浙江省政协委员。

尹维峻：公元1896—1919年，女，辛亥革命义士。1911年11月参与光复杭州的战斗，任敢死队队长，在攻克金陵战役中，任女子先锋队队长，1919年病逝于汕头。

辛亥革命烈士墓

湖北开来的清军炮艇也宣布起义，加上原攻宁的新军，共1万多人组成江浙联军，大战在即了。

南京，虎踞龙盘，易守难攻，再加上城高墙厚，炮台林立，其中乌龙山、幕府山、天堡城更是形势险要。要取南京，必先下天堡城，要攻天堡城，必先下乌龙山和幕府山，这个最艰巨的任务就是由浙军来承担的。

11月24日，浙军一鼓作气攻下乌龙山，顾不上休整，连夜又向幕府山冲击。面对士气高涨的浙军，天亮时清军溃不成军。浙军不仅俘敌500多人，还缴获了14门完好无损的大炮。这时担任守备的沪军调转炮口，顿时南京城里炮声隆隆，硝烟四起。

不过一天一夜，浙军连克两座要塞，但更大的战果还是25日这天。浙军先用小股兵力向清军冲击，待下午四时发现清军有退却迹象时，立即全军出击，以排山倒海之势发起冲锋。这一仗杀得清军尸横遍野，有3000多人做了枪下之鬼，连统领王有宏都未能幸免，浙军不仅乘胜占领孝陵卫、马群，紫金山以东地区尽落于江浙联军之手，这一仗是这次攻宁之战中歼敌最多的一仗。

这一仗虽然打得清军一败涂地，但要想清军束手就擒还为时过早。果然第二天拂晓，张勋亲率清军5000多人，分两路向据守在孝陵卫的浙军猛扑。这一仗，浙军伤亡不小，但清军伤亡更是惨重，江浙联军的下一步就是攻打天堡城了。

11月29日晚上8时许，细雨霏霏，手臂上缠着白布的敢死队员进入了阵地，队长叶仰高身先士卒，第一个冲上紫金山顶，这时风云突变，大雨滂沱，寒气凛冽，但敢死队员们个个如出山的猛虎，奋勇当先。一夜激战，城堡外的清军全部肃清。拂晓时，叶仰高带着九个敢死队员首先冲进天堡城，但不幸的是，突破口又被清军用机关枪封死，后续部队没能跟进，十个勇士全部壮烈牺牲。正在这功败垂成的紧要关头，张拱宸带的第二敢死队也上来了，全体将士同仇敌忾，发起最后的冲击，终于攻克天城堡。

天城堡一失，南京大门洞开，浙军大炮居高临下，对着南京朝阳门、北极阁、总督府、旗营猛轰。这时的张勋，见大势已去，"三十六计走为上"，12月1日夜里，带着残兵败将逃出了南京城。

这次攻打南京，浙军战最勇，牺牲最大，歼敌最多。3000浙江子弟兵，横扫张勋五十营巡防，"苦战竟日，大获全胜，将士奋勇，深堪嘉尚"，对联军司令部的嘉奖，浙军是当之无愧的。

虽然这次攻宁之役只打了十天，但浙军直到第二年的5月中旬才班师回家乡。浙中父老乡亲为子弟兵举行了盛大的欢迎会，在西湖边还建了一座凯旋碑，碑铭由首任浙江都督汤寿潜撰写，最后几句是这样写的：

孙中山在杭州

昭洪捷兮奠南疆，
一禹域兮除秽荒，
矫多士兮不吴不扬，
思御侮兮在四方，
树隆碣兮示弗忘。

昭洪捷兮奠南疆，一禹域兮除秽荒，矫多士兮不吴不扬，
思御侮兮在四方，树隆碣兮示弗忘。
——汤寿潜

国学大师章太炎

章太炎像

杭州净慈寺前方，苏堤尽头，南屏山荔枝峰山脚，有章太炎先生（公元1869—1936年）墓，又有先生纪念馆。先生名炳麟，号太炎，余杭人氏，中国近代著名的革命家、思想家和国学大师，杰出的学者，毕生致力于资产阶级民主革命，虽历经磨难，七遭追捕，三入牢狱，矢志不渝，且又学识渊博，文通古今，生平四百万字著述，字字珠玑。

先生早慧，也是那种传统文化正统礼教土壤里生长出来的叛逆种子。从小习汉学，理想大概也是树在汉学之上的。故1890年21岁时，便来到杭州孤山脚下的诂经精舍，师从俞樾。他后来那"吾爱吾师吾更爱真理"的惊世骇俗著名宣言中的"师"，正是俞樾。1897年，当时的杭州知府林启办浙江近代第一所新学"求是书院"，招生30名，其中便有章太炎。也就是同一年，他却做了另一件大事，与宋恕等人，在杭州发起创立了"兴浙会"。这个组织的建立，标志着近代浙江知识分子的新觉醒。

说章太炎是革命家，其实一开始他也只是鼓吹变法维新。1898年戊戌变法失败，章太炎被通缉，亡命台湾时，他还是个维新派。又过了两年，20世纪来临，1900年义和团运动，《辛丑条约》之后，章太炎断发易服，这才不搞改良，搞革命了。

章太炎搞革命搞得最名扬四海的，当是《苏报》一案。18岁的邹容著《革命军》，34岁的章太炎著《驳康有为论革命书》，结果双双入狱。邹容病死狱中，章太炎1905年6月出狱，孙中山派人迎至日本，7月在东瀛，受到两千中国留学生的热烈欢迎。

兴浙会的建立，标志着近代浙江知识分子的新觉醒。

孙中山将兴中会、黄兴的华兴会和章太炎的光复会，合并成了中国革命同盟会。1906年7月，章太炎入会，并担任《民报》总编辑和总发行人。先生一支笔，与康、梁大打中国前途往何处去之论战。改良乎？革命乎？章太炎与陈独秀伏案挥毫之余，扪虱论道，谈笑风生，指点江山，欲主沉浮，为资产阶级民主革命立下赫赫战功。他的革命理论和宣传家的地位，正是这时奠定的。

革命不忘学问。这大概也是一些革命家昙花一现而先生则名扬青史的原因之一。1906年9月，章太炎成立了"国学讲习所"，周氏兄弟、许寿裳、钱玄同、黄侃等人均为他的学生。在文字、音韵、伦理、逻辑、文学、史地等领域，他是不鸣则已，一鸣惊人，不树则已，一树便是丰碑。

1911年章太炎过了不惑之年，回国便顺理成章投入辛亥革命，与人联合发起"中华民国联合会"，又手定《中华民国联合会章程》。然先生究竟是书生，力主消除内部纷争，提出一个无法操作的口号，曰："革命军起，革命党消，天下为公，乃克有济。"这种良好的意愿源远流长，上继承于孔孟，下授予孙中山，结果却被立宪党人所利用，成为袁世凯上台的重要社会影响之一。这可真是先生始料未及的呀！

袁世凯当了临时大总统，开始拉太炎先生当高级顾问，召章太炎到北京任国史馆馆长，还赠以大勋章。时间一长，两不相容，袁世凯便把他发到了东三省做筹边使。

章太炎很认真，顶着严寒北上，怀里揣着《东三省实业计划书》，雄心勃勃地以为从此可以建设边疆保卫边疆了。结果要钱没钱要人没人，章先生一筹莫展，只绘制了一幅比较精细的黑龙江省地图。

当官要办事，办事要钱，太炎先生只管向他袁世凯要，袁世凯只管去暗杀宋教仁。先生火了，致电十字：只管推宕不要你的钱了。

第二天沪上报纸便刊登电文。从此，章太炎看透了袁世凯的真面目，日日在家里大书"袁贼，袁贼"，饮酒佐以花生米，吃时去其蒂说："杀了袁皇帝的头。"

1914年1月，章太炎忍将不住了，他身穿皮袄，足蹬破靴，手持羽毛扇，

国学讲习所：1906年章太炎在日本开办的讲习所，周氏兄弟、许寿裳、钱玄同、黄侃等人，均为他的学生。

拿袁世凯所授的大勋章作了扇坠，来到总统府大闹大骂一场。气得袁世凯杀又不敢杀，放又不敢放，只好把他囚禁在北京钱粮胡同。直到袁世凯死，先生方解脱。

一般以为，章太炎先生的宣布不过问政治，是在1917年的护法运动失败以后，先生痛感"西南与北方者，一丘之貉而已"，从而崇儒尊孔，埋头学问，倡言国学，退出了20世纪初叶那风云骤变光怪陆离惊涛骇浪般的中国政治大舞台。

1934年以后，章太炎定居苏州。抗战烽烟一起，先生立即拍案而起，奔走呼吁。1935年，国民政府见他身体恶化，赠他一万元疗养费，他全部转赠给了国学会。1936年6月，先生逝于苏州，遗言曰："设有异族入主中原，世世子孙毋食其官禄。"先生之气节，固与家族有关。自清兵入关以来，章家世代死人殡殓不穿清服。故其父章浚先生临终遗言说："不敢违家教，入殓无加清服。"

先生一去，朝野惊悼。当时的国民党政府颁布了国葬令。国葬地址，按先生夙愿，希冀能与张苍水为邻，共说天下兴亡，便选址在南屏山下。然而，直到国民党政府撤离大陆，先生遗体依旧默默躺在苏州旧寓后园，直到1955年，方被隆重安葬。呜呼，先生之命乖舛兮。十年浩劫，墓穴竟被打开，棺盖被撬，遗体弃之于地，风吹雨打，惨不忍言。

1981年后，章太炎先生陵墓终于被修复，又建纪念馆，内藏先生文物一千余件，纪念馆仿精建筑，庄重典雅，松柏环翠，桂影婆娑，自1988年开馆以来，已成为全国章太炎先生资料收藏、宣传展览、学术研究的三大中心。

设有异族入主中原，
世世子孙毋食其官禄。
——章太炎先生遗言

章太炎纪念馆

为我名山留片席

杭州知府林启（公元1839—1900年）被杭州人郑重其事地记住了，原因就在于他的办学。历史上的地方官办学并不稀罕，但像林启那样能在新旧教育体制的交替之间，架起一座承上启下的桥梁，是需要有点与时俱进的眼力的。用今天的话来说，那可是千秋万代的教育事业。

1896年，林启从衢州知府的任上来杭州任职。他一下车就赶到了杭州东城的讲舍，以政治和时事来与学子们讨论，还出了两个题目，一个叫"兴亚策"，另一个叫"诸葛公可谓名士论"。

1897年春天，他在普慈寺就办起了"求是书院"，招收了第一批学生，共30人，他自己出任总办，入学考试第一名就是章太炎，只是他没有去就读。谁知第二年，百日维新就失败了，六君子被杀。当时的一些维新人士人人自危，求是学院的学生，也走散十之七八。但林启毫不动摇，坚定不移地把这个学校办了下去。这就是今天的浙江大学的前身。

在衢州为官时，林启的官府不种花草，前院是桑，后院是棉，还让夫人带着儿媳妇们养蚕。他的以身作则十分奏效，不久之后，衢州四乡就一片蚕箔了。林启来杭后，又在金沙港原湖山春社的地址上，办起了蚕学馆。为了学习日本的先进蚕技术，58岁的他一边学习日语，一边还自己掏钱买了一架国外的显微镜，来进行选种试验。蚕学馆建立之后，他又请了日本教师，把教育和振兴中国实业结合在了一起。这就是今天的浙江理工大学的前身。

1899年，林启创办了养正书塾，这是浙江省建立最早的普通中学，也就是今天杭州高级中学的前身。

林启在浙江所办的三所新学：
1897年：求是书院，今浙江大学前身；
1897年：蚕学馆，今浙江理工大学前身；
1899年：养正书塾，今杭州高级中学前身。

一年以后，林启卒于任上。按中国人旧时习俗，灵柩是要运回家乡安葬的，但杭州人恳请把林启葬在杭州，林启生前也曾在杭州写下这样的诗句："为我名山留片席，看人宦海渡云帆。"林家人终于感动了，林启就这样葬在了孤山。

　　当时他的石牌坊上有一联：

　　　　树人百年，树木十年，树谷一年，两浙无两；
　　　　处士千古，少尉千古，太守千古，孤山不孤。

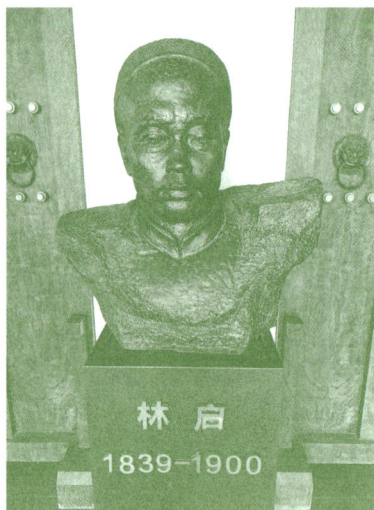

林启塑像

杭州西湖孤山林社

东南一英杰

孙中山先生在成立南京政府后，曾为国民革命军亲任了一个副司令，那就是被他赞为"东南一英杰"的王金发。

王金发（公元1883—1915年），嵊县董龙岗人，字季高，号子黎，原名逸，金发是他的乳名。他是光绪三十年的秀才，光绪三十一年（公元1905年），王金发在绍兴大通学堂加入光复会，很为徐锡麟赏识。这年冬天，王金发东渡日本，在日本大森体校就读。金发从小就喜欢舞枪弄棒，本来体育的基础就很好，第二年夏天，他以第一名毕业回国。在革命党安排下，他在大通学堂任体操教员，实际上做的是培训会党骨干工作。

光绪三十三年，徐锡麟、秋瑾合谋在安徽、浙江同时起义，王金发被任命为绍兴光复军分统。但起义不幸失败，徐锡麟、秋瑾双双就义。王金发立誓要为烈士报仇。他和余部潜藏浙东山林草泽之中，劫富济贫，锄强扶弱，王金发"强盗"之美名就是从这来的。

在武昌起义的鼓舞下，光复会决定于1911年11月5日在浙江杭州举行起义。当时清廷在杭州的巡抚衙门和军械局驻有重兵，为了使起义更有把握，人们把目光对准了王金发。王金发不负众望，从家乡带来一百多人的敢死队，在王金发和张伯岐率领下，革命党人一举攻克军械局和巡抚衙门，还活捉浙江巡抚增韫。在光复杭州的起义中，王金发是立有大功的。

11月10日晚，得胜后的王金发率部回到绍兴，等到天亮时绍兴军政分府已经成立，革命成功，王金发自任都督。这样，王金发做了七个月的绍兴都督，以后王金发终日被革命胜利所陶醉，被鲁迅先生留下一段微词："他进来后，就被许多闲汉和新革命党所包围，大做都督。"

光复会：1904年蔡元培、章太炎等人发起在上海建立的反清革命组织，蔡元培被推选为会长。

但说起来，这个莽男儿，毕竟还是当得上"磊落妩媚雄奇壮烈"这八个字的。1913年3月20日，宋教仁在上海车站被刺杀，王金发立即以"国民党特派员"身份参加缉拿凶手，仅用三天时间，就将凶手捉拿归案。真相大白后，国民党发动了讨伐袁世凯的"二次革命"，王金发在上海起草了讨袁檄文，还招兵买马，自任浙江驻沪讨袁军总司令，旗帜鲜明地表示追随孙中山革命。

二次革命失败后，王金发遭到通缉，曾亡命日本。袁世凯一直想要暗杀他。1915年，隐居在上海逸园的王金发，虽然处境仍然很危险。他却一意要来浙江会见旧部，以图东山再起，便借口要在西湖边造房子，4月5日带着同盟会会员姚勇忱等人，来到杭州。

王金发这一步棋却酿成大错。莽男儿王金发，还以为当年的辛亥革命战友、浙江都督朱瑞会念及旧情，到杭后便毫无防范地去见他。朱瑞果然殷勤，设宴请他，又派专人作陪同。一日游湖，陪同者指湖上野鸭曰："久仰先生绝技，是否能使我们一饱眼福。"王金发不知是计，取手枪，果然好枪法，应声便击落两只。谁知枪声方落，朱瑞便派人来调查，道：当前非常时期，谁在西湖打枪，从速缉捕。

王金发便被捕走了，进了监狱还不知是怎么回事，以为误会，立刻就会放人呢。其实，朱瑞早下了杀王金发之决心。此人乃"辛亥革命阵营中从两面派走到叛徒的典型人物（邵力子语）"。

原来，杭州辛亥起义前夕，王金发率领敢死队来杭，进攻报国寺军械局时，海盐人朱瑞作为新军步兵营的代理标统，正在包围着旗营，他们那时确实是一条战壕里的战友。

浙江军政府成立后，自以为对光复杭州有功的朱瑞没有捞到重要职位，而王金发却前呼后拥回到绍兴，朱瑞心怀不满。1911年12月攻克南京之后，朱瑞便暗中投靠了袁世凯。"二次革命"期间，王金发信促朱瑞在杭独立，措辞激烈。此次王金发落他手中，焉能生还？1915年6月2日下午4时，王金发在杭州小车桥被杀，时年仅33岁。据说，他是陆军监狱被杀的第一个政治犯。

王金发死得从容，刑前从手指上脱一"海神女儿"像戒指，传至后人。他

天地不仁，歼我良士。王金发，杭州陆军监狱被杀的第一个政治犯。

的战友姚勇忱绑在一边，大骂朱瑞。朱瑞本想放他，姚说金发既死，自己决不生还，最后也被枪杀，与王金发同葬一处。

王金发追悼会，也是在西子湖畔开的，就是当年的昭庆寺，今日的少年宫内。据当时人忆，会上除有其生前好友之外，还有众多的杭州百姓。原来的会党成员，又都佩上会党标记。朱瑞大怒，派了军警前来弹压，到现场一看声势浩大，只好退却。

天地不仁，歼我良士，百年风云，弹指一挥间。但莽男儿传奇一生，是终究不负"英雄豪杰"四个字的。

春雨楼头尺八箫

近现代的浙江历史上，还有两位身份很特殊的大文化人，与新文化运动有着深厚的渊源。一位是李叔同（公元1880—1942年），一位是苏曼殊（公元1884—1918年）。李叔同祖籍浙江平湖，曾经在浙江省立第一师范学校教书，辛亥革命前一年，又从"一师"径直去了杭州虎跑寺出家，习律宗。那著名的"长亭外，古道边，芳草碧连天"的歌，就作在杭州。另一位苏曼殊，说来也巧，恰恰是李叔同出家的那一年去世的，说起来，他还比李叔同小4岁呢。

苏曼殊不是浙江人，也不是真正意义上的革命义士，但他是南社社员，交结的许多密友，却都是革命党人。这位广东籍的情僧，身上还有着一半的日本人的血液，因天生忧郁的气质，和其十分特殊的出身，使他一生徘徊在出世入世之间，很早就跑到惠州的长寿寺出了家。他是一个才华横溢的艺术家，诗文画俱绝，外语也相当好，翻译了许多外国文学作品及佛学经文，中国第一个把雨果的《悲惨世界》翻译成中文的，就是他。

他也写小说，爱情加苦闷，在新文化运动前后，多少红男绿女被他的《天涯红泪记》和《断鸿零雁记》等爱情小说感动。

苏曼殊常常到浙江，尤其是常常到杭州来，来了，就住两个地方，一个是凤林寺旁的陶社内，另一个在净寺对面的白云庵里。这白云庵，表面上看起来就是一个庙，实际上是辛亥革命党人的集聚处。苏曼殊倾向革命，也歌唱革命，只是矛盾的心灵和极其特殊的艺术家个性，使他更多地徜徉在心灵世界里。

苏曼殊年轻时还到灵隐寺住过，在那里著了《梵文典》八卷。他在中国近代佛学史上，也是有自己影响的人物。

> 春雨楼头尺八箫，何时归看浙江潮。
> 芒鞋破钵无人识，踏过樱花第几桥。
> ——苏曼殊

苏曼殊病逝在沪上，却葬在杭州孤山北麓，还是由南社社友们集资办的丧事，并建了曼殊塔。20世纪60年代初，墓被迁到杭州西郊的鸡笼山中。好在近年又恢复了曼殊的纪念地。在这样的文化人身上，再深刻不过地烙刻着那个时代的种种精神印记，是值得我们去记住他们的。

孕育风云的人

经亨颐像

杭州高级中学，创建于1908年。今天，一块"浙江省第一师范学堂"石刻门额仍留在校内，站在这块门额下，你不能不感受到迎面扑来的历史风云。

新文化运动时期，中国有两座师范学堂名震华夏。湘江畔的第一师范走出了共和国的创建者毛泽东，这自不待言，而浙江第一师范在新文化运动中亦称得上东南巨擘。摧枯拉朽、高歌猛进中，如果说陈望道、刘大白、夏丏尊、李次九四大金刚为急先锋，那么，坐镇的老师就是经亨颐了。

经亨颐就是当年"一师"的校长。

经亨颐（公元1877—1938年）是浙江上虞人，出身绅商之家，祖父经庆桂曾是闻名沪上的巨贾。因为有了这样一个背景，他能受到的教育当然是"正统"的，修身，齐家，治国平天下。换句话说，读书，中举，入仕，高官厚禄，光宗耀祖，就是父辈寄予的最大愿望。

但虎门海面的隆隆炮声，摇撼着封建王朝的千年根基，也震撼了年轻的经亨颐的心。他的青年时代，经历的是中日甲午战争的惨败，是举国震惊的《马关条约》。彼时，维新改革的呼声，响彻大江南北，中华大地蒙难的阴影，激发了他的救国之心，在社会剧烈的震荡中，他和许多有志青年一样，在阶级的营垒里分裂出来，走上了革命的道路。

1920年2月9日经亨颐被当时的浙江省教育厅撤换职务，遭到广大师生的强烈反对，掀起了一师学潮。

1903年年初，经亨颐东渡日本，就读于东京高等师范学校。是时，国内各路反清义士都云集在此。经亨颐与孙中山、廖仲恺等人相识，并加入了同盟会。

同为革命者，比起徐锡麟、秋瑾的立马横枪，剑拔弩张，经亨颐似乎更显得"温和"。留学期间，他为法国启蒙思想家卢梭写的教育名著《爱弥尔》深深着迷，卢梭启迪民智，倡导独立自主的个性，反对封建专制的教育观念，让他五体投地，赞叹不已，由此萌发了创办新教育、走教育救国之路的决心。

经亨颐可谓国民党元老，在孙中山先生逝世后，他追随革命潮流，向往光明，中共领袖毛泽东对他就有"国民党左派"的赞誉。同时，经亨颐又是一位才华横溢的大艺术家，诗书印画造诣俱精，深为各大家首肯。但最能让后世人景仰的还是他对教育事业所做的贡献。

经亨颐与教育有缘，还是在留学期间，就被筹建浙江两级师范学堂的王廷扬看中，不得不中途辍学，回国担任监学，也就是教务长。辛亥革命后，经亨颐曾任省军政府财政部参议，盐政局副局长，这多少算是一个不大不小的官吧，且颇有油水，很为一些人眼红。但经亨颐实在是醉心于他的教育事业，不到一年经亨颐就告辞职，重新回到学校。

1913年，两级师范改名为浙江省第一师范学校，经亨颐任校长。这是一所深受新文化运动启蒙的学校，1909年冬，这所当时被称之为浙江两级师范学堂的学校，发生了被鲁迅先生定名的"木瓜之役"。该学堂监督理学家夏震武因思想顽冥被人称之为"木瓜"，当时在该校任教的周树人（鲁迅）、许寿裳、张宗祥、朱希祖、杨乃康等25名教师，掀起了反封建教育传统的斗争，其斗争实质上是中国历史上民主主义新文化思想与封建主义旧文化、旧礼教之间的一

1919年1月1日《浙江新潮》创刊，该刊由浙江省第一师范、第一中学、甲种工业学校学生施存统、俞秀松、沈乃熙（夏衍）、查济猛等二十多人在《双十》半月刊基础上创办，是浙江最早受十月革命影响、宣传新思想和马克思主义的刊物。

《浙江新潮》刊物

场交锋，为新文化运动的先声。

当时的中国教育界，虽然自隋唐以来的科举制早在辛亥革命前就寿终正寝了，但那套陈腐教育观念仍在流行。经亨颐苦苦思索一种全新的教育理念。

经亨颐有一句响亮的口号：教育是继往开来的精神事业。主张教育应适应时代的需要，只有了解时代的主流，在奋力变革经济制度和社会制度的同时，变革教育制度，才能有教育的前途。如果只是"继往"，那是"静的态度"，教育必须"开来"。一股改革教育之风，在死水一潭的教育界兴起。

宣中华像

在办学方针上，他主张"与时俱进"。五四运动使他的思想又大大前进了一步，他至此有了一种前所未有的体验："五四运动凑巧为我做十周年纪念（在'一师'任职十年），使我大觉今天，要实施也不容易。"于是，一批非凡之才，果然归于经亨颐的麾下，李叔同、刘大白、夏丏尊、陈望道、李次九等，他们或博学多才，或学问精深，或激情革命，可以说是风云人物的聚会。

1919年11月16日，"一师"学生自治会宣告成立，这在教育界又是一件破天荒的事。这一棒直接打在了中国几千年的"师道尊严"上，老夫子们简直匪夷所思。师生们实行民主治校，设立评议会，讨论学校重要事务，经亨颐还

五四前后的新文化运动，以全国范围讲，高等学校以北大最活跃，在中等学校则要算是湖南第一师范和浙江第一师范了。
——陈望道《五四时期浙江新文化运动》

刘大白像

浙江"一师"新文学团体"晨光社"师生合影。左二为叶圣陶，左三为朱自清。

把民主管理进一步深化，支持学生自治，把学校事务分为学校行政和学生自治两部分。学生自治制度由学生自行议定，校方不加干涉。经亨颐精心地在"一师"铺就了一张"温床"，自由民主的萌芽一天天生长，果然，"一师"在新文化运动中刮起一股旋风，而这股旋风终于酿成了震撼全国的"一师风潮"。

经亨颐大力提倡新文化，"一师"创办的刊物如雨后春笋，其中影响最大的当属《浙江新潮》。大刀阔斧的改革早已引起守旧势力的敌视，当局借口《浙江新潮》上《非孝》一文"大逆不道"，查封了《浙江新潮》。接着教育厅又趁寒假之机，撤免了经亨颐的校长职务。

但后来引发的风潮是自以为得计的当局万万没想到的。反动当局的举措，激起了"一师"学生和教职员工的强烈义愤，为保卫新文化和教育改革的成果，师生们发表了《挽留经校长宣言》，掀起了一场轰轰烈烈的"留经运动"。"一师"师生的斗争，获得了全国各界进步人士和海外侨胞的声援。恼羞成怒的当局，竟于3月29日出动军警700多人，武力强迫学生离校，并悍然宣布解散"一师"。这时杭州各校的师生，都纷纷前来支援，他们举行了大规模的请愿游行。事态越来越大了，根本不是当局想要控制就能够控制得了的。眼看着这一场"一师"风潮愈演愈烈，持续两个多月后，当局只好答应师生要求。

1921年冬，经亨颐离开"一师"，同时辞去省教育会会长的职务，回到上虞故里。至此，经亨颐在杭州度过了十余个春秋，春华秋实，桃李芬芳，这大概是一个从事教育事业的人最大的追求吧。经亨颐在"一师"的开拓，有了丰硕的回报。以后的杭州高级中学名闻遐迩，是全国四大名牌中学之一。

值得一提的是，经亨颐回到故乡后，仍不离书生本色，一所新的学校在白马湖畔诞生，经亨颐又亲自担任这所学校的校长，从此这所名叫"春晖中学"的学校声誉鹊起，名闻远近。而经亨颐最终也长眠在故乡这片美丽的土地上，朝夕与他亲爱的学子们在一起。

浙江第一师范学堂，也就是今天的杭州高级中学，一所具有优秀人文传统精神的学校。

图书在版编目（CIP）数据

走读浙江 / 王旭烽编著. — 杭州 ： 浙江大学出版社，
2017.8
ISBN 978-7-308-17038-3

Ⅰ. ①走… Ⅱ. ①王… Ⅲ. ①浙江—地方史 Ⅳ.
①K295.5

中国版本图书馆CIP数据核字(2017)第149385号

走读浙江

王旭烽　著

责任编辑　诸葛勤
责任校对　杨利军　闻晓虹
封面设计　周　灵
出版发行　浙江大学出版社
　　　　　　（杭州市天目山路148号　邮政编码310007）
　　　　　　（网址：http://www.zjupress.com）
排　　版　杭州林智广告有限公司
印　　刷　浙江印刷集团有限公司
开　　本　710mm×1000mm　1/16
印　　张　20
字　　数　337千
版 印 次　2017年8月第1版　2017年8月第1次印刷
书　　号　ISBN 978-7-308-17038-3
定　　价　48.00元